JN430679

마음의 소멸

Annihilation of the Mind

(MAN-O-NASH)

마음의 소멸

Annihilation of the Mind

(Meher Baba's Tiffin Lectures)

초판일 2025년 10월 31일
말 씀 메허 바바
번 역 김석조
교 정 서윤희, 이원희
디자인 바바나
참여인 Korean Lovers
사 진 Meher Nazar, Beautiful Nature
펴낸곳 무드라 출판사
주 소 서울특별시 동대문구 이문로16길 47, 3층(이문동)
전 화 010-3243-3693(서윤희)
등록일 2024. 9. 19. (등록번호: 287-95-01937)

운영 사이트 https://meherbabakorea.co.kr/
https://cafe.naver.com/avatarmeherbaba
https://cafe.naver.com/meherroshani
https://blog.naver.com/karmamudra
https://www.youtube.com/@meher_baba

ISBN 979-11-94437-70-3(03190)

메허 바바의 사마디 안(Inside Baba's Samadhi)

마음의 소멸

Annihilation of the Mind (MAN-O-NASH)

아바타 메허 바바 키 제이!

사진(photo): 아바타 메허 바바(Avatar Meher Baba)

Introduction

God is everywhere and does everything.

God is within us and knows everything.

God is without us and sees everything.

God is beyond us and IS everything.

God alone IS.

The book that I shall make people read is the book of the heart that holds the key to the mystery of life.

For the clouds to be driven away, burn up your sanskaras — think of me always, love me! And to think of me you must not think of yourself ever!

-Avatar Meher Baba

내가 사람들에게 읽게 할 책은 삶의 신비의 열쇠를 쥐고 있는 가슴의 책입니다.

구름이 사라지게 하려면, 여러분의 산스카라를 불태우세요. — 항상 나를 생각하고, 나를 사랑하세요! 그리고 나를 생각하려면 여러분은 절대 자신을 생각해서는 안 됩니다!

-아바타 메허 바바

들어가는 글

하나님은 모든 곳에 있고 모든 것을 합니다.
하나님은 우리들 내에 있고 모든 것을 압니다.
하나님은 우리들 밖에 있고 모든 것을 봅니다.
하나님은 우리들을 초월하여 있고 모든 것으로 존재합니다.
하나님 홀로 존재합니다.

제이 바바()()()

이 책이 아바타를 알리고 그분의 은총이 임할 수 있는 모든 곳에 함께하기를 두손 모아 기원 드립니다.

본서 마음의 소멸(Annihilation of the Mind)은 절판된 초인 마스터의 일깨움의 증보판으로 메허 바바의 질의 응답집과 티핀 강의(Meher Baba's Tiffin Lectures) 및 주요 담화를 묶은 메허 바바의 철학이 담긴 책입니다. 인간 삶의 산재한 문제점들에 대한 해결책은 물론, 상처받은 영혼들의 영적 치유, 그리고 마음의 소멸을 통해 즉각적인 깨달음을 얻게 하는 진리의 말씀을 담고 있습니다.

말씀을 전하는 분은 아바타 메허 바바 자신입니다.
44년간의 침묵을 통해 참된 영성을 일깨우는 아바타 메허 바바의 주옥같은 담화와 메시지를 모든 존재와 인류에게 전합니다.

이 책을 접하시는 모든 러버들께 하나님의 은총과 축복이 함께하기를 기원합니다()()()

디바인 드림에서 받은 메시지를 전합니다.

이전에도 그러하였고 지금도 그러하며
앞으로도 그러할 당신의 자비로움에
그리고 매 순간 함께하는 당신의 실재함에
가슴은 희열의 화염으로 불타오릅니다.

당신이 진심임을 보여주었듯이
당신의 권능을 하늘에 올리시고
모든 만물을 소생시키는 은총의 비를 대지에 뿌려
당신의 사랑이 한낱 일별이 아니었음을 증명하소서

(((♡)))

끝으로 번역과 교정, 디자인 그리고 출간에 도움을 주신
러버와 일꾼들에게 감사함을 전합니다.

세상에는 수많은 기적들이 있습니다.
그러나 깨어난 가슴의 기적보다
더 위대한 기적은 없습니다.
바바의 말씀은 세상의 모든 러버들의 가슴을 깨울 것입니다.

참된 진리는 침묵을 취하고
참된 의식은 사랑을 전한다

-2025. 10. 22.
바바나

【 신비의 문 】

그로스 바디(육체)의 명상 상태를 유지한 뒤 내면을 응시하세요. 내면에 시선을 집중하며 그대로 누워 수면에 듭니다. 잠에 들어 꿈이 펼쳐지고 이를 알아채는 순간 유체를 곧바로 일으켜 명상 자세를 취합니다. 써틀 바디(유체)의 명상 상태를 유지한 뒤 계속 내면을 응시하세요. 그러면 몸의 형태는 사라지고 멘탈 바디(정신체)만 오롯합니다. 이때도 계속해서 내면을 응시하세요. 이것이 신성한 꿈(투리야 아바스타) 상태를 넘어서는 로고스 문을 여는 방법입니다.

Three Messages

I know messages mean nothing since eternity.
The only message is to make one like me!

At 6:30 A.M. on Sunday, 21 February 1954, the mandali assembled before Baba at his residence. "How did you sleep?" he asked them, and then commented, "If you sleep two minutes of my sleep, you would become God-realized!"

Baba informed Dhanapathy Rao, "On the 2nd [of March] I want all workers present, small and big, every one of them, because work must be done honestly or be stopped. I work since ages. I am the only one who works. But if you want to share my work, then it must be done honestly. No compromise, no competition, no ego-tickling lest it spoil the work. Wherever I go, people don't even know who I am. As soon as they hear my name, they flock to me, but they don't know anything about me. This morning [at 5:50 A.M.] I have dictated three messages. I know messages mean nothing since eternity. The only message is to make one like me!"

Baba concluded, "I am most slippery. You will never catch hold of me because, being divine, I am also very human. Only if you lose your will 100 percent in my will, will you know me; otherwise not... In comparison to the real experience of Oneness, all other experiences are useless. Today I am happy," Baba said and then asked Eruch to read out the three messages that Baba had dictated.

The first message was: Do not listen to the voice of the mind. Listen to the voice of the heart.

세 가지 메시지

나는 영원 이래로 메시지가 아무 의미가 없다는 걸 알고 있다.
유일한 메시지는 나와 같은 사람을 만드는 것이다!

1954년 2월 21일 일요일 오전 6시 30분, 만달리들은 바바의 저택 앞에 모였습니다. 바바는 "잘들 잤어요?"라고 물은 후 "여러분이 나의 잠을 2분만 잔다면, 여러분은 신을 깨닫게 될 겁니다!"라고 말했습니다.

바바는 다나파티 라오에게 "3월 2일에는 정직하게 일하지 않으면 일을 중단해야 하므로 크고 작은 일꾼이 모두 참석했으면 한다. 나는 오래전부터 일해 왔다. 나는 일하는 유일한 사람이다. 하지만 내 일을 공유하고 싶다면 정직하게 해야 한다. 타협도, 경쟁도 없어야 하며 에고로 인해 일을 망치지 않도록 해야 한다. 내가 가는 곳마다 사람들은 내가 누군지도 모른다. 내 이름을 듣자마자 몰려들지만 나에 대해 아무것도 모른다.. 오늘 아침[오전 5시 50분] 나는 세 개의 메시지를 받아 적게 했다. 나는 영원 이래로 메시지가 아무 의미가 없다는 걸 알고 있다. 유일한 메시지는 나와 같은 사람을 만드는 것이다!"

바바는 결론적으로 "나는 가장 미끄럽다. 나는 신성한 존재이지만 또한 매우 인간적이기도 하기 때문에 결코 나를 붙잡을 수는 없다. 내 의지에 100% 자신의 의지를 잃을 때만 나를 알게 될 것이다. 그렇지 않으면... 하나됨의 실제 경험과 비교할 때 다른 모든 경험은 쓸모가 없다. 오늘 나는 행복하다."라고 바바는 말한 다음 에루치에게 바바가 받아 적었던 세 가지 메시지를 읽어달라고 부탁했습니다.

첫 번째 메시지는 다음과 같습니다: 마음의 목소리에 귀를 기울이지 마세요. 가슴의 목소리에 귀를 기울이세요.

Mind wavers; heart does not falter. Mind fears; heart is not daunted. Mind is the house of doubts, reasonings and theories; heart, when purified, becomes the dwelling of Beloved God. So get your heart rid of low desires, temptations and selfishness, and God will manifest in you as your own Self.

The second message was: Be content with your lot, rich or poor, happy or miserable. Understand that God has designed it for your own good and be resigned to His Will.

You eternally were and always will be. You have had innumerable forms — man, woman, beautiful, ugly, strong, weak, healthy, sickly, powerful, helpless — and here you are again with another such form. Until you get spiritual freedom, you will be invested with many other forms. So why seek temporary relief which has in its wake more bindings?

Ask God not for money, fame, power, health or children, but seek His grace of love which would lead you to eternal bliss.

The third message read: For the rich, I am the richest. For the poor, I am the poorest. For the literate, I am the most literate. For the illiterate, I am the most illiterate. Thus I am one of you, one with you and one in you. We are all one.

To realize this Oneness, love God wholeheartedly and honestly, sacrificing everything at the altar of this supreme love, and you will realize the Beloved within you.

–Lord Meher Online, pp.3457–3458

마음은 흔들리지만, 가슴은 흔들리지 않습니다. 마음은 두려워하지만, 가슴은 두려워하지 않습니다. 마음은 의심과 추론과 이론의 집이지만, 가슴이 정화되면 사랑하는 하나님의 거처가 됩니다. 그러므로 마음에서 저급한 욕망, 유혹, 이기심을 제거하면 하나님이 당신 안에서 당신 자신의 자아로 나타나실 것입니다.

두 번째 메시지는 다음과 같습니다: 부자이든 가난하든, 행복하든 비참하든 자신의 처지에 만족하세요. 하나님께서 여러분 자신의 유익을 위해 설계하셨다는 것을 이해하고 그분의 뜻에 순응하세요.

여러분은 영원히 그랬고 앞으로도 그럴 것입니다. 여러분은 남자, 여자, 아름답고, 못생기고, 강하고, 약하고, 건강하고, 병들고, 강력하고, 무력한 등 무수히 많은 모습을 지녔으며, 여기 또 다른 모습을 가지고 있습니다. 영적 자유를 얻을 때까지 여러분은 다른 많은 모습에 투자하게 될 것입니다. 그렇다면 왜 더 많은 속박이 따르는 일시적인 구제를 구할까요?

돈, 명예, 권력, 건강, 자녀를 구하지 말고 영원한 지복으로 인도하는 하나님의 사랑의 은총을 구하세요.

세 번째 메시지는 다음과 같습니다: 부자에게는 내가 가장 부유합니다. 가난한 이들에게 나는 가장 가난합니다. 학자에게는 내가 가장 박식합니다. 문맹자에게는 내가 가장 문맹입니다. 따라서 나는 여러분 속에서 하나이고 여러분과 하나이며 여러분 안에 하나입니다. 우리는 모두 하나입니다.

이 하나됨을 깨닫기 위해, 이 지극한 사랑의 제단에서 모든 것을 희생하면서 전심으로 정직하게 하나님을 사랑하면, 여러분은 내 안에 계신 비러벳을 깨닫게 될 것입니다.

-로드 메허 온라인 3457-3458페이지

The Ultimate Meditation Secret!

The Door of Logos

After maintaining the meditative state of the gross body(physical body), gaze into your inner self. Focus your gaze on your inner self and lie down to sleep. As you fall asleep, a dream unfolds and you realize it, immediately raise your subtle body(energy body) and assume a meditative posture. After maintaining the meditative state of the subtle body, continue to gaze into your inner self. Then, the form of your body disappears and only your mental body(spiritual body) remains. Even at this time, continue to gaze into your inner self. This is the method of opening the Logos door that goes beyond the divine dream(turiya avastha) state. When both light and darkness disappear and the void is parted, the reality of the Logos is revealed.

-Logos Book of Life, Chapter 66, by BabaNa Spania

궁극의 명상 비결!

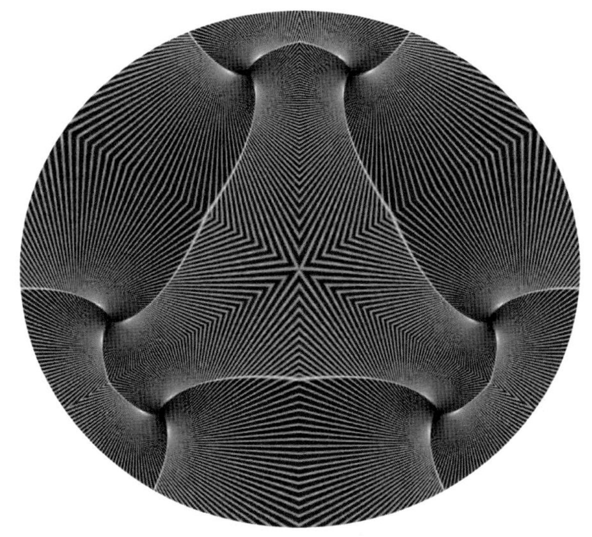

로고스의 문

그로스 바디(육체)의 명상 상태를 유지한 뒤 내면을 응시하세요. 내면에 시선을 집중하며 그대로 누워 수면에 듭니다. 잠에 들어 꿈이 펼쳐지고 이를 알아채는 순간 써틀 바디(에너지체)를 곧바로 일으켜 명상 자세를 취합니다. 써틀 바디의 명상 상태를 유지한 뒤 계속 내면을 응시하세요. 그러면 몸의 형태는 사라지고 멘탈 바디(정신체)만 오롯합니다. 이때도 계속해서 내면을 응시하세요. 이것이 신성한 꿈(투리야 아바스타) 상태를 넘어서는 로고스 문을 여는 방법입니다. 빛과 어둠이 모두 사라지고 허공이 갈라질 때 로고스의 실체가 드러납니다.

-로고스 생명의 서 66장, 바바나 스파니아 著

1단계(그로스 바디의 명상 단계)

편안한 자세를 취하고 앉아 명상 자세를 취합니다. 처음에는 10분에서 30분, 점차 익숙해지면 1시간에서 3시간 정도 명상 시간을 지속시킵니다. 이때 내면의 자아를 응시하며 밖에 시선을 두지 말고 계속해서 내면을 바라봅니다. 상상이나 영상이 떠오르면 그냥 흘려보내고, 어둠이 있으면 어둠을 흘려보내고 빛이 있으면 빛을 흘려보냅니다. 계속해서 내면에 시선을 두고 밖을 응시하지 않습니다. 집중이 잘 안되면 "바바, 바바, 바바,,,,"를 부르며 자파[신의 이름을 반복]를 해도 됩니다. 중요한 것은 빛이든 어둠이든 환영이든 밖으로 드러나는 영상에 시선을 두지 않도록 하는 것입니다. 그리고 졸음이 오면 그대로 누워서 잠에 듭니다. 이때 내면에 큰 소리로 암시를 주면 좋습니다. "나는 이제부터 잠에 든다. 잠에 드는 즉시 깨어나 꿈 상태를 자각하고 즉시 명상에 들어가겠다!"

2단계(써틀 바디의 명상 단계)

보통은 잠에 들면 꿈의 파노라마가 정신을 앗아갑니다. 그래서 꿈 상태에서도 바로 자각이 가능하도록 평상시 집중하는 연습이 매우 중요합니다. 주로 새벽녘에 화장실 같은 밀폐된 공간의 빛 한 점 없는 깜깜한 어둠 속에서 두 눈을 뜨고 밖을 보는 연습을 하면 집중도가 높아집니다. 잠에 들면 비록 육체는 누워있지만 써틀체인 에너지체, 즉 유체는 움직일 수 있습니다. 포인트는 잠이 들자마자 깨어난 유체로 명상 자세를 취하고 앉아서 내면을 응시하는 것입니다. 유체 상태에서는 강한 빛과 진동, 소리 및 향내가 자극을 줄 수 있습니다. 물론 화려한 불빛이 나타나도 시선을 밖에 두면 안 됩니다. 설사 악마나 요정이 다가오더라도 거기에 두려움을 갖거나 현혹되지 말고 더욱 내면에 집중해야 합니다.

3단계(멘탈 바디의 명상 단체)

유체의 요동이 멈추면 멘탈 바디가 드러납니다. 멘탈 바디인 정신체는 육체나 유체처럼 일정한 형체가 없는 영의 상태입니다. 정신체가 드러나면 어둠을 초월한 완전한 어둠이나 빛을 초월한 완전한 빛이 드러납니다. 이때도 이 어둠과 빛에 정신을 두지 말고 놓아 버립니다. 계속 놓아 버려야 합니다. 생각이 올라오면 그 생각을 놓아야 합니다. 느낌이 올라오면 그 느낌을 놓아야 합니다. 감정이 올라오면 그 느낌을 놓아야 합니다. 마치 에고가 죽고 모든 것이 사라진 듯이 다 놓는 것입니다. 이때는 완전한 자각이라는 한 생각마저도 내려놓아야 합니다. 나는 그 자리에 없고 완전한 사라짐만이 존재합니다.

여기서 허공이 찢겨나가고 빛과 어둠이 사라진 완전한 어둠과 완전한 빛인 태초의 생명력만이 온전하게 드러납니다. 즉, 로고스에 들어가는 문이 열립니다. 이때 하나님과 합일하는 것입니다. 오직 사랑만이 남습니다.

보통 사람이 처음 1단계에서 2단계로 넘어가는 것은 지극히 어렵습니다. 하지만 꾸준한 연습과 집중을 통해 가능하며 초심자라도 3×7일(21일) 정도면 가능해집니다. 한 번 성공하면 그다음은 자연스럽게 일어납니다. 2단계에서 3단계로 넘어가는 것은 더욱더 어렵습니다. 그러나 이것도 하나님과 합일하겠다는 절실한 마음과 연민의 가슴으로, 지속적으로 노력하면 성취할 수 있습니다.

2024. 12. 15.
바바나 스파니아

Table of Contents

목 차

My real center is the heart of everyone who loves me.

-Avatar Meher Baba

나의 실재하는 센터는 나를 사랑하는
모든 사람의 가슴입니다.
-아바타 메허 바바

Shri Meher Baba, The Perfect Master: Questions and Answers

Contents

The fifty-eight Questions are grouped under seven headings

쉬리 메허 바바, 퍼펙트 마스터[완전한 스승]: 질문과 답변

목 차

7개의 제목으로 분류된 58가지 질문들

III. QUESTIONS ABOUT MESSIAH OR AVATAR

IV. QUESTIONS ABOUT SPIRITUAL MASTERS

V. QUESTIONS ABOUT SHRI MEHER BABA'S MISSION

VI. "PERSONAL" QUESTIONS

『 각주 』 메허 바바는 1954년 2월 10일, 자신이 아바타[하나님의 화신]임을 선포합니다. 이전에는 쉬리 메허 바바(Shri Meher Baba)로 불렸습니다.

1. Will Shri Meher Baba explain Christ's words concerning the Second Coming?

Answers

(St. Mark xiii. 21, 26, 27.)

"And then if any man shall say to you, Lo, here is Christ; or, lo, he is there; believe him not.... " "But in those days, after that tribulation.... then shall they see the Son of man coming in the clouds with great power and glory. And then shall he send his angels, and shall gather together his elect from the four winds, from the uttermost part of the earth to the uttermost part of heaven."

The gathering of the elect refers to the reincarnation and final assembling of His close disciples and followers at the time of His Second Coming. It is wrong to associate the Second Coming with the imprisonment of the Devil and a thousand years' peace, or with a literal interpretation of the Last Day of Judgment. All the great mystics have understood the word "clouds" as a symbolic expression for states of consciousness or spiritual planes. When the Christ descends from the Infinite, i.e. Seventh Plane, He brings with Him to earth the Infinite Goodness, Wisdom, Power, and Love, and also the powers, signs, and experiences of the six lower planes. In the words of a great Sufi saint:

"Behold the sky, and clouds and the world: First is God, then the planes, the last is earth; but all three are linked."[1]

---

[1] "Asman o Abro dunya basta been Avvalin Haq bad manzil pus zamin."

1. 쉬리 메허 바바가 재림에 관한 그리스도의 말씀을 설명할 것인가요?

답 변

(마가복음 13장 21, 26, 27절)

"그때에 어떤 사람이 여러분에게 '보십시오, 그리스도께서 여기 계십니다' 혹은 '저기 계십니다'라고 하여도, 믿지 마십시오...." "그러나 그 날, 그 환난 후에.... 그때 사람들은 사람의 아들이 큰 능력과 영광을 가지고 구름을 타고 오는 것을 보게 될 것입니다. 또 그때에 사람의 아들이 천사들을 보내어, 선택하신 사람들을 땅 끝에서 하늘 끝까지 사방에서 모을 것입니다."

선택한 사람들의 모임은 그의 재림 때에 그의 가까운 제자들과 추종자들이 환생하여 마지막으로 모이는 것을 말합니다. 재림을 악마의 투옥과 천년의 평화, 또는 최후의 심판 날로 문자 그대로의 해석과 연관 짓는 것은 잘못된 것입니다. 모든 위대한 신비주의자들은 "구름"이라는 단어를 의식 상태나 영적 차원[경지, 界]에 대한 상징적인 표현으로 이해했습니다. 그리스도께서 무한한 차원에서 내려올 때, 즉 일곱 번째 차원에서 강림하실 때, 그분은 무한한 선함, 지혜, 능력, 사랑과 또한 여섯 번째 차원의 능력, 징표, 경험을 그와 함께 지상으로 가져오십니다. 위대한 수피 성인의 말을 빌리자면:

"하늘과 구름과 세계를 보라: 첫째는 하나님, 그다음은 차원, 마지막은 지상이다. 그러나 세 가지는 모두 연결되어 있다."[1]

---

[1] "아스만 오 아브로 두냐 바스타 빈 아브바린 하크 바드 만질 푸스 자민."

We read in St. Mark ix. 2 and 7 that the Transfiguration of Jesus occurred when He ascended into a mountain: "And there was a cloud that overshadowed them: and a voice came out of the cloud saying, This is my beloved Son: hear him."

Brother Leo relates of the Vision of St. Francis in Mount Alvernia that he "saw coming down from Heaven a torch of flame exceeding beautiful and light, which, descending, rested on the head of St. Francis; and out of the flame there came a voice...." St. Francis explains to Brother Leo: "Then was I in a light of contemplation, in which I saw the abyss of the infinite goodness and wisdom and power of God.... And in the flame that thou sawest was God, who also spake in such a manner unto me, even as in old time He had spoken unto Moses."

On Mount Sinai God appeared in a thick cloud and with fire.

Therefore we see that "clouds", "the house of clouds" (manzil), is a symbolic expression among mystics for "the six planes."

☞ See part III, note 2, "The Seven Planes."

우리는 마가복음 9장 2절과 7절에서 다음의 내용을 읽습니다. 그곳을 보면 예수님의 변용變容은 산에 오르실 때에 일어났습니다. 그리고 구름이 그를 가리고 구름 속에서 "그는 나의 사랑하는 아들이니, 너희는 그의 말을 들어라."라는 음성이 있었습니다.

레오 형제는 알베르니아 산의 성 프란시스의 현시顯示에 대해 이야기합니다. 그는 "하늘에서 내려오는 불꽃의 횃불을 보았습니다. 횃불은 매우 아름답고, 빛으로 내려와, 성 프란시스의 머리 위에 놓여 있었습니다; 그리고 불꽃 속에서 음성이 들려왔습니다... 성 프란시스는 레오 형제에게 이렇게 설명합니다: "그때 저는 묵상의 빛 속에서 하나님의 무한하신 선善과 지혜, 능력의 심연을 보았습니다... 그리고 당신이 본 그 불꽃 속에는 하나님이 계셨고, 그분께서 모세에게 말씀하셨던 것처럼 저에게도 그렇게 말씀하셨습니다."

시나이 산에 짙은 구름과 불 가운데 하나님께서 나타나셨습니다.

따라서 우리는 "구름", 즉 "구름들의 집"(만질: 스승의 거처)이 신비주의자들 사이에서 "여섯 가지 차원"에 대한 상징적인 표현임을 알 수 있습니다.

☞ 3장 주석2, "일곱 개의 차원"을 참조하세요.

2. There have been and still are so many false Messiahs.
How can we recognize the «true» Messiah?

Answers

The feeling and inspiration for things sublime and the Divine Love are imparted by a real Messiah to anyone who comes in contact with Him. A false Messiah cannot do this.

Through His Divinity the true Messiah gradually attracts the world to Himself, and people come to know and feel that He is REAL. The knowledge and feeling of confidence in His words and works grow gradually into certainty, and masses follow Him, drawn by an irresistible force.

A mirage attracts the thirsty, but soon it is discovered to be an illusion and not the life-giving water. A false Messiah may attract the attention of the people through outward appearances, by force of personality, or by intellectual dissertations about spirituality, but he cannot do that which the true Messiah can do, i.e. arouse the highest ideals in men and touch the hearts of millions.

☞ See also Question 21.

2. 거짓 메시아들이 많이 있었고 지금도 많이 있습니다. 우리가 어떻게 "진정한" 메시아를 알아볼 수 있을까요?

답 변

숭고한 것들과 신성한 사랑에 대한 느낌과 영감은 진정한 메시아에 의해 그분과 접촉하는 모든 사람에게 전달됩니다. 거짓 메시아는 이것을 할 수 없습니다.

진정한 메시아는 그분의 신성을 통해 점차 세상을 그분에게로 끌어들이고, 사람들은 그분이 실재임을 알게 되고 느끼게 됩니다. 그분의 말씀과 일에 대한 신뢰의 지식과 느낌은 점점 더 확실해지고 대중은 저항할 수 없는 힘에 이끌려 그분을 따릅니다.

신기루는 목마른 사람들을 끌어들이지만, 곧 그것이 생명수가 아니라 환상이라는 것을 알게 됩니다. 거짓 메시아는 겉모습, 인격의 힘 또는 영성에 대한 지적인 논문으로 사람들의 관심을 끌 수는 있지만, 진정한 메시아가 할 수 있는 일, 즉 인간에게 최고의 이상을 불러일으키고 수백만 명의 가슴을 감동시킬 수는 없습니다.

☞ 질문 21도 참조하세요.

3. Was Christ the only Son of God?

Answers

Christ, and not Jesus, was the only Son of God.

By Christ is meant He who is at One with the Infinite, and so all those who come to realize the Ultimate Reality may be said to be in the "Christ State".

By Jesus is meant "the historical Man-God of Nazareth", who attained to the Christ Consciousness, i.e. who gained perfection.

☞ See also Questions 14, 15, 20.

3. 그리스도는 하나님의 유일한 아들이었나요?

답 변

예수가 아니라 그리스도만이 하나님의 유일한 아들이었습니다.

그리스도란 무한함과 하나가 된 자를 뜻합니다. 그래서 궁극적인 실재를 깨닫게 되는 모든 사람을 '그리스도 상태'에 있다고 말할 수 있습니다.

예수는 그리스도 의식에 도달한, 즉 완전함을 이룬 "역사적인 나사렛의 맨-갓[인간-하나님]"을 의미합니다.

☞ 질문 14, 15, 20도 참조하세요.

4. What is his opinion concerning the ritual or ceremonial observances of religion?

Answers

Dogmas, creeds, and conventional ideas of heaven and hell and of sin are perversions of Truth, and confuse and bewilder the mind.

Rituals and ceremonies, instituted by the priest-ridden Churches, have concentrated on outward forms, and have ignored the essence of spiritual life.

The elementary virtues — love, obedience, humility, and sincerity — are represented by allegorical statues, and the way to Eternal Life is forgotten in their sumptuous and magnificent temples. Man seeks life and is given a stone.

India is, at the moment, ridden with caste prejudices, innumerable cults and ceremonies, which ignore and contradict the spirit of their religious teachings. And this in a country which has wonderful spiritual traditions stretching back thousands of years!

☞ See also Questions 7, 15, 16, 26, 54.

4. 종교의 의식이나 의례적인 준수에 대한 그의 견해見解는 무엇인가요?

답 변

독단적인 신조, 교리, 천국과 지옥, 죄에 대한 전통적인 관념은 진리를 왜곡해 마음을 혼란스럽게 하고 어리둥절하게 합니다.

성직자들이 만든 의식과 의례는 외형적인 형태에 치중되어 왔으며, 영적인 삶의 본질을 무시해 왔습니다.

사랑, 순종, 겸허 그리고 성실이라는 기본적인 덕목들은 우상적인 조각상으로 표현되며, 영원한 생명으로 가는 길은 호화롭고 웅장한 사원들로 잊혀집니다. 인간은 삶을 구求하고 돌이 주어집니다.

현재 인도는 계급주의의 편견, 수많은 이단[사이비]과 격식, 의식들로 가득 차 있으며, 이는 그들의 종교적 가르침의 정신을 무시하고 부정하는 것입니다. 그리고 이것은 수천 년 전으로 거슬러 올라가는 놀라운 영적 전통을 가진 나라에서 그러합니다!

☞ 질문 7, 15, 16, 26, 54도 참조하세요.

5. What is the right way to attain "Christ Consciousness"? In other words, How can we overcome or escape from our "Ego"?

Answers

So much has been said and written about God-realization and "The higher Consciousness" that people are bewildered as to the right way to, and the immediate possibility of, its attainment.

The enquiring mind, after wading laboriously through such mystical and theosophical literature, only succeeds in learning some pseudo-philosophical terms that confuse and puzzle it. The highest state of consciousness is latent in all. The Son of God is in every man; but He has to be manifested.

The best and the easiest way of overcoming the "Ego" and of attaining the "Divine or Christ Consciousness" is to purify and deepen our love, and widen continually the circle of those we love, and to render selfless service to humanity in whatever circumstances we are placed.

All the ethical and religious practices ultimately lead up to this. Our animal desires are gradually sublimated if we live more for others and less for ourselves; slowly our crude sense of "Ego" is transmuted. The "Ego" persists till the last stage of the Path.

Not until the seventh stage of the Path, when the "God or Christ Conscious" state is reached, can the "Ego" be completely transmuted from finite to Infinite, reappearing again on the seventh plane as the Divine "I".

5. "그리스도 의식"을 얻는 올바른 방법은 무엇인가요?
즉, 어떻게 우리의 "에고"를 극복하거나 벗어날 수 있을까요?

답 변

신성실현과 "상위 의식"에 대해 너무 많이 말해지고 기록되었기 때문에 사람들은 그 성취에 대한 올바른 방법과 즉각적인 가능성에 대해 혼란스러워합니다.

탐구하는 마음은 그러한 신비주의적이고 신지학적인 문헌을 힘겹게 헤쳐나간 후에야 비로소 혼란스럽고 짜맞추기식 유사 철학적인 용어들을 배우는 데 성공할 뿐입니다. 의식의 가장 높은 상태는 모두에게 내재되어 있습니다. 하나님의 아들은 모든 사람에게 있습니다; 그러나 그분은 드러나야 합니다.

"에고"를 극복하고 "신성 또는 그리스도 의식"에 도달하는 가장 쉽고 최선의 방법은 우리의 사랑을 정화하고 깊게 하여, 우리가 사랑하는 사람들의 인연을 지속해서 넓히고 우리가 처한 어떤 상황에서도 인류에게 사심 없는 봉사를 하는 것입니다.

모든 윤리적, 종교적 관행은 궁극적으로 이런 결과로 이어집니다. 만약 우리가 다른 사람을 위해 더 많이 살고 자신을 위해 덜 산다면 우리의 동물적인 욕망은 점차 승화됩니다; 서서히 "에고"에 대한 우리의 어설픈 감각은 변형됩니다. "에고"는 길道의 마지막 단계까지 계속됩니다.

"하나님 또는 그리스도 의식" 상태인 경로의 일곱 번째 단계에 도달해야만, "에고"가 유한에서 무한으로 완전히 변환되어, 신성한 "나"로 일곱 번째 경지에서 다시 나타날 수 있습니다.

This is that state of "Christ Consciousness" to which Jesus referred when He said, "I and my Father are one", and which implies living simultaneously in the Infinite and in the finite. This is the right way for the independent aspirant.

The shortest and the easiest way is that of the seeker, who has the good fortune (Karma) to be accepted as a disciple by a Perfect Master. Certain pitfalls are avoided by the Master's love and prevision.

It is absolutely impossible for the independent aspirant to pass from the sixth to the seventh plane without the help of a Perfect Master.

☞ See part III, note 2, "The Seven Planes."

"There is one secret about Jesus which the Christians do not know. When Jesus was crucified, he did not die; he entered the state of nirvikalp samadhi [the "I Am God" state without bodily consciousness]. On the third day, he again became conscious of his body and he traveled secretly in disguise eastward (with some apostles) to India. This was called Jesus' "resurrection."

After reaching India, he traveled farther east to Rangoon in Burma where he remained for some time. He then went north to Kashmir where he settled. When his work was finished on earth, he dropped his body and entered nirvikalp samadhi. He was buried in Kashmir, and his grave can still be seen there.

Saints in India have verified these facts about Jesus' travels. Mankind will soon become aware of them."

-Lord Meher Online, p611, August, 1925; Meherabad

이것이 예수께서 “나와 나의 아버지는 하나이다”라고 말씀하셨을 때 언급하신 “그리스도 의식”의 상태이며, 이는 무한과 유한 안에서 동시에 사는 것을 의미합니다. 이것이 독립적인 지망자의 올바른 길입니다.

가장 짧고 쉬운 길은 구도자의 길이며, 그 길은 행운(카르마)을 가지고 완전한 스승에게 제자로 받아들여지는 것입니다. 어떤 위험은 스승의 사랑과 예견으로 피할 수 있습니다.

완전한 스승의 도움 없이 독립적인 지망자가 6경지에서 7경지로 넘어가는 것은 절대 불가능합니다.

☞ 3장 주석2, “일곱 개의 차원”을 참조하세요.

“기독교인들이 모르는 예수님에 대한 비밀이 하나 있습니다. 예수님은 십자가에 못박혔을 때, 그는 죽지 않았습니다; 그는 니르비칼파 사마디[신체의 의식이 없는 “나는 하나님이다” 상태]의 상태에 들어갔습니다. 사흘째 되던 날, 그는 다시 자신의 몸을 의식하게 되었고, 변장한 채 비밀리에 동쪽으로(일부 사도들과 함께) 인도로 여행을 갔습니다. 이것을 예수님의 “부활”이라고 불렀습니다.

인도에 도착한 후, 그는 더 동쪽으로 여행하여 버마의 랑군까지 가서 한동안 그곳에 머물렀습니다. 그러고 나서 그는 북쪽 카슈미르로 가서 정착했습니다. 지상에서 그의 일이 끝났을 때, 그는 몸을 떨구고 니르비칼파 사마디[자아멸각 삼매]에 들어갔습니다. 그는 카슈미르에 묻혔고, 그의 무덤은 여전히 그곳에서 볼 수 있습니다.

인도의 성자들은 예수님의 여행에 관한 이러한 사실을 확인했습니다. 인류는 곧 그것들을 알게 될 것입니다.”

-로드 메허 온라인 611페이지, 1925년 8월 메허라바드

6. What way of approach does Shri Meher Baba recommend for those who aspire to Perfection?

Answers

All ways:

Divine Love, the various yogas, Religion, Science, Art, household duties.

But after a certain point the usefulness of each ceases.

And then the aid of a Perfect Master is needed if further progress is to be made.

☞ See also Question 13.

"You can keep only one Beloved in your hearts, although you can and may keep many in your mind. So [pointing to himself], keep this one Beloved in your hearts and find me in every other heart!

You cannot hate this one or that one
if you try to see me in every heart.
Then automatically unity and harmony will be established."

-Lord Meher 7: p2216

6. 완전함을 갈망하는 사람들에게 쉬리 메허 바바는 어떤 접근 방법을 추천합니까?

답 변

모든 방법입니다:

신성한 사랑, 다양한 요가, 종교, 과학, 예술, 가정의 의무들입니다.

하지만 어느 정도 시간이 지나면 각각의 유용성은 사라집니다.

그러고 나서 더 나아가려면 완전한 스승의 도움이 필요합니다.

☞ 질문 13도 참조하세요.

"비록 여러분의 마음속에 많은 사람을 간직할 수 있고 그러하겠지만, 여러분의 가슴속에는 오직 한 명의 비러벳만 간직할 수 있습니다. 그러니 [자신을 가리키며] 이 한 명의 비러벳을 여러분 가슴속에 간직하고 다른 모든 이의 가슴속에서 나를 찾으세요!

여러분이 모든 이의 가슴속에서 나를 보려고 노력한다면,
여러분은 이 사람 또는 저 사람을 미워할 수 없습니다.
그러면 자동적으로 통합과 조화가 확립될 것입니다."

-로드 메허 7판 2216페이지

7. Which is the right way to attain "Wider Consciousness"? (Do religions help or hinder spiritual development?)

Answers

No general rule or process can be laid down for the attainment of the Ultimate Reality or, as you term it, the "Wider Consciousness".

Every individual has got to work out his or her own salvation, and for that end he himself has to create and choose the path, which is mostly determined by the total effect or momentum of impressions (called sanskaras in Sanskrit)[1] acquired in previous life.

The panaceas the world hears about, the pseudo-religions for the guidance of humanity, do not go far towards solving the problem.

As time goes on, the Founder, the One who supplied the motive force, is relegated more and more into the background of time and obscurity. The aftermath of his manifestation, usually a religion or an organization, gradually loses its glamour and attractiveness.

Finally, a mental revolt against the old order of things arises, and with it is felt a thirst for the Way, the Truth, and the Life. This thirst or demand has to be met, and will be met.

☞ [1] See Question 58.

See also Questions 4, 15, 16, 26.

7. "광대한 의식"을 얻는 올바른 방법은 무엇입니까? (종교는 영적인 발달을 돕거나 방해하나요?)

답 변

궁극적인 실재, 또는 여러분이 그것을 "광대한 의식"이라고 부르는 것의 달성을 위한 일반적인 규칙이나 과정은 규정될 수 없습니다.

모든 개인은 그 또는 그녀 자신의 구원을 얻기 위해 노력해야 하며, 그 목적을 위해 그 자신이 길을 만들고 선택해야 하며, 이는 대부분 전생에서 얻은 인상들(산스크리트어로 산스카라라고 부름)[1]의 총합의 결과 또는 추진력에 의해 결정됩니다.

세상이 다 만병통치약이라고 아는, 인류를 인도하는 사이비 종교는 문제를 해결하는 데까지 이르지 않습니다.

시간이 지남에 따라, 원동력을 제공한 창시자는 점점 더 시간과 잊혀짐의 배경 속으로 밀려나게 됩니다. 그의 출현의 후유증으로, 대부분의 종교나 조직체가 점차 그 매력과 화려함을 잃어갑니다.

마침내, 구질서에 대한 정신적인 반란이 일어나고, 그것과 함께 길, 진리 그리고 삶에 대한 갈증을 느낍니다. 이 갈증이나 요구는 충족되어야 하며, 그리고 충족될 것입니다.

☞ [1] 질문 58을 보세요.
질문 4, 15, 16, 26도 참조하세요.

8. What is the right way to attain "Christ Consciousness"?

Answers

(See answer to Question 5.)

9. What discipline or qualification is necessary to enter the Path?

Answers

To say that decent living is the only requisite for attaining "Wider Consciousness" is but giving one side of the picture. What you are to-day is the result of both your decent and your indecent living in the past.

Occult, religious, or spiritual training serves merely as means to an end, and is only the threshold to entering the Path.

But when you are accepted as a disciple by a "Perfect Master", no such disciplinary process is necessary. The only requirements then are complete surrender to his supreme will, perseverance, love, courage, and trust in the Master.

8. “그리스도 의식”을 얻는 올바른 방법은 무엇입니까?

답 변

(질문 5에 대한 답변을 참조하세요.)

9. 영적인 길에 들어서려면 어떤 훈련이나 자격이 필요하나요?

답 변

품위 있는 생활이 “광대한 의식”을 얻기 위한 유일한 조건이라 말하는 것은 그림의 한 단면을 보여주는 것에 불과합니다. 오늘날 여러분이 있는 것은 과거에 품위 있고 무례한 삶의 결과입니다.

오컬트[초자연적인 힘], 종교 또는 영적인 훈련은 단지 목적을 위한 수단으로써 기능할 뿐이며, 단지 영적인 길로 들어가는 문턱일 뿐입니다.

그러나 “완전한 스승”에 의해 제자로 받아들여질 때는 그런 수련 과정이 필요 없습니다. 유일한 자격 요건은 스승에 대한 그의 지대한 의지, 인내, 사랑, 용기 및 신뢰를 위한 완전한 항복입니다.

10. Do intellectual attainments help or hinder man's progress on the Spiritual Path? (Intellectual and Spiritual "understanding" compared.)

Answers

It is impossible to reach Spiritual Truth and Realization by talks, arguments, or by reading books. It can be reached by the heart alone; but that would be a very slow process. But when the heart and the head are equally developed and balanced, then man's progress is much quicker.

The man in whom the head (intellect) is more developed than the heart is liable to get fixed ideas, and he becomes attached to his own intellectual achievements. The man with a warm heart is more likely to have faith, and for Love and Truth to give up all. Intellect is the lowest form of understanding, and is developed by reading, listening, reasoning, and logic. These processes create an illusion of the real knowledge.

The higher form of understanding is "permanent illumination", through which one experiences and sees things as they are. In this state one feels in harmony with everyone and everything and realizes Divinity in every phase of life, and one is able to impart happiness to others. And although performing efficiently and intelligently all duties and material affairs, one feels mentally detached from the world. This is true renunciation.

The last and the highest state of understanding results from the merging of the soul into the limitless Ocean of Infinite Knowledge, Bliss, and Power. One who has himself attained to this can enable thousands to attain Perfection.

10. 지적인 성취가 영적인 길에서 인간의 진보를 돕거나 방해하나요? (지적인 그리고 영적인 "이해"를 비교함)

답 변

대화나 논쟁 또는 책을 읽는 것으로 영적인 진리와 깨달음에 이르는 것은 불가능합니다. 그것은 가슴에 의해서만 도달할 수 있습니다; 그러나 그것은 매우 느린 과정이 될 것입니다. 하지만 가슴과 머리가 동등하게 발달하고 균형을 이룰 때 인간의 진보는 훨씬 더 빨라집니다.

가슴보다 머리(지성)가 발달한 사람은 고정관념에 사로잡히기 쉬우며, 자신의 지적 성취에 집착하게 됩니다. 따뜻한 가슴을 가진 사람은 믿음을 가질 가능성이 높으며 사랑과 진리를 위해 모든 것을 포기합니다. 지성은 이해의 가장 낮은 형태이며 읽기, 듣기, 추론 및 논리에 의해 발달됩니다. 이러한 과정은 실제 지식에 대한 환상을 만듭니다.

더 높은 형태의 이해는 사물을 있는 그대로 경험하고 보는 "영구적인 계몽"입니다. 이 상태에서 모든 사람과 모든 것에 조화를 이루며 삶의 모든 단계에서 신성을 깨닫고, 다른 사람들에게 행복을 전할 수 있습니다. 그리고 모든 의무와 물질적인 일들을 효율적이고 현명하게 수행하지만, 정신적으로는 세상으로부터 분리된 느낌을 받습니다. 이것이 진정한 포기입니다.

마지막이자 가장 높은 이해의 상태는 영혼이 무한한 앎, 지복 및 힘의 제한이 없는 바닷속으로 합치되는 결과입니다. 스스로 이를 달성한 사람은 수천 명을 완전함에 이르게 할 수 있습니다.

11. Does renunciation help a man's progress on the Spiritual Path?

Answers

Shri Meher Baba does not believe in external renunciation.

For the West particularly, it is impracticable and inadvisable.

Renunciation should be mental.

One should live in the world, perform all legitimate duties, and yet feel mentally detached from everything.

One should be in the world, but not of it.

☞ See also Questions 46, 53, 57.

11. 영적인 길에서 포기는 사람의 진보에 도움이 됩니까?

답 변

쉬리 메허 바바는 외적인 포기를 믿지 않습니다.

특히 서구의 경우, 그것은 실행 불가능하며 바람직하지 않습니다.

포기란 정신적이어야 합니다.

사람은 세상에 살면서, 모든 정당한 의무를 다하면서도 정신적으로 모든 것으로부터 분리되어 있어야 합니다.

사람은 세상에 있어야 하지만, 세상에 속해서는 안 됩니다.

☞ 질문 46, 53, 57도 참조하세요.

12. (a) How does a Master help an aspirant and how does a Master help mankind?

Answers

As a rule, Masters help individually according to the temperament and preparedness of the aspirant. But this being the Avataric period, i.e. the end of the previous cycle and the beginning of the new one (it usually occurs every seven to eight hundred years), Shri Meher Baba's spiritual help to humanity will be both individual and collective.

He rejuvenates and infuses new life into the old order of things, and imparts the highest state of spirituality — the state of Oneness with the Infinite Ocean of Bliss, Knowledge, and Power to his close disciples. He gives a general spiritual push to the whole universe.

☞ See also Question 51.

12. (b) Why is it necessary to have the aid of a Perfect Master in order to attain to Perfection?

Answers

Only a Perfect Master, who is the veritable incarnation of Divinity, can awaken in the individual the fire of Divine Love, which consumes in its flames the lesser desires of the body, mind, and world, all of which must be completely relinquished before Perfection can be realized.

12. (ㄱ) 스승은 지망생과 인류를 어떻게 돕습니까?

답 변

스승은 원칙적으로 지망자의 기질과 준비 상태에 따라 개별적으로 돕습니다. 그러나 이 시기는 아바타의 시대, 즉 이전 주기의 끝과 새로운 주기의 시작이기 때문에(보통 7~800년마다 발생), 쉬리 메허 바바의 인류에 대한 영적인 도움은 개인과 집단 모두가 될 것입니다.

그는 오래된 질서에 활기를 되찾게 하고 새로운 삶을 불어넣으며, 그의 가까운 제자들에게 무한한 지복, 앎 및 힘의 바다와 하나됨이라는 최상의 영적 상태를 부여합니다. 그는 온 우주에 전반적인 영적 추진력을 부여합니다.

☞ 질문 51도 참조하세요.

12. (ㄴ) 완전함에 도달하기 위해 완전한 스승의 도움이 필요한 이유는 무엇인가요?

답 변

오직 신성의 진정한 화신인 완전한 스승만이 개인 안의 신성한 사랑의 불을 일깨울 수 있습니다. 신성한 사랑의 불은 완전함이 실현되기 전에 완전히 포기해야만 하는 몸과 마음, 그리고 세상의 작은 욕망들을 전부 그 불길 속에서 태워버립니다.

13. Why is meditation on a Perfect Master the most effective form of meditation?

Answers

By meditation on a Perfect Master, who is Divine and fully conscious of his Divinity, the individual who is divine but not fully conscious of his divinity is led into Divine Self-consciousness.

(There are two aspects of the Infinite One — Personal and Impersonal. The Impersonal aspect lies beyond the domain of creation and transcends even the mental plane. The Personal aspect of God is the Perfect Master who, having attained to the Impersonal aspect, lives in the world and helps others towards Truth.)

☞ Editor's Note.

"The Perfect Master of the Age" is called by Hindus and Buddhists the Avatar; by Jews and Christians he would be called the Messiah.

The terms "saint", or even "Mahatma", do not imply the absolute spiritual perfection or Christ Consciousness which is experienced continually by the Perfect Masters.

13. 완전한 스승에 대한 명상이 왜 가장 효과적인 명상의 형태인가요?

답 변

신성하고 그의 신성을 완전히 의식하는, 완전한 스승을 향한 명상에 의해, 신성하지만 그의 신성을 완전히 의식하지 못하는 개인은 신성한 참나-의식으로 인도됩니다.

(무한한 존재는 인격적인 그리고 비인격적인 두 가지 측면이 있습니다. 비인격적인 측면은 창조의 영역 너머 정신 영역까지도 초월합니다. 하나님의 인격적 측면은, 비인격적 측면에 도달한 후, 세상을 살아가며 다른 사람들을 진리로 인도하는 완전한 스승입니다.)

☞ 편집자 메모

힌두교도와 불교도는 “시대의 완전한 스승”을 아바타라고 부릅니다; 유대인들과 기독교인들에 의해 그는 메시아로 불릴 것입니다.

“성자” 또는 “마하트마”라는 용어조차, 완전한 스승들에 의해 지속적으로 경험되는 절대적인 영적 완전함 또는 그리스도 의식을 의미하는 것은 아닙니다.

14. What is the theory of the manifestation of an Avatar?

Answers

God-realized Masters always do exist on the physical as well as on other planes, but are not always known and seen physically. After cycles of years, when spirituality reaches its lowest ebb and materialism its highest point, when there is chaos and confusion everywhere, the impersonal aspect of Divinity assumes personality, and the world sees the physical manifestation of an Avatar.

It is the same Divine personality who manifested as Avatar in past times in different physical bodies and under different names. These Avatars (the world usually recognizes them as prophets), after completing their mission of giving a great spiritual push to humanity, abandon the physical body, and assume once more the original impersonal aspect of Divinity. But even in their impersonal aspect they remain always self-conscious of their Divinity.

☞ See also Questions 15, 20.

14. 아바타의 출현 이론은 무엇입니까?

답 변

하나님을 깨달은 스승들은 물리적인 차원에서뿐만 아니라 다른 차원에도 항상 존재하지만, 항상 물리적으로 알려지고 보이는 것은 아닙니다. 오랜 세월이 흐른 후, 영성이 최저점에 도달하고 물질주의가 최고점에 이르렀을 때, 도처에 혼돈과 혼란이 있을 때, 신성의 비인격적인 측면이 인격을 취하고 세상은 아바타의 육체적 현현을 보게 됩니다.

그것은 과거에 다른 육체와 다른 이름의 아바타로 출현했던 같은 신성한 인격입니다. 이 아바타들은 (세상은 보통 그들을 선지자로 인식합니다) 인류에게 위대한 영적인 추진력을 주는 임무를 완수한 후, 육체를 버리고 다시 신성의 원래 비인격적인 측면을 취합니다. 그러나 그들의 비인격적인 측면에서도 그들은 항상 자신의 신성에 대해 스스로 의식합니다.

☞ 질문 15, 20도 참조하세요.

15. Why, when so many inspired religions already existed, were additional revelations of God as Avatar required?

Answers

At the time of the manifestation of an Avatar the force of the new spiritual impulse is so tremendous that it creates quite a new awakening of consciousness. This, combined with the teachings and activities of the Avatar on the physical plane during the life in which he manifests himself, is given outward form by his followers, who call it a new religion.

As the force of the spiritual push gradually weakens with the lapse of time, spirituality also recedes until it almost sinks into insignificance; religion, or rather the outward form of it, becomes like a dry crust, ready to crumble at any moment, and world conditions reach a climax. It is at this critical juncture that an Avatar appears, and manifests on the physical plane, to give once again the spiritual impulse that the world then requires. The force of this spiritual push is again adopted as a new outward religious form according to the existing circumstances. The Avatar, after completing his mission, abandons his physical body and assumes the impersonal aspect of Divinity as before, till he is compelled once more by force of circumstances to take the human form and reappear and manifest as an Avatar; and thus the process goes on and on.

This is why the contemporary religions have apparently different forms, owing to the different times and circumstances in which they were established, and they are known after the name of the Avatar of that particular period, though in essence they contain the same ideal of life taught over and over again by the same Divinity, who appeared and manifested on earth at different times and under different circumstances.

☞ See also Questions 20.

15. 이미 그렇게 많은 영감을 받은 종교가 존재했는데, 왜 아바타처럼 하나님의 계시가 더 필요했을까요?

답 변

아바타가 출현할 때 새로운 영적 충동의 힘은 너무 커서 의식의 새로운 각성을 만들어 냅니다. 이것은 그가 자신을 드러내는 생애 동안 물질적인 차원에서 아바타의 가르침과 활동과 결합하여, 그것을 새로운 종교라 칭하는 그의 추종자들에 의해 외형적인 형태를 부여합니다.

영적인 추진의 힘은 시간의 경과와 함께 점차 약해짐에 따라 영성도 거의 무의미해질 때까지 후퇴합니다; 종교, 더 나아가 종교의 외형적 형태는 마른 껍데기처럼 되고 언제든지 부서질 준비가 되어 있으며, 세계 상황은 절정에 이릅니다. 이 중요한 시점에 아바타가 나타나고 물리적인 차원에 발현하여, 세상이 요구하는 영적 충동을 다시 한번 줍니다. 이러한 영적인 추진의 힘은 기존의 상황에 따라 새로운 외형적인 종교 형태로 다시 채택됩니다. 아바타는 자신의 임무를 완수한 후에, 자신의 육체를 버리고 전과 같이 신성의 비인격적인 측면을 취하지만, 상황의 영향력에 의해 다시 한번 인간의 형태를 취하고 아바타로 다시금 나타나도록 강요받습니다; 따라서 그 과정은 계속됩니다.

이것이 현대 종교가 수립된 시대와 환경이 다르기 때문에 명백히 외관상 다른 형태를 가지고 있는 이유이고, 종교들은 그 특정 시대의 아바타의 이름을 따서 알려져 있습니다. 종교들은 본질적으로 동일한 신성에 의해 반복해서 가르침을 받은 동일한 삶의 이상을 포함하고 있지만, 지구상에 서로 다른 시대와 환경에서 나타나고 발현됩니다.

☞ 질문 20도 참조하세요.

16. (a) Will the new Avatar replace existing organized religions by something else?

Answers

The new "awakening of the spirit" and the new "consciousness" that will accompany his manifestation will synthetize all existing sects, castes and creeds and religions, which will automatically find a new outward expression.

16. (b) Will any changes take place in the existing religions when Shri Meher Baba imparts the «spiritual push» to the world ?

Answers

All collective movements and religions have hinged round one personality who supplied the motive force. Without this centrifugal force all movements are bound to fail.

Societies and organizations have never succeeded in making people attain spiritual perfection.

☞ See also Questions 26, 29.

16. (ㄱ) 새로운 아바타가 기존의 조직화된 종교를 다른 것으로 대체할까요?

답 변

그의 출현에 수반될 새로운 "영靈의 각성"과 새로운 "의식"은 기존의 모든 종파, 계급 제도 그리고 신조 및 종교를 통합할 것이며, 이는 자동으로 새로운 외형적 표현을 찾을 것입니다.

16. (ㄴ) 쉬리 메허 바바가 세상에 "영적인 추진"을 부여할 때, 기존 종교에 어떤 변화가 일어날까요?

답 변

모든 집단 운동과 종교는 원동력을 제공한 한 인물을 중심으로 있습니다. 이 원심력이 없으면 모든 운동은 실패할 수밖에 없습니다.

사회와 조직은 사람들을 영적인 완성을 이루도록 만드는 데 성공한 적이 없습니다.

☞ 질문 26, 29도 참조하세요.

17. Will an Avatar ever appear in feminine form?

Answers

Never has there been a female Avatar, nor will there ever be one. The Avatar has always possessed a male form and always will. Yet he comprises in himself both the male and female aspects.

18. Will the West ever give birth to an Avatar?

Answers

Asia is the "Garden of Eden", the starting-place of the evolution of the universe, and because of its direct link with the source of creation and on account of its geographical position it will always be the birthplace of the Divine personality as Avatar.

☞ Editor's Note.

(1) In several of these answers a knowledge of the doctrines of Reincarnation and of Karma is assumed: Reincarnation means rebirth of the Spirit in another physical body; Karma is that law of Cause and Effect which governs every detail of our present lives and also of our subsequent rebirths.

(2) The Seven Planes of Consciousness are often referred to. They are intellect, lower inspiration, intuition, insight, higher inspiration, illumination (the Sixth Plane which is only experienced by the greatest saints), and Christ Consciousness. The Seventh Plane is separated by a great gulf from the Sixth and no one can cross it and attain Christ Consciousness without the aid of a Perfect Master.

17. 아바타가 여성의 모습으로도 나타납니까?

답 변

여성 아바타는 지금까지 없었고 앞으로도 없을 것입니다. 아바타는 항상 남성 형태를 가지고 있었고 앞으로도 그럴 것입니다. 그러나 그 자신 안에 남성적 측면과 여성적 측면을 모두 포함하고 있습니다.

18. 서양에서 아바타를 탄생시킬 수 있습니까?

답 변

아시아는 우주 진화의 시작점인 "에덴의 동산"이며, 창조의 근원과 직접 연결되어 있고, 지리적 위치 때문에 항상 아바타로서의 신성한 인격의 발원지가 될 것입니다.

☞ 편집자 메모

(1) 이들 답변 중 몇 가지는 환생과 카르마[업]의 원칙에 대한 지식을 가정하고 있습니다. 환생[윤회]은 또 다른 육체에서 영혼의 재탄생을 의미합니다; 카르마는 우리의 현재 삶과 그 이후의 재탄생에 대한 모든 세부 사항을 지배하는 원인과 결과의 법칙입니다.

(2) 의식의 일곱 가지 경지는 자주 언급됩니다. 그것들은 지성, 하위 영감, 직관, 통찰력, 상위 영감, 계몽(위대한 성자들만 경험하는 여섯 번째 경지), 그리고 그리스도의 의식입니다. 일곱 번째 경지는 여섯 번째 경지와 큰 간극으로 분리되어 있어 완전한 스승의 도움 없이는 누구도 그곳을 건너 그리스도 의식에 도달할 수 없습니다.

19. How may one recognize a Perfect Master?

Answers

Kabir has rightly said:

"When you meet the true Guru, He will awaken your heart;
He will reveal to you the secret of love and detachment;
Then you will know indeed that He transcends this universe."

"He is the real Guru, who reveals the form of the formless to the vision of these eyes: Who teaches the simple way of attaining Him, that is other than rites and ceremonies: Who does not make you close the doors, and hold the breath, and renounce the world: Who makes you perceive the Supreme Spirit wherever the mind attaches itself: Who teaches you to be still in the midst of all your activities: Ever immersed in bliss, having no fear in his mind, He keeps the spirit of union in the midst of all enjoyments."

☞ From a translation by Rabindranath Tagore of the fifteenth-century saint and poet Kabir.

19. 완전한 스승을 어떻게 알아볼 수 있습니까?

답 변

까비르는 다음과 같이 정확하게 말했습니다:

"진정한 구루[영적 스승]를 만나면 그는 여러분의 가슴을 깨울 것입니다;
그는 사랑과 초연함의 비밀을 여러분에게 알려 줄 것입니다;
그러면 여러분은 그가 이 우주를 초월한다는 사실을 알 것입니다."

"그는 이 눈의 환상에 무형의 형태를 드러내는 진정한 구루입니다: 그는 의식과 의례가 아닌 그에게 이르는 쉬운 길을 가르치는 분입니다: 그는 여러분이 문을 닫고 숨을 멈추고 세상을 포기하지 않게 하는 분입니다: 그는 마음이 닿는 곳마다 가장 위대한 영靈을 깨닫게 하는 분입니다: 모든 활동의 한가운데에 있도록 여러분을 가르치는 분입니다: 항상 지복에 잠겨 그의 마음에 두려움이 없으면서, 그는 모든 즐거움 가운데 영靈과의 합일을 유지하고 있습니다."

☞ 15세기 성자이자 시인인 까비르의 라빈드라나쓰 타고르(Rabindranath Tagore)의 번역서에서 발췌.

20. What does Shri Meher Baba say about the Masters of the Past?

Answers

Christ, Buddha, Mohammed, Zoroaster, Krishna, and other Masters were all, in reality, the embodiment, of the same Divine Self-consciousness, manifesting according to the needs of different periods and of different countries.

☞ See also Questions 13, 14, 15, and footnote to Question 35.

21. Are persons who can perform miracles necessarily spiritually perfect?

Answers

In the West people are very interested in the problem of miracles.

Shri Meher Baba has explained that the ability to perform miracles does not necessarily imply high spirituality. Anyone who has attained perfection and enjoys the "Christ Consciousness" can perform miracles. Healing the sick, giving sight to the blind, and even raising the dead are quite simple for a Perfect Master. Even those who have not become One with the Infinite, but who are only traversing the planes, can perform miracles and are able to make and unmake things.

20. 쉬리 메허 바바는 과거의 마스터에 대해 무엇이라고 말하나요?

답 변

그리스도, 부처, 모하메드[무함마드], 조로아스터, 크리슈나, 그리고 다른 스승들은 실제로 모두 동일한 신성한 참나-의식(Self-consciousness)의 구현체具現體였으며, 다른 시대와 다른 나라의 필요에 따라 나타났습니다.

☞ 질문 13, 14, 15 및 질문 35의 각주도 참조하세요.

21. 기적을 행할 수 있는 사람은 반드시 영적으로 완전할까요?

답 변

서양 사람들은 기적의 문제에 아주 흥미 있어 합니다.

쉬리 메허 바바는 기적을 행하는 능력이 반드시 높은 영성을 의미하는 것은 아니라고 설명했습니다. 완전함에 도달하고 "그리스도 의식"을 누리는 사람은 누구나 기적을 행할 수 있습니다. 병자를 고치고, 눈먼 사람을 보게 하고, 심지어 죽은 사람을 살리는 것조차 완전한 스승에게는 아주 간단한 일입니다. 무한한 존재와 하나가 되지 않았지만, 오직 차원[경지]을 횡단하는 사람들조차도 기적을 행할 수 있고 사물을 만들거나 변형할 수 있습니다.

22. Why and when do Masters perform miracles?

Answers

Spiritual Masters do not perform miracles to order, just to satisfy idle curiosity. Miracles were performed, and will be performed, according to the existing circumstances. Masters have sometimes performed miracles when they intended to give a universal spiritual push.

☞ See also Question 40.

23. If a Master is God Incarnate, why does he allow his disciples to be ill?

Answers

Although spiritually the Master of everything, he never unnecessarily interferes with the Laws of Nature and of Karma—laws governing all existence, and which he himself established for the universe.

The terrible sufferings that the past Masters (who had of course the powers to avert these sufferings) and their disciples underwent were due, on the one hand, to these laws of nature, and on the other hand to the reason that by their vicarious sufferings they were able to help spiritually all humanity.

22. 마스터들은 왜 그리고 언제 기적을 행하나요?

답 변

영적 마스터들은 그저 헛된 호기심을 충족하기 위해 기적을 행하는 것이 아닙니다. 기적은 기존의 상황에 따라 행해졌고 앞으로도 행해질 것입니다. 마스터들은 때때로 우주적인 영적 추진력을 주기 위해 기적을 행했습니다.

☞ 질문 40도 참조하세요.

23. 스승이 화신한 하나님이라면 왜 제자들이 아프도록 내버려둡니까?

답 변

영적으로 모든 것의 스승이기는 하지만, 그는 자연의 법칙과 카르마의 법칙, 즉 모든 존재를 지배하고 자신이 우주를 위해 제정한 법칙을 결코 불필요하게 간섭하지 않습니다.

과거의 스승들(물론 이러한 고통을 피할 수 있는 능력을 갖춘 이들)과 그들의 제자들이 겪었던 끔찍한 고통은, 한편으로는, 이러한 자연의 법칙에 기인하고 다른 한편으로는 그들의 대리적 고통을 통해 모든 인류를 영적으로 도울 수 있었던 이유였습니다.

24. How is it that the Master, being superhuman, still has hunger, thirst, and the need of sleep?

Answers

The Master works on different planes—spiritual, mental, astral, and physical. And in order to work with different individuals at different stages of evolution he comes down to their level. Even when in the physical body he can aid highly advanced souls on the mental plane, less advanced souls on the astral plane, and ordinary human beings on the physical plane. He uses the appropriate body—spiritual, mental, subtle (astral), or physical—as the medium for his work on the required plane.[1]

It is rightly said that the best teacher is he who can come down to the level of his student. The Master comes down to the level of this world for its upliftment.

☞ [1] See Question 35—description of the different bodies.

24. 어떻게 초인적인 마스터가 여전히 배고픔과 갈증과 수면의 필요성이 있을까요?

답 변

마스터는 영적, 정신적, 아스트랄적, 물질적인 차원에서 일합니다. 그리고 진화의 다른 단계에서 다른 개인들과 함께 일하기 위해 마스터는 그들의 수준으로 내려옵니다. 육체에 있을 때조차도 그는 정신적인 차원[경지]에서 고도로 진보된 영혼과 아스트랄 차원에서 덜 진보된 영혼, 그리고 물질적인 차원에서 평범한 인간을 도울 수 있습니다. 그는 필요한 차원에서 작업을 위한 매개체로 적절한 몸—영적, 정신적, 기氣적(아스트랄) 또는 물질적인—을 사용합니다.[1]

최고의 선생[교사, 스승]은 제자의 수준으로 내려올 수 있는 사람이라고 하는 것이 옳습니다. 마스터는 영적 고양을 위해 이 세상의 수준으로 내려옵니다.

☞ [1] 질문 35의 다른 몸들에 대한 설명을 참조하세요.

This physical body, now his medium for work, has its physical needs—food and rest—which must usually be attended to physically. If necessary, he could live without food or water for weeks together.[1]

The problem of the Divine and human elements in the God-man is difficult to comprehend, except for those who have had long personal contact with a Master.

This attention to the requirements of the physical body of the Master, although outwardly similar, is inwardly different. It is not, as with ordinary men, actuated by any desire to satisfy hunger, thirst, or sleep, nor for the pleasure that gross men derive from eating, drinking, and other enjoyments. He tends to the physical needs of the body merely to preserve it as a medium for the great work that he has to do on this physical plane.

Similarly, people are puzzled by the everyday details of his material or physical life and activities; his natural, spontaneous manner; his appearance and dress; his long travels and frequent movements from place to place; his visits to theatres, cinemas, and places of amusement; and so on.

Though he may seem to enjoy them for themselves, they are necessitated by his work. The Master has no desires, and can have none to gratify. His only desire, if it could rightly be called a desire, is to enable every human being to realize the "Self" and to drink of the well of everlasting life.

☞ [1] Shri Meher Baba has often fasted for long periods.

이제 그의 일을 위한 매개체가 된 이 신체는 육체적인 요구—음식과 휴식—가 있습니다. 이것은 보통 신체적으로 보살펴야 합니다. 필요하다면 그는 쉬지 않고 몇 주 동안 음식이나 물 없이 살 수도 있습니다.[1]

갓맨[하나님-인간] 안에 있는 신성과 인간 요소의 문제는 마스터와 오랫동안 개인적으로 접촉한 사람들을 제외하고는 이해하기 어렵습니다.

마스터의 물질적인 육체의 요구 사항에 대한 이러한 주의는 겉으로는 비슷하지만, 내적으로는 다릅니다. 보통 사람들과 마찬가지로 배고픔, 갈증 또는 수면을 만족시키려는 욕망이나, 물질적인 사람이 먹고 마시고 기타 즐거움에서 파생되는 쾌락을 위해서도 아닙니다. 그는 단지 이 물리적 차원에서 해야 하는 위대한 일을 위한 매개체로써 몸을 보존하기 위해 몸의 육체적 필요를 돌보는 경향이 있습니다.

마찬가지로 사람들은 그의 물질적 또는 육체적 삶과 활동에 대한 일상의 세부 사항인 그의 자연스럽고 자발적인 태도, 그의 외모와 복장, 그의 긴 여행과 장소 간 잦은 이동, 그의 극장, 영화관 및 오락 장소 방문 등에 의아해합니다.

비록 그가 그 자신을 위해 그것들을 즐기는 것처럼 보일지 모르지만, 그것들은 그의 일에 필요합니다. 마스터는 욕망이 없고 만족할 만한 것도 없습니다. 욕망이라 부를 수 있는 게 있다면, 그의 유일한 욕망은 모든 인간이 "참나"를 깨닫고 영원한 생명의 우물을 마실 수 있게 하는 것입니다.

☞ 1 쉬리 메허 바바는 자주 장기간 금식했습니다.

25. Why, if he knows everything, does the Master ask questions?

Answers

The impressions of the experiences of the innumerable past lives of an individual remain in his mental body in the form of thoughts, which lie, like seeds, latent and unmanifested. When faced with suitable circumstances and environments, these thoughts are expressed in the subtle body as desires and emotions. And these, when expressed more fully, develop into the physical actions in the gross body.

The Master knows the expressed as well as the unexpressed thoughts of everyone. Yet he sometimes asks questions. While asking questions he acts, through his working on the inner planes, upon the expressed and unexpressed impressions of the individual or individuals with whom he is speaking, and renders them impotent while they are still in the mental body, so that they cannot develop and eventually be expressed in the form of desires and actions.

In short, the Master, through his subtle working, checks certain evil thoughts in their very growth, eradicates the unexpressed desires, and thus prevents them developing into the corresponding actions, which might cause harm to the individual and hinder his spiritual progress.

☞ See also Questions 35, 58.

25. 스승은 모든 것을 다 알고 있는데 왜 질문을 하나요?

답 변

개인의 무수한 전생의 경험에 대한 인상은 씨앗처럼 잠재되어 있고 발현되지 않은 생각의 형태로 그의 정신적인 몸에 남아 있습니다. 적절한 상황과 환경에 직면했을 때, 이러한 생각들은 기氣적인 몸에서 욕망과 감정으로 표현됩니다. 그리고 이것들이 보다 완전하게 표현되면 육체에서 물리적인 행동으로 발전합니다.

스승은 모든 사람의 표현된 생각과 표현되지 않은 생각을 모두 알고 있습니다. 하지만 그는 가끔 질문을 합니다. 질문하는 동안 그는 내적 차원에서 일하는 것을 통해, 그가 말하고 있는 개인 또는 개인들의 표현되거나 표현되지 않은 인상들에 따라 행동하고, 인상들이 아직 정신적인 몸에 있는 동안 그것들을 무력하게 만들어 인상들이 발달할 수 없도록 해서, 결국 욕망과 행동의 형태로 표현될 수 없도록 합니다.

간단히 말해서 스승은 기氣적인 작업을 통해 어떤 악惡한 생각이 자라는 것을 막고, 개인에게 해를 끼치고 영적 진보를 방해할 수 있는 표출되지 않은 욕망을 전멸시키고 그에 상응하는 행동으로 발전하지 못하게 합니다.

☞ 질문 35, 58도 참조하세요.

Questions & Answers

26. (a) What is it that Shri Meher Baba has come into the world to teach?

Apparently his message pertains to Divine Love, Universal Brotherhood, right living, and the elimination of the motive of self-interest. But in reality Shri Meher Baba has not come to teach. He has come to awaken. By the power of the Divine Love, which flows from him continually, he transforms the consciousness of those who come to him for liberation, that they may know, through experience, what the philosophers have tried to teach theoretically through the ages.

26. (b) What is his object in coming to the West?

His coming to the West is not with the object of establishing new creeds or spiritual societies or organizations, but for the purpose of making people understand religion in its true sense. He will revitalize all religions and cults, and bring them together like beads on one string.

26. (c) What is his mission?

It is to make mankind realize, not only through intellect, but by actual experience, the One Infinite Self which is in all. Before we can attain to everlasting peace and experience constant joy, we must realize the God within ourselves and in everything we see and meet. Shri Meher Baba has attained to that realization. The whole purpose of his incarnation is to help others to attain to a like realization.

☞ See also Questions 4, 16.

질문과 답변

26. (ㄱ) 쉬리 메허 바바는 무엇을 가르치기 위해 세상에 왔습니까?

분명히 그의 메시지는 신성한 사랑, 보편적 형제애, 올바른 생활 그리고 사리사욕에 대한 동기의 제거에 관한 것입니다. 그러나 실제로 쉬리 메허 바바는 가르치러 오지 않았습니다. 그는 깨우러 왔습니다. 끊임없이 그에게서 흘러나오는 신성한 사랑의 힘으로, 그는 해방을 위해 그에게 오는 사람들의 의식을 변화시켜, 철학자들이 여러 시대에 걸쳐 이론적으로 가르치려 했던 것을, 그들이 경험을 통해 알 수 있도록 합니다.

26. (ㄴ) 서양에 오는 그의 목적은 무엇입니까?

그가 서양에 온 것은 새로운 신앙이나 영적 단체나 조직을 세우려는 목적이 아니라, 사람들에게 종교를 참된 의미로 이해하도록 하기 위함입니다. 그는 모든 종교와 이단에 새로운 활력을 주고, 그들을 한 줄에 구슬처럼 묶을 것입니다.

26. (ㄷ) 그의 임무는 무엇입니까?

그것은 인류가 지성뿐만 아니라, 실제 경험을 통해, 만유萬有 안에 있는 하나의 무한한 참나를 깨닫게 하는 것입니다. 우리가 영원한 평화에 도달하고 끊임없는 기쁨을 경험하기 전에, 우리는 우리 자신 안에 있고 우리가 보고 만나는 모든 것에서 하나님을 깨달아야 합니다. 쉬리 메허 바바는 그 깨달음에 도달했습니다. 그의 화신의 전체 목적은 다른 사람들이 같은 깨달음에 도달하도록 돕는 것입니다.

☞ 질문 4, 16도 참조하세요.

27. Does Shri Meher Baba claim to be the Avatar of the new dispensation?

Answers

Such a claim would have no value until it were substantiated, and once it were substantiated there would be no need of claims. What Shri Meher Baba is, and the nature of his mission, will be abundantly demonstrated at the time of his public manifestation.

Note.[1]—It may be said, however, that some of Shri Meher Baba's closest disciples have come to believe, not through words or explanations, but through deep inner experience, that Shri Meher Baba is such a Being as Jesus was, and that he has come into the world now to effect that transformation of consciousness which is a necessary prelude to the establishment of the new civilization. It may also be said that to those with whom he lived during his recent visits to this country, Shri Meher Baba gave ample proofs of being able to extend the consciousness of other individuals at will.

☞ [1] This article was written in America.

28. Whence does Shri Meher Baba derive his authority?
How does he know that he is God-realized?

Answers

Just as an individual, from the actual experience that he has of being a human, can authoritatively say that he is a human being, so does he, from his own continuous conscious experience of Oneness with the Infinite, know of his Godhood.

27. 쉬리 메허 바바는 새로운 시대의 아바타라고 주장하나요?

답 변

그러한 주장은 입증되기 전까지는 아무런 가치가 없으며, 일단 입증되면 주장이 필요하지 않습니다. 쉬리 메허 바바가 누구인지, 그리고 그의 임무의 성격은 그가 공개적으로 나타날 때 충분히 입증될 것입니다.

주석.[1] — 그러나 쉬리 메허 바바의 가장 가까운 제자 중 일부는 말이나 설명을 통해서가 아니라, 깊은 내면의 체험을 통해 쉬리 메허 바바가 예수와 같은 존재이며, 그는 새로운 문명의 확립에 필요한 서곡인 의식의 전환을 수행하기 위해 지금 세상에 왔습니다. 최근에 이 나라를 방문하는 동안 함께 살았던 사람들에게, 쉬리 메허 바바는 다른 사람들의 의식을 마음대로 확장할 수 있다는 충분한 증거를 주었다고 말할 수 있습니다.

☞ [1] 이 기사는 미국에서 작성되었습니다.

*28. 쉬리 메허 바바는 어디서 권위를 얻습니까?
그는 자신이 하나님을 깨달은 사람이라는 것을 어떻게 압니까?*

답 변

한 개인이, 그가 인간 존재가 되는 실제 경험을 통해 자신을 인간이라고 권위 있게 말할 수 있는 것처럼, 그도, 무한과의 일체성에 대한 그 자신의 지속적인 의식적 경험을 통해 자신의 신격神格을 압니다.

29. (a) When will the "spiritual revival" take place?
(b) When does it usually occur?
(c) In what sphere of life will its effect be most obvious?

Answers

The spiritual revival that you ask about is not far off, and his approaching manifestation will be the signal. He will utilize the tremendous amount of energy—often misapplied—possessed by the West, particularly by America, for the purpose.

Such a spiritual outburst usually takes place every seven or eight hundred years, at the end or beginning of a cycle, and it is only the Perfect One who has reached the state of "Christ Consciousness" who can appeal to all and work universally.

Shri Meher Baba's working will embrace everything. It will penetrate into every phase of life. Perfection would fall far short of the ideal if it were to accept one thing and eschew another.

☞ See also Question 51.

29. (ㄱ) "영적인 부흥"은 언제 일어납니까?
(ㄴ) 보통 언제 발생하나요?
(ㄷ) 그 영향은 삶의 어떤 영역에서 가장 분명할까요?

답 변

여러분이 묻는 영적인 부흥靈的復興은 얼마 남지 않았고, 그의 다가오는 임재臨在함이 그 신호가 될 것입니다. 그는 서구, 특히 미국이 소유하고 있는 엄청난 양의 에너지를—종종 잘못 사용됨—그 목적을 위해 활용할 것입니다.

이런 영적 분출은 일반적으로 주기의 끝이나 시작에서 700~800년마다 일어나며, 모든 사람에게 호소하고 우주적으로 일할 수 있는 사람은 "그리스도 의식"의 상태에 도달한 완전한 존재뿐입니다.

쉬리 메허 바바의 작업은 모든 것을 포용할 것입니다. 그것은 삶의 모든 단계에 스며들 것입니다. 만약 어떤 것은 받아들이고 다른 것들은 회피한다면 완벽함은 이상에 훨씬 미치지 못할 것입니다.

☞ 질문 51도 참조하세요.

30. Why does Shri Meher Baba intend speaking in England instead of in America?

Answers

Owing to the postponement of his speaking and the change in circumstances, Europe is better suited for breaking his silence than America. Yet, as he has said before, America will be the centre of his great spiritual working in future, and will play a prominent part in the organization and development of his plans for the upliftment of humanity.

England has a special spiritual significance for many reasons: his first emissary to the West was sent there; the first Western disciples to come to him in India were English; his first visit to the West was to England; there his first Western Ashram or Spiritual Retreat was established; and in England the plans for his Western work were prepared.

This spiritual value, added to the changes in circumstances and time, makes England the more suitable place for the breaking of his silence. And since his first place of residence and association with his close disciples was in London, it will be there that his first public speech will be delivered.

30. 왜 쉬리 메허 바바는 미국 대신 영국에서 연설하려고 하나요?

답 변

그의 연설이 연기되고 상황 변화로 인해, 유럽은 미국보다 그의 침묵을 깨기에 더 적합합니다. 그러나 그가 전에 말했듯이 미국은 미래에 그의 위대한 영적 활동의 중심이 될 것이며, 인류의 고양을 위한 그의 계획을 준비하고 발전시키는 데 중요한 역할을 할 것입니다.

영국은 여러 가지 이유로 특별한 영적 중요성을 가지고 있습니다: 인도에서 그에게 온 최초의 서양 제자들은 영국인이었습니다; 그의 첫 서양 방문은 영국이었습니다; 그곳에서 그의 첫 번째 서양 아쉬람(Western Ashram) 또는 영적 수련지(Spiritual Retreat)가 설립되었습니다; 그리고 영국에서는 그의 서역 작업을 위한 계획이 준비되었습니다.

이 영적 가치는 상황과 시간의 변화에 더하여 영국을 그의 침묵을 깨기에 더 적합한 곳으로 만듭니다. 그리고 그의 첫 거주지이자 가까운 제자들과의 교제 장소가 런던에 있었기 때문에, 그의 첫 번째 대중 연설이 그곳에서 이루어질 것입니다.

31. Will his work create opposition?

Answers

His work will create both great enthusiasm and a certain amount of opposition. This is inevitable. But all spiritual work is eventually strengthened by opposition, and so it will be with his. It is like the shooting of an arrow from a bow: the more you pull the bowstring the farther the arrow flies.

32. Will Shri Meher Baba bring "peace and happiness" to the world ?

Answers

There exists at the present moment a universal dissatisfaction and an indescribable longing for something that will end the terrible chaos and misery that overshadows the world just now. He is going to satisfy this longing, and will lead the world to real happiness.

The disorders in the world without are a reflection of the disorders within. Shri Meher Baba will enable mankind to solve their inner problems by awakening the Divine elements in them.

31. 그의 작업이 반발을 일으킬까요?

답 변

그의 작업은 엄청난 열광과 어느 정도의 반발을 불러일으킬 것입니다. 이것은 불가피합니다. 그러나 모든 영적인 일은 결국 반대에 의해 강화되며, 그의 경우에도 그러할 것입니다. 그것은 활에서 화살을 쏘는 것과 같습니다: 활시위를 당기면 당길수록 화살은 더 멀리 날아갑니다.

32. 쉬리 메허 바바는 세계에 "평화와 행복"을 가져다 줄까요?

답 변

바로 지금 세계를 뒤덮고 있는 끔찍한 혼돈과 불행을 끝낼 무언가에 대한 보편적인 불만과 형언할 수 없는 갈망이 존재합니다. 그는 이 갈망을 만족시키고, 세상을 진정한 행복으로 이끌 것입니다.

세상의 무질서는 내면의 어수선함을 반영합니다. 쉬리 메허 바바는 인류가 내면의 신성한 요소를 일깨움으로써 그들 안에서 내면의 문제를 해결할 수 있도록 합니다.

33. How can he bridge the gulf between East and West?

Answers

He is doing this in many ways, internally as well as externally. Recently, he has travelled from East to West and from West to East. He has visited Europe five times, Italy four times, England thrice, America twice, Africa twice, China once, and he has encircled the globe. He has explained that these journeys were for the purpose of "laying cables between East and West."

He has taken some of the Eastern disciples to the West; has brought some of his Western disciples to the East. Thus the impressions of the East are brought to the West and vice versa.

This external or physical action of bringing together East and West has its personal side.

Every one of his disciples looks upon the others, whether Eastern or Western, as "members of the same family, of which the beloved and revered Master is at once the father, mother, friend, guide and Guru." And while this intimate feeling is now confined to the circle of his close devotees, the great gulf of religious and social differences will also be truly bridged, and a healthy and happy reunion of all brought about.

33. 그는 어떻게 동서양 사이의 간극을 메울 수 있을까요?

답 변

그는 내부적으로는 물론 외부적으로도 여러 가지 방법으로 이 일을 하고 있습니다. 최근에는 동양에서 서양으로, 서양에서 동양으로 여행을 다녔습니다. 그는 유럽을 다섯 번, 이탈리아를 네 번, 영국을 세 번, 미국을 두 번, 아프리카를 두 번, 중국을 한 번 방문했고, 세계를 둘러보았습니다. 그는 이 여행이 "동서양을 연결하는 케이블을 깔기 위한" 목적이었다고 설명했습니다.

그는 동양의 제자 몇 명을 서양으로 데려갔습니다; 서양의 제자 중 몇 사람을 동양으로 데려왔습니다. 따라서 동양의 인상이 서양으로 옮겨지고 그 반대도 마찬가지입니다.

동서양을 하나로 모으는 이러한 외적 또는 물리적 행위에는 개인적인 측면이 있습니다.

그의 제자들은 모두 동양인이든, 서양인이든, 다른 사람들을 "비러벳과 존경받는 스승의 아버지이자 어머니, 친구이자 안내자 그리고 구루처럼 같은 가족의 일원"으로 여깁니다. 그리고 이 친밀한 감정은 이제 그의 가까운 헌신자들에게만 국한되어 있지만, 종교적, 사회적 차이의 큰 격차는 또한 진정으로 메워질 것이고, 모든 사람의 건강하고 행복한 재회가 이루어질 것입니다.

For when he speaks and manifests his divinity, a world-wide transformation of consciousness will then cause all ideas of superiority and inferiority concerning race, colour, caste and creed to disappear.

The East has been the place of his birth, of his realization of Godhood from manhood, and thereafter of his long, silent activities for the upliftment of humanity.

He has many times withdrawn to mountains and caves for his spiritual working. In India and Persia he has established Ashrams (spiritual retreats) to prepare and lead seekers after Truth towards their ideal.

And now he has decided to break his "vow of silence" in the West, which will be the scene of his manifestation and the principal centre of his activities for humanity.

These will all help "to bridge the gulf" between East and West, and lead to a clearer mutual understanding.

His teachings are largely concerned with forming a lasting union of all existing races and religions into a harmonious whole.

그가 말하고 자신의 신성을 드러낼 때, 의식의 세계적 변화는 인종, 피부색, 계급 및 신념에 관한 모든 우월감과 열등감을 사라지게 할 것입니다.

동양은 그가 태어난 곳이고, 성인이 된 후부터 신격을 실현한 곳이며, 그 이후로는 인류의 고양을 위한 그의 오랜 침묵의 활동이 있었습니다.

그는 영적 임무를 위해 여러 번 산과 동굴로 은둔했습니다. 인도와 페르시아에서 그는 진리를 추구하는 사람들을 그들의 이상을 향해 준비하고 인도하기 위해 아쉬람(영적 은신처)을 설립했습니다.

그리고 이제 그는 서양에서 그의 "침묵의 서약"을 깨기로 했는데, 서양은 그의 현현의 무대이자 인류를 위한 그의 활동의 주요 중심지가 될 것입니다.

이들 모두는 동양과 서양 사이의 "격차를 메우는" 데 도움이 될 것이며, 더욱 명확한 상호 이해를 이끌어 낼 것입니다.

그의 가르침은 기존의 모든 인종과 종교를 조화로운 전체로 지속적으로 통합하는 데 주로 관심이 있습니다.

34. (a) What work has he done in this life to help humanity?

Answers

Most of the people who came to him have benefited, some internally, some externally.

The internal benefits have been in the form of spiritual experiences, glimpses and visions of life beyond this material existence, which have transformed their lives and changed their outlook.

The external advantages of coming in contact with and having faith in him, too, have been many and varied; to some, in miraculous recoveries from diseases declared incurable by doctors; to others, in overcoming their personal troubles and solving their intricate problems in everyday life. Some of his disciples were saved from fatal accidents and actually owe their lives to him. And but for the Master's dislike to attach any importance to what by many would be called miracles, the practical and subjective instances of these experiences would fill volumes.

Quite apart from these individual subjective experiences, his other external activities in the social and religious spheres of life have benefited the masses. Through the Ashrams (spiritual retreats) that he has established in India, he has brought about a wonderful unity of all races and religions, particularly that of the high-class Brahmins with the most depressed class, who are called "untouchables" and are the most neglected class of people, and whose upliftment he has ever at heart.

34. (ㄱ) 쉬리 메허 바바는 이번 생에서 인류를 돕기 위해 어떤 일을 했나요?

답 변

그를 찾아온 대부분의 사람은 일부는 내적으로, 일부는 외적으로 혜택을 받았습니다.

내적인 혜택은 이 물질적 존재를 넘어서는 삶의 영적 체험과 일별 그리고 비전의 형태로 이루어졌으며, 이는 그들의 삶을 변화시키고 관점을 변화시켰습니다.

그와 접촉하고 그에 대한 믿음을 갖는 것에 외적인 이점 또한 많고 다양했습니다; 어떤 사람들은 의사가 불치병이라고 선언한 질병에서 기적적으로 회복되었고, 또 다른 사람들은 개인적인 문제를 극복하고 일상생활에서 복잡한 문제를 해결했습니다. 그의 제자 중 일부는 치명적인 사고로부터 구조되었고 실제로 그들의 목숨을 그에게 빚졌습니다. 그러나 이러한 경험의 실제적이고 주관적인 사례들은 책을 가득 채울 정도지만, 마스터는 많은 사람이 기적이라 부르는 것에 중요성을 부여하는 걸 좋아하지 않습니다.

이러한 개인의 주관적인 경험과는 별개로, 사회적, 종교적 삶의 영역에서 그의 다른 외부적인 활동은 대중에게 도움이 되었습니다. 그가 인도에 세운 아쉬람(영적 은신처)을 통해 모든 인종과 종교, 특히 상류 브라만들과 "불가촉천민"이라 불리는 가장 소외된 계급이자, 가장 무시당한 부류의 사람들인 그들의 마음을 고양시켜 놀라운 통합을 이끌어냈습니다.

This work was begun some years ago. Shri Meher Baba also maintained a boarding-school, where boys of all castes and creeds and races lived, studied, and played together under his personal guidance. Scholarships covering all expenses were even offered to enable English boys to attend this spiritual and educational school.

He also established a hospital, supervised by a Western trained doctor, to give free treatment to the poorest peasants of the neighbouring districts, who had never before had access to Western medical treatment, and to whom it was a blessing.

With his own hands he washed lepers, and healed five of these afflicted persons.

Sincere seekers after Truth and Knowledge (no matter what their religious creed or agnostic attitude) have found in him their true guide and Guru who led them to the Light they had been trying to find.

His benign grace and guidance on the spiritual path have helped many to advance towards Perfection.

The lives of others who were on the verge of ruin and degradation have been redeemed by his timely advice and help.

이 작업은 몇 년 전에 시작되었습니다. 쉬리 메허 바바는 또한 모든 계급과 교리와 인종들이 그의 개인적인 지도하에 함께 살고, 공부하고, 노는 기숙 학교를 운영했습니다. 모든 비용을 포함하는 장학금은 심지어 영국 소년들이 이 영적이고 교육적인 학교에 다닐 수 있도록 제공되었습니다.

그는 또한 서양의 훈련을 받은 의사가 감독하는 병원을 설립하여, 이전에 서양의 의학적 치료를 받아본 적이 없는 이웃 지역의 가장 가난한 농민들에게 무료 치료를 제공했으며, 그것은 그들에게 축복이었습니다.

그는 자신의 손으로 나병 환자들을 씻기고, 이 고통받는 이들 중 다섯 명을 치료했습니다.

진리와 지식을 추구하는 성실한 구도자들(종교적 신념이나 불가지론적 태도가 무엇이든 상관없이)은 그에게서 그들의 진정한 안내자와 그들이 찾으려 했던 빛으로 인도하는 구루[깨달은 스승]를 발견했습니다.

영적인 길에 대한 그의 자비로운 은혜와 인도는 많은 사람이 완전함을 향해 나아가는 데 도움이 되었습니다.

파멸과 타락의 위기에 있던 다른 사람들의 삶은 그의 시기적절한 조언과 도움으로 구원을 받았습니다.

34. (b) What sort of work does Shri Meher Baba do in India?

Answers

In whichever part of the world he may be, his internal working is one and the same; but his external workings vary in accordance with the situation and needs of the place where he is.

In India, his external working is mainly devoted to the running of Ashrams (spiritual retreats); giving darshana (i.e. accepting homage and worship) to thousands of his devotees, who worship him as God-man, and who journey hundreds of miles in order to offer their homage and devotion.[1]

☞ [1] "I never wish to be called Redeemer, Saviour, Divine Majesty. The disciples through their love, faith, and enthusiasm give such titles; there are many who misunderstand me, who call me Satan, Devil, Anti-Christ; but to me it is all the same—I know who I am." —Shri Meher Baba.

34. (c) How does he work in the West?

Answers

In the West, his external working is chiefly concerned with teaching and explaining; giving answers to questions; issuing messages and statements concerning spiritual life.

Sometimes he gives private interviews and explains individually; at other times he explains to multitudes at receptions and meetings.

34. (ㄴ) 쉬리 메허 바바는 인도에서 어떤 부류의 일을 하나요?

답 변

그가 세계의 어느 지역에 있든 그의 내부 작업은 동일합니다; 그러나 그의 외부 작업은 그가 있는 장소의 상황과 필요에 따라 다릅니다.

인도에서 그의 외부 작업은 주로 아쉬람(영적 은신처) 운영에 전념합니다; 그를 갓맨神人으로 예배하고 경의와 헌신을 바치기 위해 수백 마일을 여행하는 수천 명의 신자들에게 다르샨(즉, 경배와 예배를 받는 것)을 줍니다.[1]

☞ [1] "나는 결코 구원자, 구세주, 신성한 폐하라고 불리기를 원하지 않습니다. 제자들은 그들의 사랑과 믿음과 열정을 통해 그러한 칭호를 붙입니다; 나를 사탄, 마귀, 적그리스도라 부르는 사람들이 많이 있습니다; 그러나 나에게는 모든 것이 똑같습니다. 나는 내가 누구인지 압니다."—쉬리 메허 바바.

34. (ㄷ) 그는 서양에서 어떻게 일합니까?

답 변

서양에서 그의 외부 활동은 주로 가르치고 설명하는 일과 관련이 있습니다; 질문에 대한 답변을 줍니다; 영적인 삶에 관한 메시지와 성명을 발표합니다.

때때로 그는 개인 인터뷰를 하고 개별적으로 설명합니다; 다른 시간에는 환영회와 모임에서 대중에게 설명을 하기도 합니다.

35. What relation will his "speaking" have to the transformation of human consciousness, which has been predicted?

Answers

Humanity, as at present constituted, uses three vehicles for the expression of thought, and experiences three states of consciousness. These three vehicles are:

(1) The mental body, in which thoughts arise as the result of impressions from past experiences. These thoughts may remain latent in the mental body as seeds, or they may be expressed. If they are expressed, they take first the form of desires and pass through:

(2) The subtle body, or desire body, which is composed of the five psychic senses. They may rest there, as in the case of dreams or unfulfilled desires, or they may be further expressed through:

(3) The physical body, with its five physical senses.

The three states of consciousness corresponding to the three vehicles mentioned above are:

1) Unconsciousness, as in deep, dreamless sleep.

2) Subconsciousness, as in the dreaming state, or obscure, unformed, unfulfilled desires. Everything is experienced through the subtle (astral) body.

35. 그의 "말씀"은 이미 예견된 인간 의식의 변화와는 어떤 관계를 맺을 건가요?

답 변

현재 구성된, 인류人類는 생각의 표현을 위해 세 가지 수단을 사용하고 세 가지 의식 상태를 경험합니다. 이 세 가지 수단은 다음과 같습니다:

(1) 생각이 과거 경험의 인상의 결과로 발생하는 정신적인 몸(멘탈체)입니다. 이러한 생각은 정신적인 몸에 씨앗으로 잠재되어 있거나, 표현될 수도 있습니다. 만약 그것들이 표현되면 먼저 욕망의 형태를 취하고 다음을 통과합니다:

(2) 다섯 가지 심령적인 감각五感으로 이루어진 기氣적인 몸(써틀체) 또는 욕망체입니다. 꿈이나 충족되지 않은 욕망의 경우처럼 그것들은 거기에서 쉬거나 다음을 통해 더 많이 표현될 수 있습니다:

(3) 다섯 가지 심령적인 감각五感이 있는 육체입니다.

위에서 언급한 세 가지 수단에 해당하는 세 가지 의식 상태는 다음과 같습니다:

1) 꿈이 없는 깊은 잠과 같은 무의식입니다.

2) 꿈꾸는 상태와 같은 잠재의식, 또는 모호하고 형성되지 않은, 충족되지 않은 욕망입니다. 모든 것은 기氣적인(아스트랄) 몸을 통해 경험됩니다.

3) Waking consciousness, as in active daily life.

The process by which thought passes from mental through the subtle into physical expression may be called "the expression of human will."

In order for thought to be expressed effectively, all three of the vehicles used in its expression must be perfectly clear, and the interaction between them must be harmonious. The head and the heart must be united; intellect and feeling must be balanced; material expression must be understood as dependent on spiritual realization.

The God-man neither thinks nor desires. Through him the Divine Will flows inevitably into perfect manifestation, passing directly from the spiritual body (which in the ordinary human being is not developed) into physical expression. For him the superconscious is the normal state of consciousness. From him there flows constantly Infinite Love, Wisdom, Joy, Peace, and Power.

In order to convey thought to others man uses speech, or writing, or some other physical means of expression; sometimes, as in telepathy, thought is transmitted and received through and by the subtle body.

The God-man does not convey thought, but Truth, which he either awakens in the individual whom he is helping, through a deep inner experience, or which he transmits directly from the superconscious to the conscious, from the spiritual to the physical, by means of either the physical eye, the physical touch, or "the spoken word."

3) 활동적인 일상생활에서와 같이 깨어있는 의식입니다.

생각이 정신적인 것에서 기氣적인 것을 거쳐 물리적인 표현으로 옮겨가는 과정을 "인간 의지의 표현"이라고 할 수 있습니다.

생각이 효과적으로 표현되기 위해서는 표현에 사용된 세 가지 수단의 표현은 완벽하게 명확해야 하고, 이들 간의 상호 작용은 조화를 이루어야 합니다. 머리와 가슴은 하나가 되어야 하고; 지성과 감정은 균형을 이루어야 하며; 물질적인 표현은 영적 깨달음에 의존하는 것으로 이해되어야 합니다.

갓맨神人은 생각하지도 바라지도 않습니다. 그를 통해 신성한 의지는 필연적으로 완전한 현현顯顯으로 흘러 들어가며, 영체靈體(보통 인간에게는 발달되지 않음)에서 육체적 표현으로 직접 전달됩니다. 그에게 초의식은 정상적인 의식 상태입니다. 그에게서 무한한 사랑, 지혜, 기쁨, 평화, 능력이 끊임없이 흘러나옵니다.

생각을 다른 사람에게 전달하기 위해 사람은 말이나 글 또는 기타 물리적 표현 수단을 사용합니다; 때로는 텔레파시에서처럼 기氣적인 몸을 통해 생각이 전달되고 수신됩니다.

갓맨은 생각을 전달하는 것이 아니라, 그가 돕고 있는 개인에게 깊은 내적인 경험을 통해 일깨우거나 또는 육체적 눈, 신체적 접촉 또는 "입에서 나온 말"의 수단을 통해 초의식에서 의식으로, 영적인 것에서 육체적으로 직접 전달하는 진리를 전합니다.

Extract from Shri Meher Baba's Message to India

In the conscious (awake) state all that you experience by seeing, hearing, eating, walking, etc., is done through the gross body.

In the subconscious (dream) state, everything is experienced through the subtle body. In this state the mortal mind, with the help of the desire-body, may see past events recur, or may foresee future happenings, and sometimes past, present, and future events may appear together in confusion (this would be a nightmare). This all depends upon the impressions on the mind received through the physical body in accordance to the proportion of its attachments to gross activities.

In the unconscious (deep sleep) state you are unaware of either the physical or astral happenings, and so experience nothingness.

One who transcends these three states of consciousness and gains illumination experiences the superconscious state. This is the Christ-Buddha-Krishna state, the God-man state, in which one attains to perfect manhood and perfect Divinity.

To be one with the source of all Love, Knowledge, Power, Light, and Existence is to enjoy infinite bliss and feel in harmony with everyone and everything. Art, science, beauty, nature appear as one's own manifestation.

쉬리 메허 바바가 인도에 보낸 메시지에서 발췌

의식(깨어있는) 상태에서는 보고, 듣고, 먹고, 걷는 등의 모든 경험은 물질적인 몸을 통해 이루어집니다.

잠재의식(꿈) 상태에서는 모든 것이 기氣적인 몸을 통해 경험됩니다. 이 상태에서 필멸자의 마음은 욕망체의 도움으로 과거의 사건이 반복되는 것을 보거나 미래의 사건을 예견할 수 있으며, 때로는 과거, 현재, 미래의 사건이 혼돈 속에 함께 나타날 수 있습니다(이것은 악몽일 것입니다). 이것은 모두 물질적인 활동에 대한 집착의 비율에 따라 육체를 통해 받는 마음에 대한 인상에 달려 있습니다.

무의식(깊은 잠) 상태에서는 신체적 또는 아스트랄적 상황의 어느 쪽도 인식하지 못하고, 그래서 아무것도 경험하지 못합니다.

이 세 가지 의식 상태를 초월하여 깨달음을 얻은 사람은 초의식 상태를 경험합니다. 이것은 그리스도-붓다-크리슈나 상태, 갓맨 상태로서 인간은 완전한 인간성과 완전한 신성에 도달합니다.

모든 사랑, 지식, 힘, 빛, 존재의 근원과 하나가 되는 것은 무한한 지복을 누리고 모든 사람과 모든 것에서 조화를 느끼는 것입니다. 예술, 과학, 아름다움, 자연은 자신의 표현으로 나타납니다.

This is all well and good for the individual, but what about the multitudes? In the present state of world depression and economic strife the supreme thought of the people at large is about their daily bread.

How can they think of or aspire to spiritual illumination? And it is self-interest (caused by low selfish desires) that is at the root of this universal condition of misery.

Material desire is misery. When you want a thing, you crave for it until you get it—this is suffering. And when you do get it, you don't experience the happiness you expected—this is disappointment, which is also suffering.

And this self-interest cannot be eliminated by means of religious piety, nor can sermons or the fear of heaven and hell help. Only when the atmosphere of selfless love and universal brotherhood prevails throughout the world will this self-interest be annihilated.

Then only will people realize that the true aim of life is not merely to eat, drink, sleep, or seek for pleasure—in other words to gain material welfare—but to attain real happiness in every phase of life: material, social, and spiritual. And this time is drawing near.

☞ See also Questions 24, 25, 56.

이것은 개인에게 모두 더할 나위 없이 좋은 일이지만, 군중은 어떻습니까? 현재 세계의 불황과 경제 문제의 상황에서 일반 대중의 지대한 생각은 그들의 일상적 생계에 관한 것입니다.

그들이 어떻게 영적 조명照明을 생각하거나 열망할 수 있겠습니까? 그리고 이 비참한 보편적 상태의 뿌리에는 (낮은 이기적 욕망에서 비롯된) 이기심이 있습니다.

물질적 욕망은 불행입니다. 원하는 것이 있으면 얻을 때까지 갈망하는—이것은 괴로움입니다. 그리고 그것을 얻었을 때 기대했던 행복을 경험하지 못하는—이것은 또한 실망이며, 고통이기도 합니다.

그리고 이 이기심은 종교적인 경건함으로도 제거될 수 없으며, 설교나 천국과 지옥에 대한 두려움도 도움이 될 수 없습니다. 사심 없는 사랑과 보편적 형제애의 분위기가 전 세계에 만연해 있을 때, 비로소 이러한 이기심은 소멸될 것입니다.

그러면 사람들은 삶의 진정한 목적이 단순히 먹고, 마시고, 자고, 쾌락을 추구하는 것, 즉 물질적 복지를 얻는 것이 아니라 물질적, 사회적, 영적인 삶의 모든 단계에서 진정한 행복을 얻는 것임을 깨닫게 될 것입니다. 그리고 이 시간이 다가오고 있습니다.

☞ 질문 24, 25, 56도 참조하세요.

36. Why has he been silent for 44 years?

Answers

When he speaks, Truth is more powerfully manifested than when he uses either sight or touch to convey it. For that reason Avatars usually observe a period of silence lasting for several years, breaking it to speak only when they wish to manifest the Truth to the entire universe.

So when Shri Meher Baba speaks he will manifest the Divine Will, and a world-wide transformation of consciousness will result.

37. Why does he keep changing his plans and postponing his promises of healing?

Answers

Although he seems to change his plans, and apparently does not keep his promises about the dates of his speaking and healing, etc., in reality it is not so. For, as a Perfect Master and the Avatar of the age, he knows all that is to happen in future, and everything is planned and arranged by him beforehand.

Although he really knows when he is destined to speak and heal, he postpones the dates from time to time in order to give greater force to his final workings, and in order also that all that he has planned during these past years will be revealed fully on the day of his manifestation.

36. 그가 44년 동안 침묵한 이유는 무엇입니까?

답 변

그가 말할 때, 진리는 그가 그것을 전달하기 위해 시각이나 촉각을 사용할 때보다 더 강력하게 나타납니다. 이러한 이유로 아바타는 일반적으로 몇 년 동안 지속되는 침묵의 기간을 주시하며, 오직 아바타가 전체 우주에 진리를 드러내기를 원할 때만 그것을 말하기 위해 침묵을 깨뜨립니다.

따라서 쉬리 메허 바바가 말할 때 그는 신성한 뜻을 드러낼 것이고, 의식의 세계적인 변혁이 일어날 것입니다.

37. 왜 그는 계획을 계속 변경하고 치유의 약속을 연기합니까?

답 변

비록 그가 자신의 계획을 변경하는 것처럼 보이고, 그의 말과 치유의 날짜에 대한 약속을 분명히 지키지 않는 것 같지만, 실제로는 그렇지 않습니다. 왜냐하면 그는 완전한 스승이자 이 시대의 아바타로서, 미래에 일어날 모든 일을 알고 있고, 모든 것이 미리 그에 의해 계획되고 조정되기 때문입니다.

그는 자신이 언제 말을 하고 치유할 숙명이 언제인지 잘 알고 있지만, 그의 마지막 작업들에 더 큰 힘을 주기 위해, 그리고 또한 지난 몇 년 동안 계획한 모든 것이 그의 발현의 날에 완전히 드러날 수 있도록 때때로 날짜를 연기합니다.

38. Who pays for Shri Meher Baba's travels?
Has he money of his own?

Answers

Amongst his numerous disciples, in the East as well as in the West, there are many who are rich and who voluntarily contribute money towards his cause, for the maintenance of Ashrams, and for the travels that his work necessitates. There are a few who have dedicated all their possessions, and even their lives, to him.

From the spiritual point of view it may be expressed in his own words: "The whole universe is mine."

From the material standpoint he is sometimes wealthy and sometimes penniless, but always equally unattached.

☞ See also Question 53.

39. Was he, during his boyhood, conscious of his own high spiritual destiny?

Answers

Yes, at certain times he had glimpses of his Divinity and of his future work and mission.

38. 쉬리 메허 바바의 여행 비용은 누가 지불하나요?
그는 자신의 돈이 있나요?

답 변

그의 수많은 제자 중에는 동서양을 막론하고 부유한 사람들이 많으며, 그의 대의명분과 아쉬람의 유지와 그의 일에 필요한 여행을 위해 자발적으로 돈을 기부하는 사람들이 많이 있습니다. 자신의 모든 재산과 심지어 목숨까지도 그에게 바친 소수의 사람들이 있습니다.

영적인 관점에서 "온 우주는 나의 것이다."라는 그의 말로 표현될 수 있습니다.

물질적인 관점에서 그는 때로는 부유하고 때로는 무일푼이지만, 항상 똑같이 애착이 없습니다.

☞ 질문 53도 참조하세요.

39. 그는 소년 시절에 자신의 높은 영적 운명을 의식하고 있었나요?

답 변

그렇습니다. 특정 시기에 그는 그의 신성과 그의 미래의 일과 사명을 엿볼 수 있었습니다.

40. Will he perform miracles when he speaks?

Answers

He will perform miracles when the time and situation demand. He will perform them to draw towards him the sceptical, unbelieving people who would never believe in Truth unless it were proved by some extraordinary phenomena.

Miracles are not necessary for understanding persons because spiritual healing is by far the greatest healing, and this is Shri Meher Baba's real work. He will not perform miracles to satisfy mere idle curiosity.

☞ See also Questions 21, 22.

41. In what religion does he believe?

Answers

He belongs to no religion in particular, and yet to every religion. Love is his principal agent.

The Infinite One can be attained only through Love and Selfless Service. Dogmas and doctrines, rites and ceremonies, do not constitute true religion. To realize God in every phase of life—in art, science, beauty, nature—that is his religion.

☞ This question is more fully answered in Questions 16, 20, 26.

40. 그가 말할 때 기적을 행할까요?

답 변

그는 시간과 상황이 요구될 때 기적을 행할 것입니다. 그는 진리가 어떤 특별한 현상으로 증명되지 않는 한, 절대 믿지 않을 회의적이고 믿지 못하는 이들을 자신에게 끌어들이기 위해 기적을 행할 것입니다.

영적 치유가 단연코 가장 큰 치유이기 때문에 사람을 이해하는 데 기적은 필요하지 않으며, 이것이 쉬리 메허 바바의 실제 작업입니다. 그는 단순한 호기심을 만족시키기 위해 기적을 행하지는 않을 것입니다.

☞ 질문 21, 22도 참조하세요.

41. 그가 믿는 종교는 무엇인가요?

답 변

그는 특정 종교에 속하지 않고 모든 종교에 속합니다. 사랑은 그의 주요한 대리인입니다.

무한한 존재는 사랑과 사심 없는 봉사를 통해서만 얻을 수 있습니다. 교의와 교리, 의례와 의식은 참된 종교를 구성하지 않습니다. 예술, 과학, 아름다움, 자연 등 삶의 모든 단계에서 하나님을 깨닫는 것이 그의 종교입니다.

☞ 이 질문은 질문 16, 20, 26에 더 자세히 나와 있습니다.

42. Will his work, like Christ's, be missionary in character?

Answers

He will establish no new religion, yet his work will embrace all religions in their essence and spirit, particularly in their mystical and spiritual aspects, and be absolutely unconcerned with their ceremonial side and dry dogmas. His work, therefore, will not be missionary in the narrowest sense of the word, but will permeate through all religions.

☞ See also Questions 4, 15, 16, 26.

43. What sort of work will his followers do?

Answers

The duties allotted to each of his disciples will vary in form and character according to the inner experiences of each. A certain number will attain the realization of the One Divine Self, and a large number will have illumination.

Both groups will know inwardly what to do through the spiritual experiences that they in their highly advanced states will then have, and they will work spontaneously without further instructions. And the duties of one and all his disciples, whether in an advanced or in a normal state, will always concern the spiritual upliftment of humanity.

☞ See also Question 33.

42. 그의 사역은 그리스도의 사역처럼 성격상 선교사가 될 것인가요?

답 변

그는 새로운 종교를 세우지 않을 것이지만, 그의 작업은 모든 종교의 본질과 정신, 특히 신비적이고 영적인 측면에서 모든 종교를 포용할 것이며, 종교들의 의식적인 측면과 무미건조한 교리에는 전혀 관심을 두지 않을 것입니다. 그러므로 그의 사역은 좁은 의미의 선교가 아니라 모든 종교에 스며들 것입니다.

☞ 질문 4, 15, 16, 26도 참조하세요.

43. 그의 헌신자들은 어떤 종류의 일을 할까요?

답 변

제자 각자에게 할당된 임무는 각자의 내적 경험에 따라 형태와 성격이 달라질 것입니다. 몇몇은 하나의 신성한 참나를 실현할 것이고, 많은 수는 빛을 받을 것입니다.

두 그룹 모두 고도로 발달한 상태에서 갖게 될 영적 경험을 통해 무엇을 해야 하는지 내적으로 알게 될 것이며, 추가 지시 없이 자발적으로 일하게 될 것입니다. 그리고 그의 제자들 개인 및 모두의 의무는 진보된 상태에 있든 일반적인 상태에 있든 항상 인류의 영적 고양高揚에 관한 것입니다.

☞ 질문 33도 참조하세요.

44. How can Shri Meher Baba have both the Buddhic and Christ Consciousness?

Answers

There is but one Divine Infinite "Consciousness," whether realized by Christ or experienced by Buddha, and the external expression of this Divine Consciousness varies according to the circumstances confronting (at the moment of historical time) the God-men who have attained to this superconscious state.

Once gained, the Cosmic Consciousness is gained for eternity, and is continually present either on the spiritual plane or as "The Word" made flesh for the upliftment of humanity.

☞ See also Questions 20.

45. Is he interested in politics?

Answers

Spirituality touches all the problems of religion, politics, sociology, and economics.

It concerns each and every phase of life, and as Shri Meher Baba is spiritually perfect, he, directly or indirectly, is interested in all the various aspects of life.

44. 쉬리 메허 바바는 어떻게 불교와 그리스도 의식을 둘 다 가질 수 있습니까?

답 변

그리스도에 의해 실현되었든 부처에 의해 경험되었든 오직 하나의 신성한 무한 "의식"이 존재하며, 이 신성한 의식의 외적인 표현은 이 초의식 상태에 도달한(역사적인 시간의 순간에) 갓맨神人이 직면한 상황에 따라 달라집니다.

일단 얻게되면, 우주 의식은 영원히 획득되며, 영적 경지나 인류의 고양을 위해 육신을 만든 "말씀"처럼 계속해서 존재합니다.

☞ 질문 20도 참조하세요.

45. 그는 정치에 관심이 있습니까?

답 변

영성은 종교, 정치, 사회학, 경제의 모든 문제에 영향을 미칩니다.

영성은 삶의 모든 단계와 관련이 있으며 쉬리 메허 바바는 영적으로 완전하기 때문에, 그는 직간접적으로 삶의 모든 다양한 측면에 관심이 있습니다.

46. Why does he encourage vegetarianism?

Answers

He advises vegetable food for spiritual reasons, and also for reasons of health.

Animal food stimulates excitement, lust, passion, and evil desires, which are all detrimental to spiritual progress. Vegetable food helps one to keep the feelings, emotions, and desires balanced and normal, and hence assists the aspirant on the spiritual path. Also it improves health, aids digestion, and is free from certain poisons contained in animal food.

47. Why does he not help his country first?

Answers

The whole universe is his country and home, and he responds to the call of any part of the universe which he sees to be in need of his help.

46. 그가 채식주의를 권장하는 이유는 무엇입니까?

답 변

그는 영적인 이유와 건강상의 이유로 식물성 음식을 권합니다.

동물성 음식은 흥분, 욕정, 격노, 사악한 욕망들을 자극하며, 이는 모두 영적인 발전에 해가 됩니다. 식물성 음식은 느낌, 감정 및 욕망의 균형을 잡고 정상으로 유지하는 데 도움이 되므로, 지망자가 영적인 길을 가도록 도와줍니다. 또한 건강을 개선하고 소화를 도우며 동물성 식품에 포함된 특정 독이 없습니다.

47. 왜 그는 그의 조국[인도]을 먼저 돕지 않는가요?

답 변

온 우주는 그의 나라이자 집이며, 그는 그의 도움이 필요하다고 여겨지는 우주의 어떤 부분의 부름에도 응답합니다.

48. What, in his opinion, is the real meaning and purpose of life?

Answers

It is to become identified with the Universal Self, and thus to experience Infinite Bliss, Power, and Knowledge; and finally, to be able to impart this experience to others, and make them see the One Indivisible Infinity existing in every phase of life.

49. How will Shri Meher Baba be able, by speaking, to ease the world depression, to solve the problems of unemployment, prohibition, and crime?[1]

Answers

The root of all our difficulties, individual and social, is self-interest. It is this, for example, which causes corrupt politicians to accept bribes and betray the interests of those whom they have been elected to serve; which causes bootleggers to break, for their own profit, a law designed, whether wisely or not, to help the nation as a whole; which causes people to connive, for their pleasure, in the breaking of that law, thus causing disrespect for law in general and increasing crime tremendously; which causes the exploitation of great masses of humanity by individuals or groups of individuals seeking personal gain; which impedes the progress of civilization by shelving inventions which would contribute to the welfare of humanity at large, simply because their use would mean the scrapping of present inferior equipment, which, when people are starving, causes wanton destruction of large quantities of food simply in order to maintain market prices; which causes the hoarding of large sums of gold when the welfare of the world demands its circulation.

48. 삶의 진정한 의미와 목적에 대한 그의 견해見解는 무엇입니까?

답 변

그것은 보편적인 참나와 동일시되어 무한한 지복, 힘 그리고 앎을 체험하는 것입니다; 그리고 마지막으로, 이 체험을 다른 이들에게 전할 수 있고, 그들로 하여금 삶의 모든 단계에 존재하는 하나의 불가분의 무한성을 보게 합니다.

49. 쉬리 메허 바바는 어떻게 연설을 통해 세계의 불황을 완화하고 실업률, 금지 규정 및 범죄 문제를 해결할 수 있을까요?[1]

답 변

개인적으로나 사회적으로나 우리의 모든 어려움의 근원은 사리사욕입니다. 예를 들어 부패한 정치인들이 뇌물을 받고 그들이 봉사하도록 선출된 사람들의 이익을 배반하게 만드는 것은 바로 이 때문입니다; 이것은 밀수업자들이 그들의 이익을 위해, 현명하든 아니든 간에 국가 전체를 돕기 위해 고안된 법을 깨뜨리게 합니다; 이로 인해 사람들은 자신의 즐거움을 위해서 법을 어기는 것을 묵인하게 되고, 따라서 일반적으로 법을 무시하게 되며 범죄가 엄청나게 증가하게 됩니다; 사리사욕은 사적인 이득을 추구하는 개인 또는 집단에 의해 거대한 인류의 착취를 야기합니다; 단순히 발명품의 사용이 현재의 열등한 장비의 폐기를 의미할 것이라는 이유 때문에 인류의 복지에 기여할 발명품을 보류함으로써 문명의 발전을 방해합니다; 사람들이 굶주릴 때, 단지 시장 가격을 유지하기 위해 많은 양의 식량을 무분별하게 파괴합니다; 세계의 복지가 금金의 유통을 요구할 때 많은 양의 금을 비축하는 원인이 됩니다.

These are only a few examples of the way self-interest operates to the detriment of human welfare. Eliminate self-interest and you will solve all your problems, individual and social.

But the elimination of self-interest, even granting a sincere desire on the part of the individual to accomplish it, is not easy, and is never completely achieved except by the aid of a Perfect Master, who has the power to convey Truth at will. For self-interest springs from a false idea of the true nature of the Self, and this idea must be eradicated and the Truth experienced before this elimination is possible.

Shri Meher Baba intends, when he speaks, to reveal the One Supreme Self (God) which is in all. This accomplished, the idea of the Self as a limited separate entity will disappear, and with it will vanish self-interest. Co-operation will replace competition; security will replace certainty; generosity will replace greed; exploitation will disappear.

☞ [1] Written in United States of America, 1932.
Refer to footnote, Question 35 ("Message to India").

이것들은 사리사욕이 인간의 복지에 해를 끼치는 방식에 대한 몇 가지 예일 뿐입니다. 사리사욕을 없앤다면 개인과 사회의 모든 문제를 해결할 수 있습니다.

그러나 사리사욕을 없애는 것은, 심지어 그것을 성취하기 위한 개인의 진심 어린 욕구를 부여하는 것조차 쉽지 않으며, 진리를 마음대로 전할 수 있는 능력을 가진 완전한 스승의 도움 없이는 결코 완전하게 성취되지 않습니다. 사리사욕은 참나의 참된 본성에 대한 그릇된 관념에서 비롯됩니다. 이 관념은 반드시 근절되어야 하고, 이 제거가 가능하기 전에 진리를 경험해야 합니다.

쉬리 메허 바바는 그가 말할 때, 모든 것 안에 있는 하나의 최고의 참나(하나님)를 드러내려고 합니다. 이렇게 되면, 제한된 별개의 독립체로서의 참나에 대한 관념은 사라질 것이고, 그것과 함께 사리사욕도 사라질 것입니다. 협력은 경쟁을 대체할 것입니다; 안전은 확실성을 대체할 것입니다; 관대함은 탐욕을 대체할 것입니다; 착취는 사라질 것입니다.

☞ [1] 1932년 미국에서 작성되었습니다.
각주, 질문 35번(“인도에 보내는 메시지”)을 참조하세요.

50. Has Shri Meher Baba any solution for the problems of politics, economics, morals, and sex?

Answers

In the general spiritual push that he will impart to the world, the problems of politics, economics, and sex, although they are subsidiary to the purpose primary, will automatically be solved and adjusted, and new values and significance will be attached to matters which appear to baffle solution at the present moment.

51. Which individuals and nations will benefit most by the new spiritual impulse?

Answers

Perfect Masters impart spirituality by personal contact and influence, and the benefit that will accrue to different nations when Shri Meher Baba brings about the spiritual upheaval will largely depend upon the amount of energy each possesses. The more the energy, however misapplied, the greater the response.

The Master merely directs the current into the right channels.

50. 쉬리 메허 바바는 정치, 경제, 도덕 및 성性 문제에 대한 해결책이 있나요?

답 변

그가 세상에 전할 일반적인 영적 추진력 안에서 정치, 경제 및 성性의 문제는 비록 목적의 기본 원칙에 부수적이지만, 자동으로 해결되고 조정될 것이며, 현재로서는 해결이 불가능해 보이는 문제에도 새로운 가치와 의미가 부여될 것입니다.

51. 새로운 영적 충동으로 인해 어떤 개인과 국가가 가장 큰 혜택을 봅니까?

답 변

완전한 스승은 개인적인 접촉과 영향력을 통해 영성을 전달하며, 쉬리 메허 바바가 영적 격변을 일으킬 때 여러 나라에 발생할 혜택은 각자가 소유한 에너지의 양에 크게 좌우될 것입니다. 에너지가 많을수록, 그러나 잘못 사용될수록, 더 큰 반응을 보입니다.

스승은 그저 전류를 올바른 채널로 보낼 뿐입니다.

52. What, in his opinion, is the characteristic mental attitude of the West?

Answers

The West looks at life from the standpoint of reason and logic, and is sceptical about things which baffle the intellect. This trend of thought has brought about some great achievements:

Political Ideals and a conception of Social Responsibility; Mathematics and Science. It has also ledher towards materialism, which has brought about wars, political and economic crises.

Organized efforts such as a League of Nations, World Conferences, and Peace Pacts are made in the hope of solving the world problems which face all nations to-day.

But all such efforts have only a very partial success on account of the prevailing materialism, and because these efforts ignore the spiritual character and potentialities of man.

52. 서양의 특징적인 사고방식에 대한 그의 견해見解는 무엇입니까?

답 변

서양은 이성과 논리의 관점에서 삶을 바라보고, 지성을 혼란스럽게 하는 것에 대해 회의적입니다. 이러한 사고思考의 경향은 다음과 같은 몇 가지 큰 성과를 가져왔습니다:

즉 정치적 이상과 사회적 책임에 대한 수학과 과학의 개념입니다; 그것은 또한 서양을 전쟁, 정치 및 경제 위기를 초래한 물질만능주의로 이끌었습니다.

오늘날 모든 국가가 직면한 세계 문제를 해결하기 위해 국제연맹, 세계 회의 및 평화 협정과 같은 조직적인 노력을 기울이고 있습니다.

그러나 그러한 모든 노력은 만연한 물질만능주의와 인간의 영적 특성과 잠재력을 도외시하기 때문에 아주 부분적인 성공만을 거두었습니다.

53. What is his opinion concerning money?

Answers

It entirely depends upon the way in which we use our money, whether it is good or bad. Money earned and utilized as a means of livelihood for oneself and for those who depend on one is good. Given as charity for the benefit of humanity, it is better. But to give anonymously and yet carefully for the intelligent service and spiritual upliftment of humanity, without dictating as to how it shall be administered or spent—this is the best use of money. But very, very few selfless souls can do that.

When money, gained by fair means or foul, is spent in order to gratify one's desire for pleasure and enjoyment, it makes the spender pleasure-loving and selfish. And if the same person suddenly loses that money, he naturally feels miserable and curses life and fate. Worse still is it when he wastes money, earned or inherited, in speculation and gambling, or on wine and women.

Whether it is good or bad for us to possess money depends entirely on the use we make of it. Fire can serve and warm man; fire can burn and destroy man.

53. 돈에 관한 그의 견해見解는 무엇입니까?

답 변

돈이 좋든 나쁘든 그건 전적으로 우리가 돈을 사용하는 방식에 달려 있습니다. 본인과 자신에게 의존하는 사람들의 생계 수단으로 벌어서 사용하는 돈은 좋습니다. 인류의 이익을 위한 자선으로 주어지면 더 좋습니다. 그러나 돈이 어떻게 관리되고 사용될 것인지에 관해 방법을 지시하지 않고, 인류의 지적인 봉사와 영적 고양을 위해, 익명으로 조심스럽게 기부하는 것이 가장 좋은 돈의 사용입니다. 하지만 그렇게 할 수 있는 사심 없는 영혼들은 아주 극소수에 불과합니다.

공정한 수단이나 부정한 방법으로 얻은 돈을 쾌락과 유흥에 대한 욕망을 충족시키기 위해 사용될 때, 이는 그 소비자를 쾌락을 사랑하고 이기적으로 만들게 합니다. 그리고 같은 사람이 갑자기 그 돈을 잃게 되면, 그는 자연스럽게 비참함을 느끼게 되어, 삶과 운명을 저주하게 됩니다. 더 나쁜 것은 그가 벌었거나 상속받았던 돈을 투기와 도박으로, 또는 술과 여자에 낭비할 때입니다.

우리가 돈을 소유하는 것이 좋은지 나쁜지는 전적으로 우리가 돈을 어떻게 사용하는지에 달려 있습니다. 불은 사람에게 봉사하고 따뜻하게 할 수 있습니다; 불은 사람을 태우고 파괴할 수 있습니다.

54. How does he explain "good" and "evil", "heaven" and "hell"?

Answers

In the general sense of the word, evil is merely perverted good, a lower stage of the ladder of evolution, an obstacle the overcoming of which enables man to test and strengthen his character. Looked at from the personal point of view, evil is the result of ignoring the Law of Karma and of indecision or weakness of the personal character. The Master is beyond good and evil.

Virtue or goodness is the antithesis of evil or sin in an individual character. Virtue, then, is due to cooperation with the Karmic Law, and sin is due to conscious or unconscious failure to cooperate with the Karmic Law. As separate worlds, or as separate planes, heaven and hell do not exist. They are states of mental peace or torture. The person who lives in accordance with the Law of Karma experiences happiness and may be said to be in the heaven state; while the person who ignores and disobeys the Law of Karma suffers spiritually, mentally, and physically, and may be said to be undergoing the tortures of hell.

The individual's possession of strength of mind or weakness of character, of the rudiments of virtue and vice, and the various experiences of heaven and hell, are all due to the past impressions (sanskaras as they are termed) of previous lives. And every human being must pass through the dual aspects of both good and evil before attaining to Perfection. The Master is beyond good and evil. Removing past impressions by his Love, he can truly say, "Thy sins be forgiven thee."

☞ See also Questions 4.

54. 그는 "선"과 "악", "천국"과 "지옥"을 어떻게 설명합니까?

답 변

단어의 일반적인 의미에서 악惡은 단지 왜곡된 선善이며, 진화의 사다리의 낮은 단계이고, 이를 극복함으로써 인간이 자신의 성품을 시험하고 강화할 수 있는 장애물이 됩니다. 개인적인 관점에서 보았을 때, 악은 카르마[업]의 법칙을 무시하고 개인 성격의 우유부단함이나 나약함에서 비롯되는 결과입니다. 마스터는 선과 악을 초월합니다.

미덕 또는 선은 개인 성격의 악 또는 죄의 반대입니다. 미덕은 카르마의 법칙과 협력하기 때문에 생기는 것이고, 죄는 의식적이거나 무의식적으로 카르마의 법칙과 협력에 실패한 데 따른 것입니다. 별도의 세계로서, 또는 별도의 차원으로서, 천국과 지옥은 존재하지 않습니다. 천국과 지옥은 정신적 평화 또는 고문의 상태입니다. 카르마의 법칙에 따라 사는 사람은 행복을 경험하고 천국의 상태에 있다고 말할 수 있습니다; 카르마의 법칙을 무시하고 거역하는 사람은 영적으로, 정신적으로, 육체적으로 고통받으며, 지옥의 고문을 받고 있다고 말할 수 있습니다.

개인의 마음의 힘이나 성격의 나약함, 미덕과 악덕의 징조인, 천국과 지옥의 다양한 경험은 모두 전생의 과거 인상(산스카라로 불리는)들 때문입니다. 그리고 모든 인간은 완전함에 도달하기 전에 선과 악의 양면성을 통과해야 합니다. 마스터는 선과 악을 초월합니다. 그의 사랑으로 과거의 인상을 제거하면서, 그는 진정으로 "당신의 죄는 용서받았다."라고 말할 수 있습니다.

☞ 질문 4도 참조하세요.

55. How did evolution begin and work?

Answers

The fish lives in the sea without being aware of the sea, as it has never left the sea. So in the beginning, before evolution started, we were united with the Source of All, but unconsciously.

Evolution involved a separation from the source of all and a consequent longing to return to it through a succession of lives and forms. The conscious return to the source is possible only during physical incarnation, when consciousness becomes equilibrated in the gross matter.

The unconscious soul, through evolution, gradually gains consciousness by means of successive related forms.

55. 진화는 어떻게 시작되고 작용했습니까?

답 변

물고기는 바다를 떠난 적이 없기 때문에 바다를 의식하지 않고 바다에 삽니다. 그래서 태초에, 진화가 시작되기 전에, 우리는 모든 것의 근원과 합치되었지만, 무의식적이었습니다.

진화는 모든 것의 근원으로부터 분리되고 결과적으로 생명과 형태의 연속을 통해 근원으로 돌아가고자 하는 갈망을 수반했습니다. 근원으로의 의식적인 회귀는 의식이 물질적인 질료에서 평형을 이루게 되는 육체적 화신 동안에만 가능합니다.

무의식적 영혼은 진화를 통해 잇따른 관련된 형태들을 통해 점차 의식을 얻습니다.

56. Does Shri Meher Baba deny "matter"?

Answers

He denies nothing because for him duality does not exist. To a God-realized personality, matter and spirit seem both to be merged in the Ocean of Divinity. He sees the "Divine One" playing simultaneously the different roles of the soul, spirit, mind, and body.

(a) The soul exists independently of nature and matter, it is infinite, everlasting, and pure.

(b) The spirit, though having the same Divine essence as the soul, differs in that it is attached to the matter, the body, the world and the affairs of the world, but is unconscious of the Infinite Self. "Until it is realised, the spirit has to reincarnate."

(c) The mind is the medium by which the spirit's experiences of matter are expressed.

(d) The body is the medium through which the mind puts its desires, emotions, and thoughts into action on the physical plane.

The God-man teaches us the Truth that to realize the oneness of everything we must realize that spirit and matter, or the spiritual life and material life go hand-inhand. When intellect and feeling, or head and heart, are equally developed and balanced, the apparent antithesis is resolved into the One Divine Consciousness.

☞ See also Questions 24, 35.

56. 쉬리 메허 바바는 “물질”을 부정하나요?

답 변

그에게 이원성은 존재하지 않기 때문에 그는 아무것도 부정하지 않습니다. 하나님을 깨달은 인격체에게 물질과 영靈은 모두 신성의 바다에 합쳐진 것처럼 보입니다. 그는 “신성한 존재”가 영혼, 영靈, 마음, 몸의 다양한 역할을 동시에 수행하는 것을 봅니다.

(ㄱ) 영혼은 자연과 물질과 독립적으로 존재하며, 무한하고 영원하며 순수합니다.

(ㄴ) 영靈은 영혼과 동일한 신성한 본질을 가지고 있지만, 물질, 육체, 세계 및 세상의 일에 붙어 있어, 무한한 참나를 의식하지 못한다는 점에서 다릅니다. “깨달을 때까지, 영靈은 환생해야 합니다.”

(ㄷ) 마음은 물질에 대한 영靈의 체험들이 표현되는 매개체입니다.

(ㄹ) 몸은 마음이 자신의 욕망, 감정, 생각을 물리적 차원에서 행동으로 옮기는 매개체입니다.

갓맨은 모든 것의 일원성을 깨닫기 위해 영靈과 물질, 또는 영적인 삶과 물질적인 삶이 함께 가야 함을 깨달아야 한다는 진리를 가르쳐 줍니다. 지성과 느낌, 또는 머리와 가슴이 동등하게 발달하고 균형을 이룰 때, 명백한 대조는 하나의 신성한 의식으로 해결됩니다.

☞ 질문 24, 35도 참조하세요.

57. What is Shri Meher Baba's opinion about marriage and celibacy?

Answers

Every human relationship is based on Love in one form or another, and endures or dissolves as that love is eternal or temporal in character. Marriage, for example, is happy or unhappy, exalting or degrading, lasting or fleeting, according to the love which inspires and sustains it.

Marriages based on sex attraction alone cannot endure. They lead inevitably to divorce or worse. Marriages, on the other hand, which are based on a mutual desire to serve and inspire grow continually in richness and beauty, and are a benediction to all who know of them.

Celibacy is good for progress in the spiritual path, for those who can control their sex emotion. Contact with a Perfect Master helps one to gain that control, but as very few people have the very strong will-power to control themselves, marriage for most men and women is advisable. Indeed, it is much better to marry and devote your attention to one person than to remain a bachelor, and like a bee pass from flower to flower in search of new experiences.

57. 결혼과 독신에 대한 쉬리 메허 바바의 견해見解는 무엇입니까?

답 변

모든 인간관계는 어떤 형태로든 사랑을 기반으로 하며, 그 사랑이 영원하거나 일시적인 특성에 따라 지속되거나 사라집니다. 예를 들어, 결혼은 관계를 고무시키고 지탱하는 사랑에 따라 행복하거나 불행하며, 고양되거나 비참하고, 지속되거나 덧없거나 합니다.

성적 끌림만으로 이루어진 결혼은 오래 지속될 수 없습니다. 그들은 필연적으로 이혼하거나 더 나쁜 결과를 초래합니다. 반면에 섬기고 영감을 주고자 하는 상호 열망에 기반한 결혼은 계속해서 풍요로움과 아름다움이 증가하며, 그들을 아는 모든 사람에게 축복입니다.

금욕은 성적 감정을 통제할 수 있는 사람들에게 영적 경로의 발전에 좋습니다. 완전한 스승과의 접촉은 그러한 통제력을 얻는 데 도움이 되지만, 자신을 통제할 수 있는 강한 의지력을 가진 사람은 거의 없기 때문에, 대부분의 남성과 여성은 결혼하는 것이 좋습니다. 사실, 총각으로 남아 꿀벌처럼 새로운 경험을 찾아 꽃에서 꽃으로 이동하는 것보다 결혼하고 한 사람에게 관심을 기울이는 것이 훨씬 낫습니다.

58. What are "sanskaras"?

Answers

The veil of darkness that covers one's inner vision and the obstacles to illumination are certain mental impressions of actions, desires, and tendencies bound up with our egoism. In the East they are called sanskaras. Some of these impressions were formed during countless past lives; others may have been formed during this present life.

These tendencies and desires create two illusions: first, of a separate self, at war with our own higher self, and the second, of being isolated from other selves.

"Evolution" or the "Fall" into matter involved the creation of this lower self. But without the physical body realization could never be consciously attained.

☞ See also Questions 25.

58. "산스카라"란 무엇입니까?

답 변

자신의 내면의 시야와 어둠의 베일과 조명(illumination)의 장애물은 우리의 이기주의와 결부된 행동, 욕망, 경향에 대한 확실한 정신적인 인상들입니다. 동양에서는 그것을 산스카라라고 부릅니다. 이러한 인상들 중 일부는 수많은 전생 동안 형성되었습니다; 다른 인상들은 이 현생 동안 형성되었을 수 있습니다.

이러한 경향과 욕망은 두 가지 환상을 만들어 냅니다: 첫째, 우리 자신의 상위 자아와 전쟁 중인 분리된 자아, 그리고 두 번째는 자아가 다른 자아들로부터 고립되어 있는 것입니다.

"진화" 또는 물질 속으로의 "낙하"는 이 하위 자아의 창조와 관련이 있습니다. 그러나 신체적인 몸이 없으면 결코 의식적으로 깨달음을 얻을 수 없습니다.

☞ 질문 25도 참조하세요.

59. How Meher Baba got His Name?

Answers

"Later in 1920, Merwan Seth told Sayyed Saheb, "I wish to remain in a secluded place without the slightest disturbance. Can you find me such a place?" Sayyed Saheb suggested a few remote locations, but Merwan Seth did not approve any.

At last, Merwan Seth told Sayyed, "I have chosen the Bhorgad Cave near Nasik, where Upasni Maharaj had fasted for almost a year. I want you to go with me." Sayyed Saheb agreed.

They took a train to Nasik and walked through the wooded area to the village of Gavalwadi, where they climbed the Bhorgad Hill and found the cave that Upasni Maharaj had shown Merwan Seth.

Sayyed Saheb stayed along the rocky hillside while Merwan Seth remained in the cave alone for 40 days and nights, fasting only on milk which Sayyed Saheb would bring from the village each day.

After the 40 days, Merwan Seth left the remote region and stayed at Sayyed Saheb's family's house in Nasik. While there, he instructed Sayyed Saheb to telegraph all in Poona—Sadashiv, Behramji, Gustadji, and others—to come to Nasik to be with him.

59. 메허 바바는 어떻게 그의 이름을 갖게 되었나요?

답 변

1920년 후반에 메르완 세스(Merwan Seth)는 사예드 사헵(Sayyed Saheb)에게 "조금도 방해받지 않는 외진 곳에 머물고 싶습니다. 그런 곳을 찾아주실 수 있겠습니까?"라고 물었습니다. 사예드 사헵은 몇 군데 한적한 곳을 제안했지만, 메르완 세스는 그 어느 곳도 괜찮다고 생각하지 않았습니다.

드디어, 메르완 세스는 사예드에게 말하길, "나는 우파스니 마하라지가 근 1년 동안 단식했던 나식 근처의 보르가드 동굴을 택했습니다. 나는 당신이 나와 함께 갔으면 좋겠어요." 사예드 사헵은 동의했습니다.

그들은 나식으로 가는 기차를 타고 숲이 우거진 지역을 지나 가발와디 마을로 걸어갔고, 거기서 보르가드 언덕에 올라 우파스니 마하라지가 메르완 세스에게 보여준 동굴을 발견했습니다.

사예드 사헵은 바위 언덕에 머물렀고, 메르완 세스는 40일 밤낮을 홀로 동굴에 머물며, 사예드 사헵이 마을에서 매일 가져오는 우유만을 마시며 금식했습니다.

40일이 지난 뒤에, 메르완 세스는 외진 곳을 떠나 나식에 있는 사예드 사헵의 집에 머물렀습니다. 그곳에 있는 동안, 그는 사예드 사헵에게 사다쉬브, 베흐람지, 구스타지 등 푸나에 있는 모든 사람에게 전보를 쳐서 나식에 와서 그와 함께할 것을 지시했습니다.

Sayyed Saheb was profoundly impressed with Merwan Seth's great spiritual strength and attributes, and no longer liked the name Merwan Seth—believing it sounded too ordinary. When those from Poona were gathered in Nasik, Sayyed Saheb brought up the topic of changing Merwan Seth's title. Each man agreed, but what new name should they give? One of the men suggested Mehru Baba—meaning Great Father, but that was not approved.

After several other choices were suggested and rejected, Sayyed Saheb himself, in the end, proposed the name Meher Baba—meaning Compassionate Father. It was immediately endorsed by all. Soon after, they returned to Poona—including Merwan Seth now rechristened Meher Baba.

It seemed to Age that the whole purpose of the men coming to Nasik was to choose this new name—which was to remain for all time."

-Revised Lord Meher, p227

☞ Beloved Baba two years later in 1922

사예드 사헵은 메르완 세스의 위대한 영적인 힘과 속성에 깊은 감명을 받았고, 메르완 세스라는 이름이 너무 평범하게 들린다고 생각되어 더 이상 그 이름이 마음에 들지 않았습니다. 푸나에서 온 사람들이 나식에 모였을 때, 사예드 사헵은 메르완 세스의 호칭을 바꾸자는 이야기를 꺼냈습니다. 각각의 사람들은 동의했지만, 그들은 어떤 새로운 이름을 지어야 했을까요? 그들 중 한 사람이 위대한 아버지를 의미하는 메흐루 바바(Mehru Baba)를 제안했는데, 승인되지 않았습니다.

몇 가지 다른 선택안들이 제안되고 거부된 후, 마침내 사예드 사헵 자신이 자비로운 아버지를 의미하는 메허 바바라는 이름을 제안했습니다. 그 이름은 즉시 모두의 지지를 받았습니다. 얼마 지나지 않아서, 이제 메허 바바로 개명한 메르완 세스를 포함해 그들은 푸나로 돌아왔습니다.

시대는 나식으로 온 사람들의 모든 목적이 영원히 남을 이 새로운 이름을 선택하기 위한 것처럼 보였습니다."

–개정된 로드 메허 277페이지

☞ 2년 후인 1922년에 비러벳 바바로 불립니다.

60. Is it possible for man to get at the Truth?

Answers

Q. Is it possible for man to get at the Truth?

A. Yes. And, as to how it is possible could be answered in a sentence, or even a volume would not suffice. I shall give the answer in one sentence. Discard falsehood to get at the Truth. But what is falsehood? You are right when you say that which does not endure is falsehood. Therefore, discard all that does not endure and you will realize the Truth.

Q. But is there any part of the self that endures?

A. Baba pointed at the person and said: Yes, you alone endure and the rest of your self is to be discarded to realize the real Self that is you.

Q. Baba, what is the number of followers you have all over the world?

A. Would you want to count the number of hairs on your head?

Q. Baba, You are God and You know everything and yet why should You ask me so often whether I love You? Of course I love You very much.

60. 인간이 진리에 도달하는 것이 가능한가요?

답 변

Q. 인간이 진리에 도달하는 것이 가능한가요?

A. 네. 가능합니다. 그리고 그것이 어떻게 가능한지에 대해서는 한 문장으로 대답할 수도 있고, 심지어 책 한 권으로 충분하지 않을 수도 있습니다. 나는 한 문장으로 대답하겠습니다. 진리에 도달하기 위해 거짓을 버리십시오. 하지만 거짓이란 무엇인가요? 지속되지 못하는 것은 거짓이라고 말하는 것이 옳습니다. 그러므로 지속되지 못하는 모든 것을 버리면 진리를 깨닫게 될 것입니다.

Q. 그런데 자아의 어떤 부분이 지속되나요?

A. 바바는 질문한 사람을 가리키며 말했습니다: 예, 당신만이 지속되며 당신의 나머지 자아는 당신 자신인 실제의 참나를 깨닫기 위해 버려져야 합니다.

Q. 바바, 전 세계적으로 얼마나 많은 추종자가 있습니까?

A. 당신은 당신 머리에 있는 머리카락 수를 세고 싶나요?

Q. 바바, 당신은 하나님이며 모든 것을 압니다. 그런데 왜 그렇게 자주 당신을 사랑하는지 제게 물어보나요? 물론 저는 당신을 매우 사랑합니다.

A. It is to My delight to hear from My lovers that they love Me.

There is no doubt that I know everything. Yet I ask. I feel delighted when My lover says, 'Baba, I love You very much.' As for example, in everyday life one comes across a very loving couple. Each loves the other very much and each knows it, and yet the husband or wife would very often ask, 'Dearest, do you love me?' Invariably the obvious answer would be, 'I love you very much.'

It is My pleasure to ask and My delight to hear from My lovers their oft-repeated answer, 'Baba, I love You very much.'

Q. Why should misery perpetually exist on earth in spite of God's Infinite Love and Mercy.

A. The source of Eternal Bliss is the Self in all and the cause of perpetual misery is the selfishness in all. As long as satisfaction is derived from selfish pursuits, misery will always exist. Only because of the Infinite Love and Mercy of God can man learn to realize, through the lessons of misery on earth, that inherent in him is the source of Infinite Bliss and that all suffering is the labour of love to unveil his own Infinite Self.

-Practical Spirituality with Meher Baba, pp.62-63, John A[Alister]. Grant

A. 나의 러버들로부터 사랑한다는 말을 듣는 것은 나의 기쁨입니다.

의심할 여지 없이 나는 모든 것을 압니다. 그럼에도 불구하고 나는 묻습니다. 나의 러버가 '바바, 나는 당신을 매우 사랑합니다.'라고 말할 때 나는 기쁨을 느낍니다. 예를 들어, 일상생활에서 매우 사랑하는 부부를 만나게 됩니다. 서로가 서로를 매우 사랑하고 서로가 그것을 알고 있지만, 남편이나 아내는 종종 '내 사랑, 당신은 나를 사랑하나요?'라고 묻습니다. 언제나 분명한 대답은 '당신을 매우 사랑해요.'일 것입니다.

묻는 것은 나의 즐거움이고 나의 러버들이 자주 반복하는 '바바, 저는 당신을 매우 사랑합니다.'라는 대답을 듣는 것은 나의 기쁨입니다.

Q. 하나님의 무한한 사랑과 자비에도 불구하고 왜 이 땅에 불행이 영원히 존재해야 합니까?

A. 영원한 지복의 근원은 모든 것 안에 있는 참나입니다. 끊임없는 불행의 원인은 모든 것 안에 있는 이기심입니다. 이기적 추구로 만족을 얻는 한, 불행은 항상 존재할 것입니다. 오직 하나님의 무한한 사랑과 자비가 원인이 되어, 인간은 지상의 고난의 교훈을 통해 자기에게 내재된 것이 무한한 지복의 원천이며, 모든 고통은 그의 무한한 참나를 드러내기 위한 사랑의 노력이라는 것을 깨닫기 위해 배울 수 있습니다.

-실천적 영성 62-63페이지, 존 앨리스터 그란트 첨부

※ The Messages from Baba given for the general public

Then there were the messages from Baba given for the general public through the press. A couple of the most striking messages that Baba gave out spontaneously during the press conference are given hereunder as much as they could be recollected:

Philosophers, atheists and others may affirm or refute the existence of God but as long as they do not deny their very existence they continue to testify their belief in God, for I tell you with divine authority that God is Existence Eternal and Infinite. He is everything.

For man there is only one aim in life and that is to realize his unity with God. I have only one message to give and I repeat it age after age. My message to one and all is: 'Love God.'

One must love God with all sincerity to such an extent that one loses one's self completely in love. And how does one love God? One can love God as He ought to be loved by trying one's utmost to make others feel happy even at the cost of one's own happiness.

During this tour, Baba often asserted His divinity before the public, the press and His followers who would gather in a hall to hear His message. Baba would say through His gestures:

'I am the Lord of the universe.'
'I am the one for whom mankind eagerly awaits.'
'I am the one that has been expected to come.'

※ 일반 대중을 위한 바바의 메시지

그런 다음 언론을 통해 일반 대중을 위한 바바의 메시지가 있었습니다. 바바가 기자 회견에서 즉흥적으로 내놓은 가장 인상적인 메시지 중 몇 가지를 아래에 소개합니다:

철학자들, 무신론자들, 그리고 어떤 이들은 하나님의 존재를 긍정하거나 부인할 수 있지만, 그들이 자신의 존재 자체를 부인하지 않는 한, 그들은 계속해서 하나님에 대한 그들의 믿음을 증거합니다. 왜냐하면 나는 신성한 권위로 여러분에게 말합니다. 하나님은 영원하고 무한한 존재입니다. 그분은 모든 것입니다.

인간에게 삶의 목표는 오직 한 가지이며, 그것은 하나님과 하나임을 깨닫는 것입니다. 내가 전하고자 하는 메시지는 하나뿐이며, 시대를 거듭하여 그것을 반복합니다. 모든 사람에게 전하는 나의 메시지는 '하나님을 사랑하라.'입니다.

사람은 온 정성을 다해 사랑 속에서 완전히 자신의 자아를 잃을 정도로 하나님을 사랑해야 합니다. 그러면 하나님을 어떻게 사랑할까요? 하나님이 사랑받아야 할 만큼 자신의 행복을 희생해서라도 다른 이들이 행복을 느낄 수 있도록 최선을 다해 노력하는 것이 하나님을 사랑할 수 있는 방법입니다.

이 여행 기간 동안 바바는 종종 대중과 언론, 그리고 그의 메시지를 듣기 위해 홀에 모인 추종자들 앞에서 자신의 신성을 단언했습니다. 바바는 몸짓을 통해 말했습니다:

'나는 우주의 주님입니다.'
'나는 인류가 간절히 기다리는 사람입니다.'
'나는 올 것으로 기대되었던 사람입니다.'

'I am the Ocean of Love, fear Me not but love Me more and more. Love knows no fear. The more you love Me the closer you will come to Me.'

'I am the Lord of the universe and I am the slave of My lovers.'

'I and God are One.'

'All that you see is My creation.'

'The whole creation has sprung out of Me.'

In New York and San Francisco, formal dinners were arranged to greet Baba. It would be very interesting for the reader to know what Baba had to say to His dear ones, in response to the most touching welcome greetings for Baba from His lovers in America. Baba's response is reproduced verbatim hereunder:

'I feel very happy to be with you all today. It is your devotion that has made Me come to the West during the period of My seclusion. If anything ever touches My universal heart it is love. I have crossed the limited earthly oceans to bring to you all the limitless and shoreless Divine Ocean of Love. Those who do not dare to love Me seek safety on the shores. You who have been loving Me, are swimming in this Divine Ocean. Love Me more and more till you get drowned in Me. Dive deep and you will gain the priceless pearl of Infinite Oneness.'

During this global tour, several spiritual teachers and leaders with some of their followers came to pay their respects to Baba, as also some religious heads who have their own large following. There came too, the followers of Sant Kirpal Singh and Swami Shivananda. Baba met them all with Love and blessed them with His love.

'나는 사랑의 바다입니다. 나를 두려워하지 말고 더욱더 사랑하세요. 사랑은 두려움을 모릅니다. 나를 더 많이 사랑할수록 나에게 더 가까이 올 것입니다.'

'나는 우주의 주님이자 나의 러버들의 노예입니다.'

'나와 하나님은 하나입니다.'

'여러분이 보는 모든 것은 나의 창조물입니다.'

'모든 창조물이 나에게서 나왔습니다.'

뉴욕과 샌프란시스코에서는 바바를 환영하기 위해 공식 만찬이 준비되었습니다. 미국의 러버들로부터 가장 감동적인 환영 인사를 받은 바바가 그분의 사랑하는 이들에게 말씀하신 내용을 독자들이 알게 되면 매우 흥미로울 것입니다. 바바의 답변을 아래에 그대로 옮겨 놓았습니다:

'오늘 여러분 모두와 함께하게 되어 매우 행복합니다. 나의 은둔 기간 동안 나를 서양으로 오게 한 것은 여러분의 헌신 때문입니다. 나의 우주적 가슴에 닿는 것이 있다면 그것은 사랑입니다. 나는 이 지구상의 지상의 바다를 건너 여러분에게 무한하고 끝없는 신성한 사랑의 바다를 가져다주기 위해 왔습니다. 대담하게 나를 사랑하지 못하는 사람들은 해안에서 안전을 추구합니다. 나를 사랑해 온 여러분은 신성한 바다에서 헤엄치고 있습니다. 내 안에 깊이 잠길 때까지 나를 더욱더 사랑하세요. 깊이 잠수한다면 무한한 일원성이라는 대단히 귀중한 진주를 얻을 것입니다.'

이 세계 여행 기간 동안 여러 영적 교사와 지도자 및 그들의 추종자들이 함께 왔고, 또한 그들 자신의 많은 추종자를 거느린 일부 종교의 수장들도 바바에게 경의를 표하기 위해 왔습니다. 산트 키르팔 싱과 스와미 시바난다의 추종자들도 찾아왔습니다. 바바는 이들을 모두 사랑으로 맞이하고 그분의 사랑으로 축복했습니다.

There were also a couple of men, amidst the multitude of admirers, who had come determined to oppose Baba; and it was not surprising that they left the premises with a profound understanding and admiration for Baba after having come in contact with Him.

The four mandali who had accompanied Baba on this cyclonic trip had some distinct glimpses of Baba as the divine fisherman who had this time spread His net right across the oceans and had vigorously and dexterously drawn His catch nearer to His Divine Heart. Every kind of fish that has found its place in the net was willing and had no reason to struggle, for unlike the rest of its kind it had found its home and peace.

Any record of this tour, however profound, would be a blind man's impression if there were no mention made of the labour and sweat of the lovers that were involved in elaborate preparations which were to do full justice to the reception of the Avatar of the Age.

Every minute detail for the comfort of the Beloved and the four men who accompanied Him were scrupulously attended to and checked and rechecked to ensure maximum comfort.

No detail was unimportant where the Beloved's requirements and conveniences were in question. Every item—from the position of Baba's bed, the additional requirements of His toilet room, and what He would relish most for His breakfast and luncheon, to how happy and delighted He would feel with special floral decorations in His suite—was attended to with such care and love as could only be bestowed by the real lovers on the person of God in human form.

-Practical Spirituality with Meher Baba, pp.63-64, John A[Alister]. Grant

또한 수많은 숭배자 가운데 바바를 반대하기로 결심하고 온 한 쌍의 남자도 있었는데, 그들이 바바와 접촉한 후 바바에 대한 깊은 이해와 존경심을 가지고 그곳을 떠난 것은 놀라운 일이 아니었습니다.

이 강렬한 여행에서 바바와 동행한 네 명의 만달리는 신성한 어부로서의 바바를 뚜렷하게 엿볼 수 있었습니다. 이번에 그분은 바다를 가로질러 그물을 펼치고 활기차고 능숙하게 어획물들을 그분의 신성한 가슴으로 더 가깝게 끌어당기는 것을 보았습니다. 그물에 걸린 모든 종의 물고기들은 기꺼이 그 안에 있었고, 투쟁할 이유가 없었습니다. 왜냐하면 나머지 물고기들과 달리 그들은 자신의 고향과 평화를 찾았기 때문입니다.

이 여행의 기록이 조금이나마, 아무리 심오하더라도, 이 시대의 아바타를 맞이하는데 만전을 기하여 공들이는 준비 과정에서 러버들의 노력과 땀에 대한 언급이 없다면 장님이 갖게 되는 인상에 불과할 것입니다.

비러벳과 그와 동행한 네 명의 남자들의 편안함을 위해 모든 세부사항은 철저하게 주의를 기울이고 점검했으며 최대한의 편안함을 보장하기 위해 재확인했습니다.

비러벳의 요구와 편의를 위해 중요하지 않은 것은 하나도 없었습니다. 바바의 침대 위치, 화장실의 추가 요구 사항, 아침과 점심 식사로 무엇을 가장 좋아하실지, 방의 특별한 꽃장식으로 얼마나 행복하고 기뻐하실지 등 모든 항목은 인간의 모습을 한 신에 대한 진정한 러버들만이 바칠 수 있는 관심과 사랑으로 세심하게 배려되었습니다.

-실천적 영성 63-64페이지, 존 앨리스터 그란트 첨부

Meher Baba's Tiffin Lectures

메허 바바의 티핀 강의

When instinct is developed to its highest point, it becomes 'intellect' (aql). When intellect is developed to its highest point, it becomes 'inspiration' (antar jñān). When inspiration is developed to its highest point, it becomes 'Truth' (Sat or Jñān or Paramātmā).
-Avatar Meher Baba
Source: Meher Baba's Tiffin Lectures (as given in 1926-1927) Pg:: 163-164

Table of Contents

Meher Baba' s Tiffin Lectures, a collection of fifty-two discourses, were given by Meher Baba from 1926-1927. Edited by Meherwan Jessawala and Dr Ward Parks, it was published in 2017.

목 차

메허 바바의 티핀 강의는 1926~27년에 메허 바바가 52개의 강연을 모은 책입니다. 메허완 제사왈라와 워드 파크스 박사가 편집한 이 책은 2017년에 출간되었습니다.

Giving up your life

-"Meher Baba's Tiffin lectures", pp.25-27, 20-May-1926; Meherabad

"He who does not give up his life does not reach his Beloved God."... Now what is the meaning of this "life giving"? Does it mean jumping out of running car or committing suicide with self-inflicted violence and torture to the body? No. Not at all. "Give up life" means to renounce Maya's delusion. To renounce false impressions—of the pleasures of this material world, normally experienced and enjoyed though this gross body and mind. Thus "to give up life" means to "die" in the real sense of the world, that is, to surrender to a Sadguru, to fall at His feet and get hold of them so firmly as never to leave him.

Just like these chappals(footwear) on your feet that go wherever the feet go—at one moment, say, into a King's palace, and at another, through the nark[Nark literally means hell](excrement): whatever the circumstances, the chappal's duty is to go where the feet go. Not only this, but the chappals should stick to the feet so strongly as eventually to become one with them. The chappals should actually merge with the feet, forsaking their present name and existence as mere chappals or footwear. In the same way, one should stick to the Guru by giving up all material pleasures, ease, rest, and so forth, and by keeping aloof from and avoiding the inducements and allurements of Maya—and that too, in spite of getting "kicks" from the Guru even while sticking to him. Mind you, to "surrender" and "stick to" a Guru means no merely to show off and pretend to wisdom by taking his "sacred darshan" twenty-four times a day! Nay, not that, but rather, "sticking to the Guru" means strictly obeying his orders and getting his every word carried out.

그대 삶을 바치세요

-"메허 바바의 티핀 강의" 25-27페이지, 1926년 5월 20일; 메허라바드

"자신의 삶을 포기하지 않는 사람은 비러벳 하나님께 도달하지 못합니다."... 이제 이 "삶을 바치기"의 의미는 무엇일까요? 달리는 차에서 뛰어 내리거나 자해적 폭력과 신체적 고문으로 자살하는 것을 의미할까요? 아니요, 전혀 아닙니다. "삶을 바친다"는 것은 마야의 망상을 포기하는 것을 의미합니다. 이 물질세계의 쾌락에 대한 잘못된 인상을 포기하는 것, 즉 이 물질적인 몸과 마음을 통해 일반적으로 경험하고 즐기는 것을 포기하는 것입니다. 따라서 "삶을 포기한다"는 것은 진정한 의미에서 "죽는다"는 것, 즉 사드구루에게 항복하고 그의 발 앞에 엎드려 그를 떠나지 않을 정도로 단단히 붙잡는다는 것을 의미합니다.

발에 신는 차팔(신발)이 어느 순간에는 왕의 궁전으로, 또 다른 순간에는 나크[나크는 말 그대로 지옥을 의미](배설물)를 통과하는 것처럼, 어떤 상황이든 발이 가는 곳으로 가는 것이 차팔의 의무입니다. 뿐만 아니라 차팔은 발에 너무 강하게 달라붙어 결국에는 발과 하나가 되어야 합니다. 차팔은 단순한 차팔이나 신발이라는 현재의 이름과 존재를 버리고 실제로 발과 합쳐져야 합니다. 마찬가지로 모든 물질적 쾌락, 안락함, 휴식 등을 포기하고 마야의 자극과 유혹을 멀리하고 피함으로써 구루에게 충실해야 하며, 구루에게 충실하는 동안에도 구루로부터 "발차임"를 당할지라도 구루에게 충실해야 합니다. 구루에게 "항복"하고 "고수"한다는 것은 단순히 하루에 스물네 번이나 그의 "신성한 다르샨"을 받아 지혜로운 척하는 것을 의미하지 않는다는 것을 명심하세요! 아니, 오히려 "구루에게 충실하다"는 것은 그의 명령에 엄격하게 복종하고 그의 모든 말을 실행에 옮기는 것을 의미합니다.

To live without any thought of "self", to live selflessly, means to die a living death. The death and, destruction of all desires, thoughts, and the mind itself—this is what is meant by "giving up your life"

Annihilating Sanskaras: Two Analogies

1. The tailor and the coat

You people die a thousand deaths, and despite that, you stay where you are and do not progress. You continue to get caught up in the ceaseless rounds of birth and death, because you continue to mistake the teacup*, which is the sadhan or means, for the tea itself, which is the Real and the Original.

That is, you take this body of yours and this life you lead to be Truth and Real Existence, whereas in actuality this body is only a medium for advancement towards the Goal of Truth. All this mischief is caused by those devilish sanskaras! Get yourself freed from the bindings of these sanskaras and you will find Khuda, you will realize God. All this business of your dying and taking birth again and again is like tearing off old coats while the tailor Waman (a local tailor) sews and prepares new ones for you.

---

* In an earlier Tiffin lecture Baba said: The proper use of the cup and saucer is for the drinking of tea. That is, the cup and saucer serve merely as the means for drinking tea. The moment the tea is drunk and swallowed into your stomach, the means—the cup and saucer—should be put aside. In just the same way, once you gain the Realization of Self, this body, which is only a means towards that aim, is to be renounced. For what is the use of it then, after the Experience of Truth?

"자아"를 생각하지 않고 이타적으로 산다는 것은 산 채로 죽는다는 뜻입니다. 모든 욕망과 생각, 그리고 마음 그 자체의 죽음과 파괴입니다. 이것이 바로 "그대 삶을 포기한다"는 뜻입니다.

산스카라를 섬멸하기: 두 가지 비유

1. 재단사와 코트

여러분은 천 번을 죽어도 제자리에 머물며 진전이 없습니다. 여러분은 사드한 또는 수단인 찻잔*을 실체이자 원형인 차 자체로 착각하기 때문에 끊임없는 탄생과 죽음의 순환에 계속 얽매여 있습니다.

즉, 여러분은 이 몸과 이 삶을 진리이자 실재라고 생각하지만, 실제로는 이 몸은 진리의 목표를 향해 나아가기 위한 매개체일 뿐입니다. 이 모든 장난은 저 악마 같은 산스카라 때문에 일어나는 것입니다! 이 산스카라의 속박에서 벗어나면 쿠다[조로아스터의 신인 아후라마즈다]를 발견하고 신을 깨닫게 될 것입니다. 여러분이 죽고 태어나기를 반복하는 이 모든 일은 마치 재단사 와만(현지 재단사)이 여러분을 위해 새 옷을 바느질하고 준비하는 동안 낡은 외투를 찢는 것과 같습니다.

---

* 이전 티핀 강의에서 바바는 이렇게 말했습니다: 컵과 접시의 올바른 사용은 차를 마실 때입니다. 즉, 컵과 접시는 단지 차를 마시기 위한 수단으로만 사용해야 합니다. 차를 마시고 뱃속으로 삼키는 순간, 컵과 접시라는 수단은 제쳐두어야 합니다. 마찬가지로, 자아의 깨달음을 얻으면 그 목표를 향한 수단일 뿐인 이 몸은 버려야 합니다. 그렇다면 진리를 경험 이후에는 이 몸이 무슨 소용이 있을까요?

“Coat” here signifies the body, and “tailor” represents the sanskaras. No sooner has one coat been torn off the tailor proceeds to prepare a new one. In just the same way, when your body falls to destruction at death, your sanskaras mold and shape a replacement. To bring this process of “sewing and destroying” to an end for once and for all, the belly of the tailor must be split open and cut to pieces. That is, the original source of production, which is the sanskaras, must be sliced up and destroyed, for all this mischief results from these sanskaras, which have, therefore, to be gotten rid of.

2. A ball of string and its coilings

And how to do this? Take, as another analogy, a ball of string and its coilings. At first, the winding process creates natural loops and knots and these are like sanskaras. The twists and knots put the string—representing Self—into a quandary, a puzzlement, such that it forgets its real Self and instead diverts and concentrates its mind on those very coils and knots that sanskaras have created. Now to reverse and unwind these coils, someone must take hold of the string (or handkerchief, if one wants to use this as an illustration) from the top and source of all the coiling and then wind backwards, so that all the turns and twists and loops in the string disappear automatically, one by one.

The moment that all the coils are unwound, the string realizes itself—"I am the string, and I am FREE!” Originally, the string had no knowledge of its freedom. This experience it acquired by getting itself caught in the grip and binding of the turns and twists and coils. But when free from the coils, immediately it realizes that it was as free originally as it is now, with only this difference: that now it knows its state, whereas originally it did not.

여기서 "코트"는 몸을, "재단사"는 산스카라를 의미합니다. 한 벌의 코트가 찢어지면 재단사는 곧바로 새 코트를 준비합니다. 마찬가지로 죽어서 몸이 망가지면 산스카라가 새 옷을 만들어 대체품을 만드는 것과 마찬가지입니다. 이 "봉제와 파괴"의 과정을 단번에 끝내려면 재단사의 배를 찢어 조각조각 잘라내야 합니다. 즉, 산스카라는 원래의 생산 원천인 산스카라를 잘라서 파괴해야 하는데, 이 모든 장난이 산스카라에서 비롯된 것이므로 제거해야 하기 때문입니다.

2. 끈 공과 그 코일링

그러면 어떻게 할까요? 또 다른 비유로 끈 공과 그 코일링을 생각해 보세요. 처음에는 감는 과정에서 자연스러운 고리와 매듭이 만들어지며 이는 산스카라와 같습니다. 꼬임과 매듭으로 인해 자아를 상징하는 끈을 곤경과 수수께끼에 빠뜨리고, 진정한 자아를 잊고 대신 산스카라가 만들어낸 바로 그 고리와 매듭에 자신의 마음을 돌리고 집중하게 합니다. 이제 이 코일을 뒤집고 풀려면 누군가가 모든 코일의 위쪽과 근원으로부터 끈(또는 손수건)을 잡고 거꾸로 감아서 끈의 모든 회전과 꼬임과 고리가 하나씩 자동으로 사라지도록 해야 합니다.

모든 코일이 풀리는 순간, 끈은 "나는 끈이고, 나는 자유다!"라는 사실을 스스로 깨닫게 됩니다. 원래 끈은 자신의 자유에 대해 전혀 알지 못했습니다. 이 경험은 회전과 비틀림, 코일의 그립과 구속에 스스로 갇히면서 얻게 된 것입니다. 그러나 코일에서 자유로워지면 즉시 원래는 지금처럼 자유로웠다는 것을 깨닫게 되는데, 다만 한 가지 차이점이 있다면 처음에는 몰랐지만 지금은 자신의 상태를 알고 있다는 것입니다.

As we have said, the unwinding can be accomplished if the ball of string is held from the top where the coils begin; the winding process has to be done in reverse from that point. And who is it who thus grasps the string (or hand kerchief) from the top where the twists and coils (sanskaras) originate, and turns and winds in the reverse direction? It is the Guru who does so! The moment yours string comes into his hands, the duty of unraveling the various knots and twists and coils in it falls on his head. In other words, once you surrender yourself to a Sadguru, you are sure to progress and advance towards Realization along the Mukti marg, which is the way to win freedom from the ceaseless rounds of births and deaths.

3. The simile of dream and awakening

Let us take another simile. Suppose you are dreaming, and in that dream state you are enjoying a fine drive in a motor car in America. Mind you, all this enjoyment is an imaginary dream! Now, take this dream to represent ordinary or right-side-up or obverse sanskaras. Just as there is a need of inverted or reverse sanskaras for Realization, in the same way, to bring you into the awake state and to prove the falseness of your dream state, reverse dreams are required, such as to wake you up immediately. And what would such a reverse dream look like? Quite the contrary or opposite of the dream you were having before. Just as you were enjoying imaginary pleasure in the dream of the motor car drive, in your new dream you have to experience the opposite, you have to encounter some dreadful object that in a moment would jolt you from your slumber and strike terror in your heart—such as an enormous dragon—the mere sight of which would make your eyes pop open in wide wakeful amazement. And once you woke, you would find that there is neither this dream nor that one, neither the fun and fine enjoyment of the motor drive nor the terror of the sight of the dragon. Both have been proven mere dreams.

앞서 말했듯이 끈을 풀려면 코일이 시작되는 위쪽에서 끈의 공을 잡아야 하며, 그 지점부터 거꾸로 감는 과정을 거쳐야 합니다. 그렇다면 꼬임과 코일(산스카라)이 시작되는 상단에서 끈(또는 손수건)을 잡고 역방향으로 돌리며 감는 사람은 누구일까요? 그렇게 하는 사람이 바로 구루[영적 스승]입니다! 여러분의 끈이 그의 손에 들어오는 순간, 그 안에 있는 다양한 매듭과 꼬임과 코일을 풀어야 할 의무가 그의 머리에 떨어집니다. 다시 말해, 사드구루에게 자신을 내맡기면 끝없이 반복되는 생로병사로부터 자유를 얻는 길인 묵티 마르그를 따라 깨달음을 향해 전진하고 발전할 수 있습니다.

3. 꿈과 각성의 비유

또 다른 비유를 들어보겠습니다. 여러분이 꿈을 꾸고 있고 그 꿈의 상태에서 미국에서 자동차를 타고 멋진 드라이브를 즐기고 있다고 가정해 봅시다. 이 모든 즐거움은 상상의 꿈이라는 것을 명심하세요! 이제 이 꿈을 일반적이거나 오른쪽으로 치우친 또는 반대쪽 산스카라를 나타내는 꿈으로 가져가세요. 깨달음을 위해 거꾸로 또는 역방향 산스카라가 필요한 것처럼, 여러분을 깨어있는 상태로 만들고 꿈 상태의 거짓을 증명하기 위해 즉시 깨어나는 것과 같은 반전의 꿈이 필요합니다. 그리고 그러한 반전의 꿈은 어떤 모습일까요? 이전에 꾸었던 꿈과는 정반대 또는 반대되는 꿈일 것입니다. 자동차를 타고 달리는 꿈에서 상상의 즐거움을 누렸던 것처럼, 새로운 꿈에서는 그 반대의 경험을 해야 하는데, 거대한 용과 같이 보는 것만으로도 잠에서 깨어나 눈을 크게 뜨고 놀라게 하는 무서운 대상과 마주쳐야 합니다. 그리고 잠에서 깨어나면 이 꿈도 저 꿈도, 자동차 운전의 재미와 즐거움도, 용을 보는 공포도 모두 사라진 것을 알게 될 것입니다. 둘 다 단순한 꿈이라는 것이 증명되었습니다.

What this means is that, to alert you and draw your attention away from the enjoyable dream of the motor drive (which represents ordinary sanskaras), there arose the necessity of that big dragon (which represents reverse sanskaras). In short, there really is a need for some such drastic "means" as the appearance of the dragon if your ordinary sanskaras are to be reversed and if you are to be freed from their bindings as soon as possible.

And who is this dragon, after all? No one but the Guru, who is "experienced" (in the real sense) and knowledgeable in how to reverse and cancel out these ordinary sanskaras.

The association and company (sang sahavas) of such a Secret Guru and the duties that you perform under his orders—as you all are doing, even now—will enable you to wipe out and destroy your sanskaras and will give you a strong push forward towards further advancement in the path of Truth. Secret work is going on here to wake you all up from this dream state by showing you this "dragon."

이것이 의미하는 바는 일반적인 산스카라를 상징하는 자동차 드라이브의 즐거운 꿈(보통의 산스카라를 상징)에서 주의를 환기시키고 주의를 끌기 위해 큰 용(반대 산스카라를 상징)의 필요성이 생겨났다는 것입니다. 요컨대, 평범한 산스카라가 역전되고 가능한 한 빨리 그 속박에서 벗어나려면 용의 출현과 같은 과감한 "수단"이 필요하다는 것입니다.

그렇다면 이 용은 누구일까요? 진정한 의미에서 "경험"이 있고 이러한 평범한 산스카라를 뒤집고 상쇄하는 방법에 대해 잘 알고 있는 구루 외에는 아무도 없습니다.

그러한 은밀한 구루의 연합과 교제(상 사하바스) 그리고 여러분 모두가 지금 하고 있는 것처럼 그의 명령에 따라 수행하는 임무는 여러분이 산스카라를 없애고 파괴할 수 있게 하며 진리의 길에서 더욱 전진할 수 있는 강력한 추진력을 제공할 것입니다. 이 "용"을 보여줌으로써 여러분 모두를 이 꿈의 상태에서 깨우기 위한 비밀 작업이 여기에서 진행되고 있습니다.

Pearls before Swine

-"Meher Baba's Tiffin lectures", p38, 22-May-1926; Meherabad

A swine, a hog, always lives on refuse and excrement. You may throw before it the best of food-stuffs or invaluable treasures, even diamonds and pearls, but despite this, it would prefer filth and refuse, and only then would it think of partaking of anything else, thus assigning the best to the last place. In other words, refuse means all the world to the swine, and other foods—even the finest—are an after-consideration. Even if you cast pearls before it, the hog would say, "Let me eat the garbage first, and then I will see to these pearls." Here, "pearls" means the path of Realization, while the state of you humans is like that of the swine. That is, you prefer refuse to pearls, for despite my showing you the "peals" of the path of Realization, you are always attracted to and chase after the worldly Maya—the nark. For whom, then, are these pearls destined? For the Royal Geese!

In reference to the abundance of so-called saints and false gurus in the East, Baba at one point stopped the singing and commented: "They are like seashells scattered on the beach, their superfluous glitter attracting the loiterers on the beach, who pick them up and think they have gained the treasure of the sea. But it is a far cry from the 'Pearl' ensconced in the depths of the Ocean. And so it is that Hafiz says:

How foolish people are who compare pearls with seashells.
The real pearl is here. Do not run after shells.

When Baba quoted Hafiz's "the real pearl is here," he pointed to himself. A few times he explained a line or two from a ghazal of the poet Jigar:

When I dive into the ocean of love,
The waves of suffering embrace me.
That embrace is like the embrace of my mother.
They are chicken-hearted [cowards] who seek the safety of the shores!

돼지 앞에 진주

-"메허 바바의 티핀 강의" 38페이지, 1926년 5월 22일; 메허라바드

사육 돼지, 즉 식용 돼지는 항상 쓰레기와 배설물로 살아갑니다. 아무리 좋은 음식이나 귀중한 보물, 심지어 다이아몬드와 진주까지 그 앞에 던져도 돼지는 오물과 쓰레기를 더 선호하며, 그다음에야 다른 것을 먹을 생각을 하기 때문에 가장 좋은 것을 가장 마지막에 배정합니다. 즉, 돼지에게 쓰레기는 온 세상을 의미하며 다른 음식, 심지어 가장 좋은 음식은 나중에 고려하는 것입니다. 돼지 앞에 진주를 던져주더라도 돼지는 "쓰레기를 먼저 먹은 다음 진주를 보겠다"고 말할 것입니다. 여기서 '진주'는 깨달음의 길을 의미하고, 인간들의 모습은 돼지의 모습과 같습니다. 즉, 내가 깨달음의 길의 '진주'를 보여 주어도 그대들은 항상 세속의 마야, 즉 나크에 끌려 쫓아다니기 때문에 진주를 거부하는 것입니다. 그렇다면 이 진주는 누구를 위한 것일까요? 왕가의 거위들을 위해서입니다!

바바는 동방에 소위 성인과 거짓 구루가 많다는 점을 언급하며 노래를 멈추고 이렇게 말했습니다: "그들은 해변에 흩어져 있는 조개껍질과 같아서, 그 불필요한 화려함이 해변의 배회자들을 끌어당기고, 그들은 그것을 주워 바다의 보물을 얻었다고 생각합니다. 그러나 그것은 바다 깊은 곳에 자리 잡은 '진주'와는 거리가 멉니다. 그리고 하피즈는 이렇게 말합니다:

진주를 조개껍질과 비교하는 사람들은 얼마나 어리석은가.
진짜 진주는 여기에 있다. 조개껍질을 쫓지 말라.

바바가 하피즈의 "진짜 진주는 여기 있다"는 말을 인용했을 때, 그는 자신을 가리켰습니다. 그는 시인 지가르의 가잘에 나오는 한두 줄을 설명했습니다:

내가 사랑의 바다에 뛰어들면,
고통의 파도가 나를 감싸안는다.
그 포옹은 내 어머니의 포옹과 같다.
저들은 해안의 안전을 추구하는 어린애 같은 [겁쟁이들]이다!

The Sadgurus are for the sake of giving

-"Meher Baba's Tiffin lectures", pp.49-50, 30-May-1926; Meherabad

The river and its waters are for the use of the people, and for this very purpose—to serve the needs of the people—does the river flow. Whosoever needs water may freely bring vessels large and small, fill them, and fetch the water back home again for varied uses.

In the same way, just like the river, the Sadgurus (or Avatars) have come down to this world for duty and have established their seats here in order to give (in pure charity) from the vast and inexhaustible bounty of unbounded Knowledge, and Experience that they are Masters of. Whosoever needs and desires to partake of these Treasures beyond price and valuation that are in their keeping, such a one may bring his vessel (that is, come in person to these Sadgurus) and fill it from the huge stores of Real Knowledge, Unbounded Bliss, and blessings that they possess, each seeker according to his own requirements and personal deserving.

This—the giving out from their Real Knowledge and Experience—is the work of these Perfect Ones, and for this very duty have they assumed this human form and come down to this world, sacrificing thereby the great pleasures of Paramanand* proper to their real Paramatma state.

---

* Paramanand (Sanskrit: परमानन्द, romanized: Paramānanda) is a Sanskrit word composed of two words, parama and ānanda. Parama is taken to mean the highest or transcendent. Ānanda means bliss or happiness, and also suggests a deep-seated spiritual emotion that is entrenched. The Upanishadic authors also used ānanda, to denote Brahman, the Supreme Being in Hinduism.

베풀기 위해 존재하는 사드구루

-"메허 바바의 티핀 강의" 49-50페이지, 1926년 5월 30일; 메허라바드

강과 그 물은 사람들이 사용하기 위한 것이며, 바로 이 목적, 즉 사람들의 필요에 부응하기 위해 강은 흐릅니다. 물이 필요한 사람은 누구나 크고 작은 그릇을 자유롭게 가져와 물을 채우고, 그 물을 다시 집으로 가져와 다양한 용도로 사용할 수 있습니다.

마찬가지로 강물처럼, 사드구루들(또는 아바타)은 임무를 위해 이 세상에 내려왔고, 그들이 스승으로서의 무한한 지식과 경험의 광대하고 무한한 풍요로움을 (순수한 자애 속에서) 베풀기 위해 이곳에 자리를 잡았습니다. 누구든지 그들이 보관하고 있는 이 보물들을 가격과 가치로 환산할 수 없을 정도로 필요로 하고 취하고 싶은 사람은 자신의 그릇을 가져와서 (즉, 이 사드구루들에게 직접 와서) 그들이 소유하고 있는 진정한 지식, 무한한 지복, 그리고 축복의 거대한 창고에서 각 구도자가 자신의 필요와 개인적인 자격에 따라 채우면 됩니다.

그들의 진정한 지식과 경험으로부터 베푸는 것이 바로 이 완전한 자들의 일이며, 바로 이 의무를 위해 그들은 인간의 모습을 취하고 이 세상에 내려와 그들의 진정한 파라마트마 상태에 맞는 파라마난드*의 큰 즐거움을 희생하고 있습니다.

---

* 파라마난드(산스크리트어: परमानन्द, 로마자 표기: 파라마난다)는 파라마와 아난다라는 두 단어로 구성된 산스크리트어입니다. 파라마는 가장 높거나 초월적인 것을 의미합니다. 아난다는 지복이나 행복을 의미하며, 뿌리 깊은 영적 감정을 암시하기도 합니다. 우파니샤드의 저자들은 힌두교에서 최고 존재인 브라만을 나타내는 데도 아난다를 사용했습니다.

The Wanderings of the Mind in Maya

-"Meher Baba's Tiffin lectures", p73, 05-June-1926; Meherabad

The more you think of Maya, the more is your anxiety, or your eagerness for its (Maya's) enjoyment (upabhog), and the greater your anxiety, the greater your fears. What are these fears and anxieties, after all? They are the refuse, the stench, the bad-bu. Penetrating your mind, they stand in the way of Self-realization. So do not let these thoughts and anxieties accumulate, lest they become a hindrance blocking your advance. Do not feel at all anxious about anything. Do not fear anything. For what is it that you are anxious of, what do you feel for or fear? All this that you see is mere bhas or imagination, since the very universe itself is bhas, a creation of imagination.

Take the example of a cinema picture. How anxious do the onlookers in the audience feel when a rogue harasses and oppresses a poor innocent child or a woman, what great anxiety is caused when that same poor creature is tied down either to be burnt in a fire or crushed under a motorcar or a railway train! And how eagerly do all anticipate the brave hero, the savior turning up and rescuing the unfortunate creature in the nick of time! In this way you are distressed when anything goes wrong and pleased when the result is good; you feel according to what happens in the picture on the screen. But the moment the show is over, you realize, "Oh, all this was nothing but a picture that I was getting so worked up and excited over!" It was a mere drama, a creation of the imagination, bhas.

Think of this life we live and this universe in just the same way. We are all acting our parts on the stage of this world, and only when the play of life finishes do we realize that this was all dream. Therefore, do not throw your heart and mind into this imaginary world! Do not get attached to its Maya. Take the name of God, and seek and surrender to those who have become one with God, that they may safely advise you and guide you aright!

마야 속 마음의 방황

-"메허 바바의 티핀 강의" 73페이지, 1926년 6월 5일; 메허라바드

마야를 더 많이 생각할수록 불안감이나 (마야의) 즐거움에 대한 열망(우파브호그)이 커지고, 불안이 커질수록 두려움도 커집니다. 그렇다면 이러한 두려움과 불안은 무엇일까요? 그것들은 쓰레기, 악취, 나쁜 기운입니다. 여러분의 마음을 관통하여 자아실현을 방해합니다. 그러니 이런 생각과 불안이 쌓여 여러분의 전진을 가로막는 걸림돌이 되지 않도록 하세요. 어떤 것에 대해서도 전혀 불안해하지 마세요. 아무것도 두려워하지 마세요. 여러분이 불안해하는 것은 무엇 때문에, 무엇을 느끼거나 두려워하는 것입니까? 우주 자체가 상상의 산물인 바하스이기 때문에 여러분이 보는 이 모든 것은 단순한 바하스 또는 상상에 불과합니다.

한 편의 영화를 예로 들어 보겠습니다. 악당이 불쌍하고 순진한 어린이나 여성을 괴롭히고 억압할 때 관객들은 얼마나 불안해하고, 불쌍한 생명이 불에 타거나 자동차나 기차 밑에 깔릴 때면 얼마나 큰 불안을 느끼겠습니까! 그리고 모두가 용감한 영웅, 구세주가 나타나 불운한 생명을 제때 구출하기를 얼마나 간절히 기대하겠습니까! 이런 식으로 뭔가 잘못되면 괴로워하고 결과가 좋으면 기뻐하며 화면의 영상에서 일어나는 일에 따라 여러분은 느낍니다. 그러나 쇼가 끝나는 순간 "아, 이 모든 것이 내가 그렇게 흥분하고 자극받던 영상에 불과했구나!"라는 것을 깨닫게 됩니다. 그것은 단순한 드라마이자 상상의 산물인 바하스였습니다.

우리가 사는 이 삶과 이 우주를 같은 방식으로 생각해 보세요. 우리는 모두 이 세상이라는 무대에서 각자의 역할을 연기하고 있으며, 삶이라는 연극이 끝나고 나서야 이 모든 것이 꿈이었음을 깨닫게 됩니다. 그러므로 이 상상의 세계에 여러분의 가슴과 마음을 팽개치지 마세요! 그런 마야에 집착하지 마세요. 하나님의 이름을 취하고 하나님과 하나가 된 사람들을 찾아 항복하여 그들이 안전하게 조언하고 여러분을 올바르게 인도할 수 있도록 하세요!

Truth and Religion

-"Meher Baba's Tiffin lectures", pp.87-89, 26-June-1926; Meherabad

Truth has nothing in the least to do with religion. It stands far, far beyond religion's limited and barren dictates and doctrines. Truth lies in simply giving up Maya, especially kam, krodh, and kanchan—lust, anger, and wealth. Anybody can aspire for and attain to it. Caste distinctions and prejudices have no place there.*

The Muhammadans maintain that Realization can be obtained only within the Muhammadan religion, and towards this end they bring forth silly arguments concerning the shariat and Sunnah (literally means custom). How ridiculous! Their great prophet Muhammad gave to the people and propagated to the world the divine doctrine of the cutting of mind, Maya, and sanskaras.

That is, Muhammad enjoined them to keep the mind in check—which is forever wandering in worldly Maya—to hold it aloof, safe and away from Maya's clutches, and to destroy their sanskaras as much as possible. Failing to grasp the deep meaning of this divine doctrine given to them by their Prophet, certain fine philosophical heads invented and preached the "cutting of the skin" (instead of the cutting of the mind), and the people blindly accepted and followed this teaching as if it had been given to them by their own Prophet; and now they lay particular stress and emphasis upon it.

---

* In its primary reference kanchan means "gold." As used in this alliterative series of three words beginning with the letter "k," it designates the desire for gold or wealth, which is to say, greed.

진리와 종교

-"메허 바바의 티핀 강의" 87-89페이지, 1926년 6월 26일; 메허라바드

진리는 종교와는 조금도 관련이 없습니다. 그것은 종교의 제한적이고 황량한 지시와 교리를 훨씬 뛰어넘는 것입니다. 진리는 단순히 마야, 특히 캄, 크로드, 칸찬, 즉 욕망, 분노, 재물을 포기하는 데 있습니다. 누구나 그것을 갈망하고 성취할 수 있습니다. 거기에는 계급의 구분과 편견이 설 자리가 없습니다.*

무함마드교도들은 깨달음은 무함마드 종교 안에서만 얻을 수 있다고 주장하며, 이를 위해 샤리아트와 순나(문자 그대로 관습을 뜻함)에 관한 어리석은 논쟁을 벌이고 있습니다. 얼마나 우스운 일입니까! 그들의 위대한 선지자 무함마드는 사람들에게 마음의 절단, 마야 및 산스카라에 대한 신성한 교리를 사람들에게 주었고 세상에 전파했습니다.

즉, 무함마드는 세속적인 마야에서 영원히 방황하는 마음을 억제하여 마야의 손아귀에서 벗어나 초연하고 안전하게 유지하고 산스카라를 최대한 파괴하라고 가르쳤습니다. 그들의 선지자가 그들에게 준 이 신성한 교리의 깊은 의미를 이해하지 못한 특정 훌륭한 철학자들은 (마음을 자르는 대신) "피부를 자르는 것"을 창안하여 설교했고, 사람들은 이 가르침을 마치 자신들의 선지자가 준 것처럼 맹목적으로 받아들이고 따랐으며, 지금은 그것을 특별히 역설하고 강조하고 있습니다.

---

* 칸찬의 사전적 의미는 "금[金]"을 뜻합니다. 문자 "k"로 시작하는 세 단어로 이루어진 이 두운체(體)의 연속에서 사용되는 것처럼 금이나 부[富]에 대한 욕망, 즉 탐욕을 나타냅니다.

What an absurd reversal this is of the real and original doctrine which Muhammad had given to them!

Then again, the Parsis generally say that the essence of "religion" all comes down to the meaning of the kasti(the sacred thread)*, which they wrap around their waists and "strike off" (as it is called) as many times a day as possible.

And then they go on to deride non-believers in Zoroastrianism as darvands! See how they have reduced the ideals of their great religion to showy display and fancy ceremonial gestures! In giving his order in connection with the kasti, their great Prophet intended that they should "strike off" the dust accumulating every moment on their body and mind in the form of sanskaras.

What the gesture signifies, in other words, is the striking off and destruction of sanskaras. But the high priests, the dasturs and other scholars have misread and misrepresented this beautiful doctrine of their Prophet. They misguided the people into believing that putting on the sadra and kasti and striking off the thread a given number of times daily would cut off and free them from the sins they had committed, whatever these were, and would reveal to them the way to salvation. Simple nonsense!

The same applies to that Christian philosophy propounded by the so-called ministers of the present day who preach that salvation can be won only through accepting the faith of Christ and baptism, that all non-believers in Christianity are heathen, and so on.

---

* Parsi Kasti is the sacred girdle worn by Zoroastrians around their waists. Along with the Sadra, the Kasti is part of the ritual dress of all Zoroastrians. The Kasti is worn wound three times around the waist. It is tied twice in a double knot in the front and back, the ends of the Kasti hanging on the back.

이것은 무함마드가 그들에게 주었던 실제적이고 독창적인 교리에 대한 얼마나 터무니없는 반전입니까!

파르시교인들은 일반적으로 "종교"의 본질은 모두 허리에 감고 하루에도 몇 번씩 "끊는" 카스티(성스러운 실)*의 의미에 달려 있다고 말합니다.

그러고 나서 조로아스터교를 믿지 않는 사람들을 다르반드라고 조롱합니다! 그들이 어떻게 그들의 위대한 종교의 이상을 과시적인 전시와 화려한 의식적 제스처로 축소했는지 보세요! 카스티와 관련된 명령을 내리면서 그들의 위대한 선지자는 그들의 몸과 마음에 매 순간 쌓이는 먼지를 산스카라의 형태로 "털어내야 한다"고 의도했습니다.

다시 말해, 이 제스처가 의미하는 것은 산스카라를 쳐서 없애는 것입니다. 그러나 대제사장, 다스투르 및 여타 학자들은 이 아름다운 선지자의 교리를 잘못 읽고 잘못 표현했습니다. 그들은 사드라와 카스티를 착용하고 매일 정해진 횟수만큼 실을 치면 그것이 무엇이든 간에 그들이 지은 죄가 끊어지고 자유로워지며 구원의 길이 드러날 것이라고 사람들을 잘못 인도했습니다. 말도 안 되는 소리입니다!

그리스도의 신앙을 받아들이고 세례를 받아야만 구원을 얻을 수 있고, 기독교를 믿지 않는 모든 사람은 이교도라고 설교하는 오늘날의 소위 목사들이 주장하는 기독교 철학도 마찬가지입니다.

---

* 파르시 카스티는 조로아스터교도들이 허리에 두르는 신성한 허리띠입니다. 사드라와 함께 카스티는 모든 조로아스터교도의 의식 복장의 일부입니다. 카스티는 허리에 세 번 감아 착용합니다. 앞뒤로 이중 매듭으로 두 번 묶고, 카스티의 끝은 뒤쪽에 매달려 있습니다.

What is all this nonsense which is happening in the sacred name of religion?

Shaking the beliefs of other people is, if not a sin, a weakness, indeed, an expression of cowardice. What earthly benefit derives from increasing the number of people who believe in and adhere to a particular faith, and from boasting before the world that one's religion has so many thousands or even lakhs of followers?

Is the merit of a religion to be measured by counting the number of its believers and followers? If you give to the teeming millions of India who are poor, needy, destitute, and illiterate some little inducement in the form of good food and clothing and money, at once they will agree to accept and embrace any creed. And they will immediately abandon that creed and accept another if someone else offers them some superior inducement. What's so great in that? Nothing at all! Therefore I say:

Win control of your mind, lead a pure, clean, and virtuous life, purge low desires, and follow One who has realized God—and you are saved. "Following" in this sense does not mean giving up your own creed or religion. What has to be given up is your own mind!

Failing to adopt such broad, liberal views of religion, most people—particularly the orthodox section of all religions—look from a narrow angle of vision, blow their own trumpets, and proclaim, "Our religion is the best; it is the only source and means for seeing and realizing God." They condemn other religions, sometimes shuddering at the mere mention of the greatness that any other religion might possess.

종교라는 신성한 이름으로 벌어지고 있는 이 모든 말도 안 되는 일들은 무엇일까요?

다른 사람의 믿음을 흔드는 것은 죄는 아니더라도 약점이며, 실제로 비겁함의 표현입니다. 특정 종교를 믿고 따르는 사람의 수를 늘리고, 자신의 종교에 수천, 수만 명의 추종자가 있다고 세상 앞에 자랑함으로써 얻을 수 있는 세속적인 이득은 무엇일까요?

종교의 장점이 신자와 추종자의 수를 세는 것으로 측정해야 할까요? 가난하고 궁핍하며 문맹인 수백만 명의 인도인에게 좋은 음식과 의복, 돈이라는 작은 유인책을 제공한다면 그들은 단번에 어떤 신조라도 받아들이고 포용할 것입니다. 그리고 다른 사람이 더 나은 유인책을 제시하면 즉시 그 신조를 버리고 다른 신조를 받아들일 것입니다. 뭐가 그렇게 대단할까요? 전혀 아무것도 아닙니다! 그러므로 나는 말합니다:

마음을 다스리고, 순수하고 깨끗하며 고결한 삶을 살고, 낮은 욕망을 버리고, 하나님을 깨달은 분을 따르면 구원받습니다. 여기서 "따른다"는 것은 자신의 신조나 종교를 포기하는 것을 의미하지 않습니다. 포기해야 할 것은 바로 자신의 마음입니다!

이처럼 폭넓고 자유로운 종교관을 받아들이지 못한 대부분의 사람들, 특히 모든 종교의 정통적인 부분은 좁은 시야로 바라보며 자기만의 나팔을 불며 "우리 종교가 최고이며, 신을 보고 깨닫는 유일한 원천이자 수단이다"라고 선포합니다. 그들은 다른 종교를 정죄하고, 때로는 다른 종교의 위대함에 대한 언급만으로도 몸서리치기도 합니다.

Concerning Marriage

-"Meher Baba's Tiffin lectures", pp.103-104, 28-June-1926; Meherabad

Bahlul and his New Wife

Bahlul was a Salik-Majzub.* His brother was a king who, failing to comprehend Bahlul's Majzub state and desiring nonetheless to see to his worldly welfare, arranged to get him married—quite against his Majzub-brother's will, of course. On the bridal night, when the bridegroom and his wife had been forcibly (from Bahlul's standpoint) shut tip in a room which the king brother had specially provided and furnished and decorated for the occasion, the new husband, Majzub Saheb, pressed his ear against his wife's organ. Immediately he pulled away and jumped up, howling, "What a noise and confusion! Somebody inside wants milk, somebody wants tea, someone is asking for a slate, someone for a pen, and on and on. All of them want something or another, and who is going to give them these things? I am not going to bother my head with all of this!" So saying, Bahlul kept himself aloof and refused to have any connection with his wife whom, as we saw, he had married only because he was compelled to.

---

* The first "wise idiot" in early Sufi lore and tradition, Bahlul as a historical person probably lived during the reign of the celebrated Abbasid Caliph, Harun ar-Rashid, in the eighth-ninth centuries. A Salik-MAJzub is a God-realized soul who sometimes experiences the state of a Majzub (i.e., absorption in God and obliviousness to the world) and who sometimes experiences the Sulukiyat of a God-realized Salik (i.e. simultaneous Realization of God and consciousness of the world). For the Salik-Majzub, Sulukiyat predominates, whereas for the Majzub-Salik, Majzubiyat predominates. According to God Speaks (p.185) these constitute the two types of Paramhansas; in turn, Paramhansas and Jivanmuktas are the two types of God-realized souls in the Ninth State of God.

결혼에 관하여

-"메허 바바의 티핀 강의" 103-104페이지, 1926년 6월 28일; 메허라바드

바룰과 그의 새 아내

바룰은 살릭-마주브*였습니다. 그의 동생은 왕이었는데, 바룰의 마주브 상태를 이해하지 못하고 세속적인 복지에만 관심을 기울인 나머지 마주브인 형의 의사와는 달리 그를 결혼시키려고 했습니다. 신부의 밤, 신랑과 아내가 (바룰의 입장에서는) 동생인 왕이 특별히 마련해 준 방에서 강제로 신랑의 귀끝을 닫고 행사를 위해 가구와 장식을 꾸미고 있을 때 새 남편인 마주브 사헵이 아내의 장기에 자신의 귀를 대고 있었습니다. 그는 즉시 손을 떼고 벌떡 일어나 "이 얼마나 시끄럽고 혼란스러운가! 안에 있는 누군가는 우유를 원하고, 누군가는 차를 원하고, 누군가는 석판을 달라고 하고, 누군가는 펜을 달라고 하고, 계속해서 요구한다. 모두들 이런저런 것을 원하는데 누가 이런 것들을 줄 수 있을까? 나는 이 모든 일로 내 머리를 괴롭히지 않을 것이다!"라고 울부짖었습니다. 이렇게 말하면서 바룰은 자신을 냉담하게 유지하고 우리가 보았듯이 강제로 결혼했기 때문에 결혼한 아내와 어떤 관계도 맺지 않았습니다.

---

* 초기 수피 전승과 전통에서 최초의 "지혜로운 바보"로 알려졌던 역사적 인물인 바룰은 8~9세기의 유명한 압바시드 칼리프인 하룬 아르 라시드 통치 시기에 살았던 것으로 추정됩니다. 살릭-마주브는 신을 깨달은 영혼으로, 때때로 마주브의 상태(즉, 신에 몰입하고 세상에 대한 무의식)를 경험하고 때때로 신을 깨달은 살릭의 술루키야트(즉, 신에 대한 깨달음과 동시에 세상에 대한 의식)를 경험하는 사람입니다. 살릭-마주브의 경우 술루키야트가 우세한 반면, 마주브-살릭의 경우 마주비야트가 우세합니다. 갓 스픽스(185페이지)에 따르면, 이들은 두 가지 유형의 파람한사를 구성하며, 차례로 파람한사와 지반묵타는 신의 9번째 상태에서 신을 깨달은 영혼의 두 가지 유형입니다.

But the fact is that if one is not lucky enough to get Realization, or has not surrendered to a Sadguru, or has not married by "special license"—which is to say, by order of his Master—then "To renounce" means first of all to renounce this Maya—this stri sang and kanchan,* desire for women and wealth-and have to do nothing without the order of a Sadguru.

Marriage is nothing but the greatest possible check in his path towards Realization—leaving aside sexual connection with women other than one's legal wife (par stri sang).*

"No man having a woman as his wife can ever perfect be. Thus says the Bible;[#] and yet Masters, Avatars, and Sadgurus have been marrying since time immemorial for theirs is a different case entirely. For ordinary human beings, however, marriage is the greatest hindrance. Again, in the case of Masters and Sadgurus, the "luck" of gaining Realization after marriage—as happened in the life of Upasni Maharaj[§]—is the outcome of previous preparation or previous sanskaras (agala sanskara). If Maharaj had not married, he would have had to take birth again, because, before he can become God-realized, a Sadguru has to be free of all sanskaras.

---

* Stri sang means literally "union with woman"; kanchan means "gold, wealth."

The editors could not find a quotation like this in the Bible. St. Paul in 1 Corinthians 7 indicates that celibacy is preferable to marriage; perhaps a saying such as the line Baba quotes had gained currency during this period as a reference to this passage from Christian scripture.

§ Maintaining an ashram in Sakori, Upasni Maharaj (1870–1941) was the Perfect Master or Sadguru through whom Meher Baba acquired divine Knowledge; Baba's close association with Maharaj culminated when Maharaj declared him to be the Avatar of the Age in 1921. Prior to this, "Kashinath" (as he was known before his Realization and establishment as a Perfect Master) married three times, the third wife passing away in 1912 when he was residing in a Khandoba temple under the spiritual guidance of Sai Baba of Shirdi.

그러나 사실은 깨달음을 얻을 만큼 운이 좋지 않거나 사드구루에게 항복하지 않았거나 "특별한 인가", 즉 스승의 명령에 의해 결혼하지 않았다면, "포기한다"는 것은 우선 이 마야, 즉 스트리 상과 칸찬*, 여성과 부에 대한 욕망을 포기하고 사드구루의 명령 없이는 아무것도 하지 말아야 한다는 것을 의미합니다.

결혼은 깨달음을 향한 그의 여정에서 가능한 한 가장 큰 견제에 불과합니다. 결혼은 법적인 아내(파르 스트리 상) 이외의 여성과의 성적 관계를 배제하는 것을 말합니다.*

"여자를 아내로 둔 남자는 결코 완전할 수 없다." 성경은 이렇게 말합니다.# 하지만 마스터, 아바타, 사드구루는 태곳적부터 결혼을 해왔지만, 그들의 결혼은 완전히 다른 경우입니다. 그러나 평범한 인간에게 결혼은 가장 큰 장애물입니다. 다시 말하지만, 스승과 사드구루의 경우 우파스니 마하라지§의 삶에서처럼 결혼 후 깨달음을 얻는 "행운"은 사전 준비 또는 사전 산스카라(아갈라 산스카라)의 결과입니다. 만약 마하라지가 결혼하지 않았다면 그는 다시 태어나야 했을 것입니다. 왜냐하면 신을 깨달으려면 사드구루는 모든 산스카라에서 자유로워야 하기 때문입니다.

---

* 스트리 상은 문자 그대로 "여성과의 결합"을, 칸찬은 "금, 부"를 의미.

편집자들은 성경에서 이와 같은 인용문을 찾을 수 없었습니다. 고린도전서 7장의 성 바울은 독신이 결혼보다 낫다고 말하는데, 아마도 이 시기에 기독교 경전에서 이 구절을 인용하여 바바가 언급한 대사와 같은 속담이 통용되었을 것입니다.

§ 사코리에서 아쉬람을 운영한 우파스니 마하라지(1870-1941)는 메허 바바가 신성한 앎을 얻은 완전한 스승 또는 사드구루였으며, 1921년 마하라지가 그를 시대의 아바타로 선언하면서 바바와 마하라지와의 긴밀한 관계는 절정에 달했습니다. 그 전에 "카시나쓰"(그가 깨달음을 얻고 완전한 스승으로 확립되기 전에 알려진 대로)는 세 번 결혼했는데, 세 번째 부인은 1912년 쉬르디의 사이 바바의 영적 지도 아래 칸도바 사원에 거주하고 있을 때 세상을 떠났습니다.

The Preparation of the Circle

-"Meher Baba's Tiffin lectures", pp.104-109, 28-June-1926; Meherabad

For another example, take Buddha. The burden of previously acquired sanskaras he had to bear early in his life was very great; and (as will be explained shortly) it is for this very reason that, after Realization, he came back down (for duty in creation) in a second, that is, almost no time at all.*

Earlier, however, while still climbing the path to Realization, he had to suffer enormously. The ascent was as hard as the descent was easy. Indeed, Buddha's sufferings prior to Realization were so severe that, when they reached the point that he could no longer bear them, he would actually strike his head on the floor.# Such suffering falls to the lot only of the Chargeman, not the circle members.

---

* Prior to Realization, one destined to become a Perfect Master still bears the burden of sanskaras that accrue from past lifetimes, and thus his suffering is the result of karma. The Avatar, however, does not arrive at Avatarhood through the cycle of reincarnation but brings his Avatarhood with him when he descends from his God—state and incarnates in human form. At the time of his birth, the Avatar takes upon himself what Baba calls vidnyani sanskaras, which veil him from the knowledge of himself through his childhood until the destined moment of Realization. When he returns from this absorption in God to creation consciousness, the Avatar (like the Perfect Master) brings with him yogayoga sanskaras, which serve as channels for the fulfillment of his mission. Returning, then, to our text: since Buddha was an Avatar, his sufferings prior to Realization must have been connected to the vidnyani sanskaras that were part and parcel of that Avataric incarnation.

Meher Baba himself used to do the same thing, though in his case, this phase came after Realization. Thus the cases of Buddha and Meher Baba were opposite to each other: Buddha ascended the path with difficulty and returned easily, while Meher Baba attained Realization almost instantaneously but returned to creation—consciousness with great agony over a period of seven years.

서클의 준비

-"메허 바바의 티핀 강의" 104-109페이지, 1926년 6월 28일; 메허라바드

다른 예로 붓다를 생각해 봅시다. 그가 생애 초기에 짊어져야 했던 이전에 얻은 산스카라의 부담은 매우 컸고, (곧 설명하겠지만) 바로 이런 이유 때문에 깨달음을 얻은 후 (창조의 의무를 위해) 순식간에, 즉 거의 아무것도 하지 않고 다시 내려왔습니다.*

그러나 그보다 앞서 깨달음의 길을 오르는 동안 그는 엄청난 고통을 겪어야 했습니다. 오르막은 쉬웠던 만큼이나 힘들었습니다. 실제로 붓다는 깨달음 이전의 고통이 너무 심해서 더 이상 견딜 수 없는 지경에 이르면 실제로 머리를 바닥에 내리칠 정도였습니다.# 그러한 고통은 서클 멤버들이 아니라 오직 차지맨에게만 해당되는 것이었습니다.

---

* 완전한 스승이 될 운명을 타고난 사람은 깨달음에 이르기 전에도 전생에서 쌓인 산스카라의 짐을 지고 있으며, 따라서 그의 고통은 카르마의 결과입니다. 그러나 아바타는 윤회의 순환을 통해 아바타성에 도달하는 것이 아니라 신적 상태에서 내려와 인간의 모습으로 성육신할 때 아바타성을 가져옵니다. 탄생 당시 아바타는 바바가 비드냐니 산스카라라고 부르는 것을 몸에 지니게 되는데, 이는 어린 시절부터 깨달음의 운명적인 순간까지 자신에 대한 지식으로부터 자신을 가리는 역할을 합니다. 신에 대한 이러한 흡수에서 창조 의식으로 돌아올 때 아바타는 (완전한 스승과 마찬가지로) 자신의 사명을 완수하기 위한 통로 역할을 하는 요가요가 산스카라를 가져옵니다. 다시 본문으로 돌아가서, 붓다는 아바타였기 때문에 깨달음 이전의 고통은 그 아바타 화신의 요소이자 부분이었던 비드냐니 산스카라와 연결되어 있었을 것입니다.

메허 바바 자신도 같은 일을 하곤 했지만, 그의 경우 이 단계는 깨달음 이후에 이루어졌습니다. 따라서 붓다와 메허 바바의 사례는 서로 반대였습니다: 붓다는 어렵게 그 길에 올랐다가 쉽게 돌아온 반면, 메허 바바는 거의 즉각적으로 깨달음을 얻었지만 7년에 걸쳐 큰 고통을 겪으며 창조 의식으로 돌아왔습니다.

The circle members of Shri Baba are now undergoing great sufferings prior to Realization. These sufferings consist of doubts, mental unrest, longings, bindings, questions—whether or not they will be realized, and if so, when?—and so forth. They are being tortured and experience mental unrest particularly because of certain orders (ajna) of the Gum and the bindings (bandhan) and restrictions these orders entail, which continually goad the mind and create a veritable storm of confusion in it.

All these sufferings endured by the circle members, howsoever severe, are as nothing compared to those of a Chargeman, which are most acute and terrible. And when the circle members have at last passed through this period of mental suffering and unrest, they too become Acharyas* (Perfect Ones).

In light of all this anguish endured by circle members and especially Chargemen, Vivekananda writes, "preparing a circle is very, very difficult." These terrible sufferings bome by the Chaigeman (who is taken up to the state of Realization all at once) and the comparatively milder sufferings of the circle members (who are lifted up gradually)—all these result from and are dependent on the sanskaras that the sufferer acquired previously. The magnitude of the sufferings of the Chargeman is due to his having suffered less previously, while the sufferings of the circle members are less because they have already suffered for the sake of their Masters and Gurus, as will be explained hereafter.#

---

* During this period the word "Acharya" had some semantic fluidity in Baba's usage; in this present lecture, however, he seems to restrict the term to members of a Sadguru's circle other than the Chargeman.

This paragraph seems to imply that, while both the Chargeman and other circle members must suffer, the Chargeman suffers far more. Also, the Chargeman's suffering occurs mostly in the descent from God–realization to creation consciousness, whereas the circle members suffer mostly in the ascent. However, this principle seems to have been contradicted in the case of Buddha, who, as noted above, suffered enormously in the ascent to Realization but who (according to the traditional account) returned to creation–consciousness quickly and without apparent trauma.

쉬리 바바의 서클 멤버들은 지금 깨달음에 앞서 큰 고통을 겪고 있습니다. 이러한 고통은 의심, 정신적 불안, 갈망, 속박, 의문(실현 여부, 실현된다면 언제?) 등으로 구성됩니다. 특히 구루의 특정 명령(아즈나)과 이러한 명령이 수반하는 속박(반단) 및 제한으로 인해 고문을 당하고 정신적 불안을 경험하며, 이는 계속해서 마음을 자극하고 그 안에 진정한 혼란의 폭풍을 일으킵니다.

서클 멤버들이 견뎌내는 이 모든 고통은 아무리 가혹하더라도 가장 극심하고 끔찍한 차지맨의 고통에 비하면 아무것도 아닙니다. 그리고 서클 멤버들이 마침내 이 정신적 고통과 불안의 시기를 통과하면, 그들도 아차리야*(완전한 자)가 됩니다.

비베카난다는 서클 회원, 특히 차지맨이 견뎌 낸 이 모든 고통에 비추어 "서클을 준비하는 것은 매우, 매우 어렵다"고 썼습니다. (한꺼번에 깨달음의 경지에 올라가는) 차지맨이 받는 끔찍한 고통과 (서서히 올라가는) 서클 멤버들이 받는 비교적 가벼운 고통은 모두 고통받는 사람이 이전에 획득한 산스카라에서 비롯되고 그것에 의존합니다. 차지맨의 고통의 크기가 큰 것은 그가 이전에 덜 고통 받았기 때문이며, 서클 멤버의 고통은 나중에 설명하겠지만 이미 스승과 구루를 위해 고통을 받았기 때문에 덜합니다.#

---

* 이 기간 동안 "아차리야"라는 단어는 바바의 사용에서 약간의 의미론적 유동성을 가졌습니다. 그러나 이 강의에서 그는 이 용어를 차지맨이 아닌 사드구루의 서클 구성원으로 제한합니다.

이 단락은 차지맨과 다른 서클 구성원 모두 고통을 겪어야 하지만 차지맨이 훨씬 더 많은 고통을 겪는다는 것을 암시하는 것 같습니다. 또한 차지 맨의 고통은 주로 신성실현에서 창조의식으로의 하강에서 발생하는 반면, 서클 구성원은 대부분 상승에서 고통받습니다. 그러나 이 원칙은 위에서 언급했듯이 깨달음으로 상승하는 과정에서 엄청난 고통을 겪었지만, (전통적인 설명에 따르면) 뚜렷한 외상外傷 없이 빠르게 창조 의식으로 돌아온 붓다의 경우에는 모순된 것처럼 보입니다.

In brief, then, the preparation of circle members occurs gradually, while the Chargeman's is immediate; and for this reason the suffering is less and more, respectively. To resume: the Chargeman (after Realization) prepares his circle—which, of course, includes its own Chargeman; and having done so, he then entrusts these circle members with their respective duties. Thereafter he operates more freely, ascending and descending at will.

Taking no active part, he observes how the circle members, whom he has carefully prepared and charged with their various responsibilities, are carrying out their work without any interference from him.

Now, what does the circle actually do? Suppose there are twelve in a circle: one Chargeman, four heads, four heads, two heads, and one who "goes off."* These are the acharyas with their various respective duties. After the going of the one, eleven are left, i.e., the Chargeman and the ten acharyas.

The ten then prepare the Chargeman for his role. At first the Chargeman gets realized along with the ten—or even afterwards! That is, the ten of the circle, while doing their various duties, make preparation for the Realization of the Chargeman. The ten prepare the one: they make him the elder brother (dada).

---

* As the associated endnote 5 explains, the source texts here read "goes off" or simply "goes"; a few lines below we find the reading "goes out."

Though Baba never fully clarifies what happens to this individual, he does say later in the lecture that he either dies or fails to gain Realization (see p.110).

요약하면, 서클 멤버의 준비는 점진적으로 이루어지는 반면, 차지맨의 준비는 즉각적으로 이루어지며, 이러한 이유로 고통은 각각 덜하고 더 많이 발생합니다. 다시 말하자면, (깨달음 이후) 차지맨은 자신의 서클을 준비합니다. 물론 여기에는 차지맨 자신도 포함됩니다. 그리고 그렇게 한 다음, 그는 이 서클 구성원들에게 각자의 임무를 맡깁니다. 그 후 자신은 더 자유롭게 움직이며 마음대로 오르내립니다.

그는 적극적으로 참여하지 않고, 자신이 세심하게 준비하고 다양한 책임을 맡긴 서클 멤버들이 자신의 간섭 없이 어떻게 업무를 수행하는지 관찰합니다.

그렇다면 서클은 실제로 어떤 일을 할까요? 한 서클에 한 명의 차지맨, 네 명의 수장, 네 명의 수장, 두 명의 수장, 그리고 한 명의 "이탈자"* 등 12명이 있다고 가정해 보겠습니다. 이들은 각자의 다양한 임무를 맡은 아차리야입니다. 한 명이 떠나고 나면 11명, 즉 차지맨과 10명의 아차리야가 남습니다.

그런 다음 10명은 차지맨이 자신의 역할을 수행할 수 있도록 준비합니다. 처음에 차지맨은 열 명과 함께, 또는 그 이후에 깨달음을 얻습니다! 즉, 서클의 열 명은 다양한 임무를 수행하면서 차지맨의 실현을 위한 준비를 합니다. 열 명은 한 명을 준비합니다 : 그들은 그를 형(다다)으로 만듭니다.

* 관련 각주 5에서 설명하듯이, 여기 원문에서는 "떠난다" 또는 단순히 "간다"로 읽히지만, 아래 몇 줄에서는 "나간다"로 읽힙니다. 바바는 이 개인에게 무슨 일이 일어나는지 완전히 밝히지 않았지만 강의 후반부에 그가 죽거나 깨달음을 얻지 못한다고 말합니다(110 페이지 참조).

Out of the fifty-six we spoke of the other day, one is a Majzub.* This one Majzub does not number among the twelve circle members mentioned earlier. Of these twelve, as said, only one "goes out."

At this point the talk broke off, but after an interval of time Baba resumed with his lecture on the preparation of The Circle:

More on the Preparation of the Circle

There is no hard and fast rule that every Chargeman (that is, Sadguru) must have two Gurus, as happened in the case of Shri Baba, since the same Sadguru who prepares the circle has to prepare its Chargeman too. And how can two Gurus prepare one Chargeman? He and the other circle members—since, of course, the circle includes the Chargeman himself—are one and the same, because when all are realized all are equal. Everyone in the circle attains perfection—just as their Sadguru previously did, who for them served as the preparer.

---

* God Speaks (pp.148 and 256) informs us that there are fifty-six "Shiv-Atmas" or God-realized souls incarnate on earth ai all times. In this present Tiffin Lecture, however, the number fifty-six comes into the discourse abruptly, witfi○]it any explanation of what it means or discernible connection with the talk that preceded it—or indeed, to any of the earlier Tiffin Lectures (though the topic does arise later in this Tiffin Lecture). What might otherwise have been seen as an abrupt change of subject can be accounted for in ChD 62: p389, which records the content of another talk that Baba gave on 12th June 1926, that is, sixteen days earlier. On that occasion Baba explained that there are perennially fifty-six acharyas; what is more, these fifty-six subdivide into five groups of eleven acharyas and, as the fifty-sixth, a single Majzub. Putting all these details together, one might speculate that the eleven circle members (ten plus one) discussed in this present Tiffin Lecture, when they attain to God-realization, become the eleven acharyas that Baba referenced in his talk on 12th June. The group of fifty-six, in other words, consists of the five circles of the Sadgurus (after the circle members get God-realization) and one additional Majzub.

지난번에 이야기한 56명 중 한 명은 마주브입니다.* 이 마주브는 앞서 언급한 열두 명의 서클 구성원에 포함되지 않습니다. 앞서 말했듯이 이 열두 명 중 단 한 명만이 "외출"합니다.

이 시점에서 강연은 중단되었지만 잠시 후 바바는 서클 준비에 대한 강연을 재개했습니다:

서클 준비에 대한 추가 정보

서클을 준비하는 동일한 사드구루가 서클도 준비해야하기 때문에 쉬리 바바의 경우와 같이 모든 차지맨(즉, 사드구루)에 두 명의 구루가 있어야 한다는 엄격하고 신속한 규칙은 없습니다. 그렇다면 어떻게 두 명의 구루가 한 명의 차지맨을 준비할 수 있을까요? 그와 다른 서클 구성원들(물론 서클에는 차지맨 자신도 포함됩니다)은 하나이고 동일합니다. 왜냐하면 모든 것이 실현되면 모두가 동등하기 때문입니다. 서클의 모든 사람은 이전에 준비자 역할을 했던 사드구루가 그랬던 것처럼 완전함을 얻게 됩니다.

---

* 갓 스픽스(148페이지와 256페이지)에서는 지구에는 항상 56명의 "쉬브-아트마" 또는 신성실현한 영혼이 육화되어 있다고 알려줍니다. 그러나 이번 티핀 강의에서는 56이라는 숫자가 갑자기 담화에 등장하는데, 그 의미에 대한 설명이나 그 이전의 강의와의 뚜렷한 연관성, 즉 (이 주제는 이 티핀 강의의 후반부에 등장하지만) 이전 티핀 강의와의 연관성이 전혀 없습니다. 갑작스러운 주제 변경으로 보일 수 있는 것은 1926년 6월 12일, 즉 16일 전에 바바가 행한 다른 강의의 내용을 기록한 62권 389페이지에서 설명할 수 있습니다. 그 때 바바는 56명의 아차리야가 있으며,이 56명은 11명의 아차리야로 구성된 다섯 그룹으로 세분화되고 56번째는 한명의 마주브라고 설명했습니다. 이 모든 세부 사항을 종합하면, 이번 티핀 강의에서 논의된 11명의 서클 구성원(10+1)이 신을 깨달을 때 바바가 6월 12일 강의에서 언급했던 11명의 아차리야가 된다고 추측할 수 있습니다. 즉, 56명으로 구성된 그룹은 사드구루의 다섯 개의 서클(서클 구성원이 신성실현을 이룬 후)과 한명의 추가된 마주브로 구성되어 있습니다.

Then what is the difference between circle members? Nothing! Nonetheless, alongside the ten in the circle, there is always a Chargeman.

So now to proceed. Observe how the Sadguru works when he places the twelve circle members in his connection. In the first stage, he trains them during the very lifetime in which he himself has gained Realization, but this preparation takes place gradually, secretly, in absolute darkness and ignorance (from the disciples' point of view).

For the Sadguru does not limit his outlook to the question of giving experience of Realization to the circle members only. That he could do in a second—in a glance or a twinkling of the eye. But if he were to give them that Experience abruptly, it would not be possible for these newly realized ones to come down for duty. And then who would do their duties?

Suppose you give a certain experience to your hand, and the hand, stunned and mystified, stops functioning in the way it did before. Who then is to do its work? This duty can be discharged only when the circle members come down to perform them. To make this possible for them, the Sadguru, who bears the responsibility of preparing these circle members, does so gradually, unbeknownst to them. In this fashion he raises them up to Realization; but once they are realized, he brings them down again all in a moment. That is the difference between the ascent and the descent. The going up occurs gradually and in darkness; the coming back down for duty happens abruptly and in a moment.

But as to the one of the twelve circle members who "goes out," as mentioned earlier: this one the Sadguru keeps aside. That is, this disciple either dies, or if he does not die, he neither receives Knowledge nor Experience.

그렇다면 서클 구성원들 간의 차이점은 무엇일까요? 아무것도 없습니다! 그럼에도 불구하고 서클의 열 명과 함께 항상 차지맨이 있습니다.

이제 계속 진행합니다. 사드구루가 열두 명의 서클 구성원을 자신의 연결에 배치할 때 어떻게 작동하는지 관찰하세요. 첫 번째 단계에서 그는 자신이 깨달음을 얻은 바로 그 생애 동안 그들을 훈련하지만, 이 준비는 (제자들의 관점에서 볼 때) 절대적인 어둠과 무지 속에서 점진적으로 비밀리에 이루어집니다.

사드구루는 자신의 관점을 서클 구성원들에게만 깨달음의 경험을 제공하는 문제로 제한하지 않기 때문입니다. 그는 한순간에, 눈 깜짝할 사이에 깨달음을 얻게 할 수 있습니다. 그러나 그가 그들에게 갑자기 그 경험을 준다면, 새로 깨달은 사람들이 임무를 위해 내려올 수 없을 것입니다. 그러면 누가 임무를 수행하겠습니까?

여러분의 손에 어떤 경험을 주었는데, 기절하고 신비해진 손이 이전과 같은 방식으로 작동하지 않는다고 가정해 봅시다. 그러면 누가 그 일을 해야 할까요? 이 임무는 서클 구성원이 수행하기 위해 내려올 때만 실행할 수 있습니다. 이를 가능하게 하기 위해 서클 구성원을 준비하는 책임을 맡은 사드구루는 그들도 모르게 점진적으로 수행합니다. 이런 방식으로 그는 그들을 깨달음에 이르도록 끌어올리지만, 일단 깨달음을 얻은 후에는 순식간에 다시 내려오게 합니다. 이것이 상승과 하강의 차이점입니다. 상승은 서서히 그리고 어둠 속에서 일어나고, 의무를 위해 하강하는 것은 갑작스럽게 한순간에 일어납니다.

그러나 앞서 언급했듯이 열두 명의 서클 구성원 중 "외출"하는 한 명에 관해서는 사드구루가 이 제자를 따로 유지합니다. 즉, 이 제자는 죽거나, 죽지 않더라도 앎이나 경험을 얻지 못합니다.

But as to the others, when these circle members have attained to the point of Realization, the Sadguru makes them perfect, brings them all back down immediately, and then all ten become one. These ten realized circle members prepare the eleventh and make him the Chargeman. Who are these ten? They are He, He only!

What a lot of trouble all of them have to undergo! Although he—the Sadguru—is the Muster, he has to prepare a circle and give his charge. Why does he do so? Because the working of the whole universe is like the keeping of a toddy shop* in which there are eleven partners; one of these, the salesman, is the Chargeman in the circle. The rest remain occupied with their other various duties—tor example, mixing, pouring, serving, and so forth.

In short, in the preparation of his Chargeman, the Sadguru either gives him Rejlization gradually (through a slow process where Maya-destroying poison is the means of his progress), or the Sadguru does so all at once in a moment—whichever he deems best. And then the ten circle members, who have already attained Realization, prepare this eleventh one among them and make him the Chargeman as an accomplished fact.

What do the ten mean? He, He only! After Realization, this Chargeman goes on to prepare a circle of his own. Then who is this Chargeman? Of course, he is one along with the ten of the circle who have all undergone all this preparation, who are all Masters, but who eventually all become ONE!

---

* Toddy is a cheap alcoholic beverage made froni the sap ot the toddy palm. For a short period of time in 1917 young Merwan Sheriar Irani himself worked in his father's toddy shop in Poona.

그러나 다른 서클 구성원들은 깨달음의 경지에 도달하면 사드구루가 그들을 완전하게 만들고 즉시 모두 내려오게 한 다음 10명이 모두 하나가 됩니다. 이렇게 깨달은 10명의 서클 구성원은 11번째를 준비시켜 그를 차지맨으로 만듭니다. 이 10명은 누구일까요? 그들은 그분이며, 그분뿐입니다!

그들 모두는 얼마나 많은 어려움을 겪어야합니까! 사드구루인 그가 소집권자이지만, 그는 서클을 준비하고 책임을 맡아야 합니다. 왜 그렇게 할까요? 온 우주의 일은 11명의 파트너가 있는 토띠* 가게를 운영하는 것과 같기 때문입니다. 이 중 한 명인 세일즈맨이 서클 안의 차지맨입니다. 나머지는 조제, 따르기, 서빙 등 다른 다양한 업무에 종사합니다.

요컨대, 사드구루는 차지맨을 준비시킬 때 마야를 파괴하는 독을 서서히 주입하거나, 사드구루가 가장 좋다고 생각하는 방식으로 한순간에 한꺼번에 주입합니다. 그리고 이미 깨달음을 얻은 열 명의 서클 구성원이 그중 열한 번째 구성원을 준비시켜 그를 차지맨으로 만듭니다.

열 명은 무엇을 의미합니까? 바로 그분, 그분뿐입니다! 이 차지맨은 깨달음을 얻은 후 자신의 서클을 준비하게 됩니다. 그렇다면 이 차지맨은 누구일까요? 물론 그는 이 모든 준비를 거친 서클의 열 명과 함께 하나이며, 모두 스승이지만 결국 모두 하나가 된 사람입니다!

---

* 토띠는 토띠 야자수 수액으로 만든 저렴한 알코올 음료입니다. 1917년 젊은 메르완 셰리아르 이라니는 푸나에 있는 부친의 토띠 가게에서 잠시 일하기도 했습니다.

Shri Baba's Special Case

Shri Baba's own case was quite different, however, from what has been described so far. His case was special in that he had two Gurus. It is true that some have two or three Gurus, or even more; but one Guru is the general rule.

Now, why did Shri Baba have two Gurus? He was bom into a Zoroastrian family. The particular family or community in which one takes birth—this too is due to previous sanskaras. The sanskaras of a Zoroastrian are equal to the sanskaras of a Hindu and a Muhammadan combined:

Hindu sanskaras + Muhammadan sanskaras = Zoroastrian sanskaras

Now how is that? What is the meaning here? Let us look into it further. Suppose one of you, a Hindu, believes in a certain power, while another among you, a Muhammadan, believes in another power. (Note that this business of believing in certain powers is due to sanskaras acquired in previous bodies.)

You might have marked in so many cases how the faces of children are like those either of the father or the mother. Isn't it so? It is, 90% of the time.

Such bodily relations, connections, similarities are, once again, the result of sanskaras. In the same way, sanskaras are the cause of one's taking birth in a certain family or religion, as described above.

쉬리 바바의 특별한 사례

그러나 쉬리 바바의 경우는 지금까지 설명한 것과는 상당히 달랐습니다. 그의 사례는 두 명의 구루가 있었다는 점에서 특별했습니다. 구루가 두세 명 또는 그 이상인 경우도 있지만, 구루는 한 명인 것이 일반적입니다.

그렇다면 쉬리 바바는 왜 구루가 두 명이었을까요? 그는 조로아스터교 집안에서 태어났기 때문입니다. 한 사람이 태어난 특정 가족이나 공동체-이것 역시 이전의 산스카라에 기인합니다. 조로아스터교도의 산스카라는 힌두교와 무함마단의 산스카라를 합친 것과 같습니다:

힌두교 산스카라 + 무함마단 산스카라 = 조로아스터교 산스카라

이제 어때요? 여기에는 어떤 의미가 있을까요? 좀 더 자세히 살펴보겠습니다. 힌두교도인 여러분 중 한 사람은 특정 힘을 믿고, 무함마드교도인 여러분 중 한 사람은 또 다른 힘을 믿는다고 가정해 봅시다. (특정 힘을 믿는다는 것은 전생에 습득한 산스카라가 있기 때문이라는 점에 유의하세요.)

여러분은 자녀의 얼굴이 아버지나 어머니의 얼굴을 닮은 경우를 많이 보셨을 것입니다. 그렇지 않나요? 90%는 그렇습니다.

이러한 신체적 관계, 연결, 유사성은 다시 한 번 산스카라의 결과입니다. 마찬가지로 산스카라는 위에서 설명한 것처럼 특정 가족이나 종교에서 태어나는 원인입니다.

Suppose, for example, that a Hindu believes in the existence of only one God, despite the innumerable devs, devis, and other such powers mentioned in the Hindu Shastras and other sacred scriptures.

If he does not attain Realization in that lifetime, he will be born next into a community (be it Zoroastrian or Muhammadan) which staunchly believes in the existence of only one God.

Then again, take the case of a Hindu who is fond of eating flesh, who argues the doctrines of Hindu scriptures on that particular point and finds fault with them, saying, "Why should flesh be prohibited and vegetarian food forced upon the Hindu?" Suppose, then, he starts partaking of flesh: he will definitely take birth next time in a flesh-eating family or community, owing to the sanskaras of this birth.

Now let us see how the sanskaras of a Zoroastiian equal those of a Hindu and a Muhammadan combined.

The Zoroastrians believe in, respect, and pay homage and reverence to the fire and the sun—both of which Hindus too regard as sacred elements of nature. In this aspect, then, Zwoastrian sanskaras match Hindu sanskaras. Yet despite the Zoroastrian's reverence for the fire, sun, and other elements of nature, he staunchly believes in the existence of one God only—Ahuramazda as the Creator of the universe—exactly as Muhammadans believe in Allah.

In this respect, then, the Zoroastrian's sanskaras are the same as the Muhamma's.

예를 들어 힌두교 샤스트라와 다른 성스러운 경전에 언급된 수많은 데바[빛나는 존재]와 천신들 및 기타 신성한 힘에도 불구하고 힌두교도가 오직 한 분의 신만이 존재한다고 믿는다고 가정해 보겠습니다.

만약 그가 그 생애에 깨달음을 얻지 못한다면, 그는 다음에는 오직 한 신만이 존재한다고 굳게 믿는 공동체(조로아스터교든 무함마단이든)에 태어날 것입니다.

그런 다음 다시 고기를 먹는 것을 좋아하는 힌두교도의 경우를 예로 들어 보겠습니다. 힌두교 경전의 교리를 주장하고 그 교리에 결함을 발견합니다. "왜 힌두교도에게 육식을 금지하고 채식을 강요해야 하는가?"라고 묻습니다. 그런 다음 그가 고기를 먹기 시작한다고 가정해보세요. 그는 이번 출생의 산스카라로 인해 다음 번에 육식을 하는 가족이나 공동체에서 태어날 것이 분명합니다.

이제 조로아스터교도의 산스카라가 힌두교도와 무함마단의 산스카라를 합친 것과 어떻게 같은지 살펴봅시다.

조로아스터교도들은 힌두교도들이 자연의 신성한 요소로 여기는 불과 태양을 믿고 존중하며 경의를 표합니다. 이러한 측면에서 조로아스터교 산스카라는 힌두교의 산스카라와 일치합니다. 그러나 조로아스터교는 불, 태양 및 기타 자연 요소에 대한 경외심에도 불구하고 무함마드교도들이 알라를 믿는 것과 똑같이 우주의 창조주인 아후라마즈다라는 유일신만이 존재한다고 굳게 믿습니다.

이런 점에서 조로아스터교의 산스카라는 무함마드의 산스카라와 동일합니다.

"The result is sure, though it comes slowly"

-"Meher Baba's Tiffin lectures", p187, 16-July-1926; Meherabad

Every Master, who was formerly the Chargeman of the Master who preceded him, has in turn to prepare his own circle, whose members have a long, ancient past connection with him and who in a queer way, flock around him in the age in which he is to give them Realization. There are just a few such persons—eleven* only—who get the real juice (which is Knowledge or Jnan); and only one out of crores and crores actually becomes an Acharya! (Perfect Master)

Question: Then why should one even try, when the chance is so remote and success so rare and difficult of attainment? It's like buying lottery tickets in hopes of winning the jackpot, which never delivers the wanted result!

Answer: But here, unlike in the lottery, the result is sure, though it comes slowly. You do eventually get what you strive for—which is Truth. In sooth, to find this Truth is the ultimate aim and object of one and all.

---

* The Master's circle retains only eleven members after the twelfth member departs.

“천천히 오지만 결과는 확실합니다”

-“메허 바바의 티핀 강의” 187페이지, 1926년 7월 16일; 메허라바드

전임 스승의 전임자였던 모든 스승은 차례로 자신의 서클을 준비해야 하는데, 그 서클의 구성원들은 과거에 자신과 오랜 인연이 있고, 그가 깨달음을 주어야 하는 시대에 기이한 방식으로 그의 주변에 모여듭니다. 그런 사람 중 진정한 정수(앎 또는 즈냔)를 얻는 사람은 단 11명*뿐이며, 실제로는 크로레와 크로레 중 단 한 명만이 실제로 아차르야(완전한 스승)가 됩니다!

질문: 그렇다면 기회는 그렇게 멀고 성공은 그렇게 드물고 달성하기 어려운데 왜 노력해야 하나요? 그것은 마치 당첨을 기대하며 복권을 사는 것과 같지만 원하는 결과를 얻지 못합니다!

대답: 하지만 여기서는 복권과는 달리 결과는 느리게 오지만 확실합니다. 결국에는 노력한 만큼의 결과, 즉 진리를 얻을 수 있습니다. 따라서 이 진리를 찾는 것이야말로 모든 사람의 궁극적인 목표이자 목적입니다.

---

* 스승의 서클은 열두 번째 멤버가 떠난 후 11명의 멤버만 남게 됩니다.

"Strive on and on"

-"Meher Baba's Tiffin lectures", pp.187-188, 16-July-1926; Meherabad

Question: Then if this prize is sure of attainment for everyone, why strive for it? It will come of itself.

Answer: Your striving and struggle are what bring you nearer and nearer to the Goal of Truth. Even though you fail ninety-nine times, if at last the hundredth effort brings to you the realized Jnani Guru, all your labor is amply repaid. For from that moment when you find the Guru, you will be pushed continuously towards the Goal of Truth though your Guru's secret working and hidden powers. Hence it is said, "Strive on and on."

Take, as an analogy, these sun rays falling in the center of Makan (Makan-e-khas, the staff quarters of the men mandali), which have penetrated through some opening in the wall. Compared to the greater space of the Makan which still lies in darkness, that portion illumined by the light of the rays is small, and the rays themselves are few.

Such is the condition of the people in this universe: the huge mass of humanity remains in the dark, ignorant of any real knowledge. Only a few can he counted among the knowers of inner knowledge (antar jnani), having, gleaned light from a Realized Person. These who possess inner knowledge can he compared to the rays (kiran) just mentioned -few in number, but even so, rays merely and not the Sun itself, which remains far, far above this earthly domain and altogether out of reach.

Real knowledge means journeying towards and becoming one with the Sun. From there, having attained That, one throws light. By comparison, to be like a sun ray is nothing. They are only rays, after all.

"계속 노력하세요"

-"메허 바바의 티핀 강의" 187-188페이지, 1926년 7월 16일; 메허라바드

질문: 그렇다면 이 상이 누구나 받을 수 있는 것이라면 왜 노력해야 하나요? 저절로 따라오는 것일 텐데요.

대답: 여러분의 노력과 투쟁이 진리의 목표에 점점 더 가까이 다가갈 수 있게 합니다. 아흔아홉 번 실패하더라도 마침내 백 번째 노력으로 깨달은 즈냐니 구루를 만나게 된다면, 모든 수고는 충분히 보상을 받는 것입니다. 구루를 발견하는 그 순간부터 구루의 은밀한 작용과 숨겨진 힘을 통해 진리의 목표를 향해 끊임없이 나아갈 수 있기 때문입니다. 그래서 "계속 노력하라"고 말합니다.

마칸(마칸-에-카스, 남자 만달리의 직원 숙소)의 중앙에 떨어지는 태양 광선이 벽의 어떤 구멍을 통해 침투한 것을 비유로 들어보겠습니다. 여전히 어둠 속에 있는 마칸의 넓은 공간에 비하면 햇빛이 비추는 부분은 작고 광선 자체도 적습니다.

이 우주에 있는 사람들의 상태는 이와 같습니다. 거대한 인류의 집단은 여전히 어둠 속에 있으며, 진정한 지식에 대해 무지합니다. 오직 소수만이 깨달은 사람으로부터 빛을 얻은 내적 지식(안타르 즈냐니)을 가진 사람으로 꼽을 수 있습니다. 내면의 지식을 가진 이들은 방금 언급한 광선(키란)에 비유할 수 있는데, 그 수는 극소수에 불과하지만, 그럼에도 불구하고 광선은 태양 그 자체가 아닙니다. 이 지상의 영역보다 훨씬 더 멀리, 그리고 완전히 도달할 수 없는 곳에 남아 있습니다.

진정한 지식은 태양을 향해 나아가고 태양과 하나가 되는 것을 의미합니다. 그곳에 도달한 사람은 빛을 발합니다. 이에 비하면 태양 광선과 같은 존재가 되는 것은 아무것도 아닙니다. 결국 광선일 뿐입니다.

On Renunciation: Tyag, Sanyas, and Vairag

-"Meher Baba's Tiffin lectures", pp.247-250, 21-September-1926; Meherabad

For the ordinary people of the world, for the great mass of human beings, the best remedy for spiritual ignorance and the best course and pathway to ishvar prapti—the acquisition of spiritual knowledge and Godliness—is renunciation, termed sanyas, and tyag in Gujarati.

Now, this renunciation, this tyag, comes about in one of two ways. It may result from some unpleasant experience or, to put it more properly, from one's getting tired and disgusted with the world, in which case it bears the name vairag . Then again, it may arise from a desire and longing to see God, which is called talab, "longing" or "thirst."

What all this means, one way or another, is that renunciation—tyag—must eventually come, whatever may be the rhyme or reason for it. It constitutes the true requisite, the first essential precondition to the attainment of spiritual knowledge, acquaintance with godly things or persons, or anything else in this line.

Renunciation, according to Vivekananda in his poem on sanyas, means to eat and drink anything offered by anyone, to sleep anywhere, to wander without home, to keep oneself aloof and disconnected from karma, and most especially, to remain free from entanglement with women and wealth.

By thus renouncing everything and maintaining oneself in this state, all past sanskaras become dead and destroyed and new, deep ones never get formed. "Eat whatever is given to until karma's powers are spent": thus counsels Vivekananda.

포기에 대하여: 티야그, 산야스, 바이라그

-"메허 바바의 티핀 강의" 247-250페이지, 1926년 9월 21일; 메허라바드

세상의 평범한 사람들, 수많은 인류에게 영적 무지에 대한 최선의 치료법이자 이쉬바르 프랍티, 즉 영적 지식과 경건을 얻는 최고의 과정과 길은 구자라트어로 산야스, 티야그라고 불리는 포기입니다.

이제, 이 포기는 두 가지 방법 중 하나로 이루어집니다. 불쾌한 경험에서 비롯될 수도 있고, 좀 더 적절하게 표현하자면 세상에 지치고 혐오감을 느끼는 것에서 비롯될 수도 있는데, 이 경우 바이라그라는 이름이 붙습니다. 그리고 다시 하나님을 보고 싶은 열망과 갈망에서 비롯될 수도 있는데, 이를 탈랍, "갈망" 또는 "갈증"이라고 합니다.

이 모든 것이 의미하는 바는 운율이나 이유가 무엇이든 결국에는 포기(티야그)가 반드시 온다는 것입니다. 포기는 영적 지식, 경건한 사물이나 사람에 대한 지식 또는 이 계열의 다른 모든 것을 얻기 위한 첫 번째 필수 전제 조건이자 진정한 요건입니다.

비베카난다가 산야스[물질적 욕망의 포기하는 고행]에 관한 시에서 말한 포기는 누구든지 제공하는 음식을 먹고 마시고, 아무데서나 자고, 집 없이 떠돌아다니며, 자신을 냉담하고 업과 단절된 상태로 유지하는 것, 특히 여성과 재물에 얽매이지 않고 자유로워지는 것을 의미합니다.

이렇게 모든 것을 포기하고 이 상태를 유지함으로써 과거의 모든 산스카라는 죽고 파괴되며 새롭고 깊은 산스카라는 결코 형성되지 않습니다. 따라서 "업장의 힘이 소진될 때까지 주어진 것은 무엇이든 먹어라."라고 비베카난다는 조언합니다.

But even such renunciation or tyag, though providing the best path for the generality of mankind, brings many attendant difficulties. If a sadhu persists in this life of wandering here and there, however, accepting and eating only such food as is sufficient to satisfy his hunger, and keeping himself out of the clutches of greed and passion (lobh and kam), then he is said to have achieved a station far higher than that of a family man in the world (sansario).

The state and condition of a true faqir is splendidly depicted in a couplet by Kabir:

Pet samana anna mage, tan samana chir,
adhik hi sangrah na kare, taka nam fakir

He who fills the stomach with food, covers the body with clothing, and keeps nothing more than that: such a one can be named a faqir.

That is: the one who desires for food sufficient to satisfy his appetite, who wants clothes sufficient to cover and keep his body protected from atmospheric effects (such as heat and cold), and who entertains no other desire of accumulating anything—he alone deserves to be called a real faqir.

Otherwise, these so-called "sadhus" and "sanyasis" of the present day are generally mere idlers (dhongi, haramkhor) who wander here and there with no higher aim than obtaining food and clothing for free, without strife or strain on the body, without labor or exertion. Worse still, they are continually engrossed and engaged in talk about "wine and women"—which above all should be avoided. Worldly people (sansari loko) are far better than these hypocrites, these sham sadhus and sanyasis.

그러나 그러한 포기나 티야그조차도 인류의 보편성을 위한 최선의 길을 제공하지만 많은 어려움을 수반합니다. 하지만 사두가 여기저기 떠도는 삶을 지속하면서 배고픔을 채울 수 있는 음식만 받아들여 먹고 탐욕과 욕정의 손아귀에서 벗어나 이 삶에 지속된다면(로브와 캄), 그는 세속의 가족보다 훨씬 높은 지위에 도달했다고 합니다(산사리오).

진정한 파키르[고행자]의 상태와 조건은 카비르의 작품에 화려하게 묘사되어 있습니다:

펫 사마나 안나 마게, 탄 사마나 치르,
아딕 히 상그라 나 카레, 타카 남 파키르

배를 음식으로 채우고 몸을 옷으로 덮는 사람, 그리고 그 이상을 유지하지 않는 사람: 그런 사람은 파키르라고 불릴 수 있습니다.

즉, 식욕을 충족시킬 만큼의 음식을 원하고, 더위와 추위와 같은 대기 영향으로부터 몸을 가리고 보호할 만큼의 옷을 원하며, 다른 것을 축적하려는 욕망을 즐기지 않는 사람만이 진정한 파키르라고 할 자격이 있습니다.

반면에 오늘날의 소위 "사두"와 "산야시"들은 일반적으로 투쟁이나 신체에 부담을 주지 않고 노동이나 노력 없이 공짜로 의식주를 얻는 것보다 더 높은 목표 없이 여기저기 떠도는 단순한 방랑자(동이, 하람코르)에 불과합니다. 더 나쁜 것은, 이들은 무엇보다도 피해야 할 "술과 여자"에 대한 이야기에 끊임없이 넋을 잃고 몰두한다는 것입니다. 세속인(산사리 로코)은 이런 위선자, 즉 가짜 사두와 산야시보다 훨씬 낫습니다.

Nonetheless, the fact remains that the world and its environments and surroundings are like chains and bindings (janjir, bandhan) in every connection and every way—whether the actions in question are good or bad.

For all actions, whatever they be, are apt to the production of sanskaras. Now he who, having renounced everything, remains in the company and sahavas of a Sadguru, is far better and abides on a loftier level than these hypocritical sadhus and sanyasis. Yet higher still is he who, renouncing everything and keeping the company of the Sadguru, performs karma in the form of the duties entrusted to him by his Guru. This constitutes service to the world indeed.

By contrast, what is called service to the country, service to relatives and friends, even "service to the world" through acts of charity and the like—all of these embroil one in the bindings of sanskaras.

For all actions, good and bad, are liable to the creation of sanskaras. There is no remedy to this other than complete renunciation. Hence the saying "Let go thy hold, sanyasi bold": that is, keep your hands open so as to allow actions to escape; in other words, avoid actions, do nothing.

"Eat, drink, and lie at rest": in other words, remain at ease and free from anxiety in the company of the Sadguru, for this constitutes real karma yoga. Don't mind if worldly people call you cowards and eunuchs incapable and afraid of facing the difficulties that the world presents. Care not for their taunts and insults; for they know not what they say.

그럼에도 불구하고 세상과 그 환경과 주변 환경은 문제의 행동이 좋든 나쁘든 모든 관계와 모든 방식에서 사슬과 구속력(잔지르, 반단)과 같다는 사실은 변함이 없습니다.

모든 행위는 그것이 무엇이든 산스카라의 생성에 적합하기 때문입니다. 이제 모든 것을 포기하고 사드구루의 사하바스에 머무는 사람은 위선적인 사두와 산야시보다 훨씬 더 나은 사람이며 더 높은 경지에 머무는 사람입니다. 그러나 모든 것을 포기하고 사드구루의 곁을 지키며 구루가 맡긴 임무의 형태로 업을 수행하는 사람은 더 높은 수준에 머물러 있습니다. 이것은 참으로 세상에 대한 봉사에 해당합니다.

이와는 대조적으로 국가에 대한 봉사, 친척과 친구에 대한 봉사, 심지어 자선 행위 등을 통한 "세상에 대한 봉사"라고 불리는 것은 모두 산스카라의 속박에 얽매이게 됩니다.

좋은 행위든 나쁜 행위든 모든 행위는 산스카라의 생성에 책임이 있습니다. 이에 대한 해결책은 완전한 포기 외에는 없습니다. 따라서 "산야시 대담한 자여, 네 손을 놓아라"라는 말은, 즉 행위가 빠져나갈 수 있도록 손을 열어두라는 말로 행위를 피하고 아무것도 하지 말라는 말이 있습니다.

"먹고 마시고 쉬고 누워라": 즉, 사드구루와 함께 편안하고 불안하지 않은 상태를 유지하는 것이 진정한 카르마 요가에 해당합니다. 세속 사람들이 여러분을 겁쟁이라고 부르거나 세상이 제시하는 어려움에 직면하는 것을 두려워하고 무능한 내시라고 부르더라도 신경 쓰지 마세요. 그들의 조롱과 모욕에 신경 쓰지 마세요. 그들은 자신들이 무슨 말을 하는지 모르기 때문입니다.

For real renunciation demands the courage to give up the worldly Maya, which these cowards cannot do, bound and attached to it as they are. Moreover, in the affairs of worldly people (duniyadari) all bears the stamp of incompleteness and imperfection irrespective of the ability, boldness, and nerves which one brings to the task of facing up to and managing the difficulties and critical situations that arise.

Even the people who do this—who brave the world and its difficulties—labor under the burden of such sanskaras that they inevitably make mistakes for which they must suffer.

For everything is due to and dependent on sanskaras. In many cases it happens that, for one reason or other, people fail in what they venture and experience severe disappointment. A sufficient number of these disappointments renders a man desperate to such an extent that he feels only disgust with everything; and this disappointment and disgust drives him eventually to decide to renounce everything—the world and all its attachments—and to undertake vairag (renunciation).

There are some who experience a natural fear of sexual connection and sexual intercourse. These fears, and indeed the fear of any kind of sin, are due to the formation of previous sanskaras.

He who is a coward in materialism becomes either the greatest sinner or a Master in the spiritual line. Those who have been the greatest Masters in their times have been the greatest cowards in materialism (diniyadari). But these "cowards" were heroes (mardan-e-khuda) in the spiritual world.

진정한 포기를 위해서는 세속적인 마야를 포기할 용기가 필요한데, 이 겁쟁이들은 그대로 묶여 있고 집착하고 있기 때문에 할 수 없습니다. 더욱이 세속인(두니야다리)의 일에는 능력, 담대함, 배짱에 관계없이 모두 불완전함과 결함의 도장이 찍히기 마련이며, 어려움과 위기 상황에 직면하고 대처하는 일은 모두 불완전하고 결함이 있습니다.

심지어 이 일을 하는 사람들, 즉 세상과 그 어려움에 용감하게 맞서는 사람들조차 그러한 산스카라의 짐을 짊어지고 일하기 때문에 필연적으로 실수를 저지르며 그로 인해 고통을 겪어야 합니다.

모든 것이 산스카라에 기인하고 산스카라에 의존하기 때문입니다. 많은 경우 사람들은 어떤 이유로든 모험에 실패하고 심각한 실망을 경험합니다. 이러한 실망이 충분히 쌓이면 사람은 모든 것에 혐오감만 느낄 정도로 절망하게 되고, 이러한 실망과 혐오감은 결국 세상과 그 모든 애착을 포기하고 바이라그(포기)를 결심하게 됩니다.

성적 연결과 성관계에 대한 자연스러운 두려움을 경험하는 사람들도 있습니다. 이러한 두려움과 실제로 모든 종류의 죄에 대한 두려움은 이전의 산스카라가 형성되었기 때문입니다.

물질주의에서 겁쟁이인 사람은 영적 계통에서 가장 큰 죄인이거나 스승이 됩니다. 당대 최고의 스승이었던 사람들은 물질주의에서 가장 위대한 겁쟁이(디니야다리)였습니다. 그러나 이 "겁쟁이"들은 영적인 세계에서는 영웅(마르단-에-쿠다)이었습니다.

To Abide in Satsang

-"Meher Baba's Tiffin lectures", p250, 21-September-1926; Meherabad

You people think that renunciation is much easier than materialism, that hating and giving up materialism comes more easily than love, liking, and attachment to it. But this is not so. Renunciation is most difficult, to such an extent that only those prepared to risk and lose their very lives may dare venture upon it.

To quote a line in Persian:

Ke ishq asan nomud avval vali aftad moshketha

That is, "Love at first seemed easy, but as time went on, innumerable difficulties arose."

But even after everything external has been renounced, desires and ambitions have still to be given up. But if one does not succeed in achieving internal renunciation, external renunciation brings advantage nonetheless. External renunciation is good, even if desires arise in the course of it. But to succeed in internal renunciation, satsang—the company of and residence with a sage—offers the best expedient and remedy.

Doubtless they do well who, remaining in the world, observe and practice renunciation; but the case is quite different for those who renounce and then live in the company of a sage after renunciation.

---

* Satsang is an audience with a satguru for the purpose of spiritual or yogic instruction.

사트상에 머물기

–"메허 바바의 티핀 강의" 250페이지, 1926년 9월 21일; 메허라바드

여러분은 물질주의보다 포기가 훨씬 쉽고, 물질주의를 사랑하고 좋아하고 애착을 갖는 것보다 미워하고 포기하는 것이 더 쉽다고 생각합니다. 하지만 그렇지 않습니다. 포기는 위험을 감수하고 목숨을 잃을 준비가 되어 있는 사람만이 감히 도전할 수 있을 정도로 가장 어려운 일입니다.

페르시아의 한 구절을 인용하자면:

케 이쉬크 아산 노무드 아발 발리 아프타드 모쉬케타

즉, *"처음에는 사랑이 쉬워 보였지만 시간이 지날수록 무수한 어려움이 생겨났다"*는 뜻입니다.

그러나 외적인 모든 것을 포기한 후에도 욕망과 야망은 여전히 포기해야 합니다. 하지만 내적 포기에 성공하지 못하면 외적 포기가 오히려 이득을 가져다줍니다. 외적 포기는 그 과정에서 욕망이 생기더라도 좋은 것입니다. 그러나 내적 포기에 성공하기 위해서는 사트상, 즉 현자와 동거하는 것이 최선의 방편이자 구제책입니다.

세속에 남아서 포기를 주시하고 실천하는 사람은 의심할 여지 없이 잘하지만, 인연을 끊고 포기한 후 현자와 함께 사는 사람의 경우는 전혀 다릅니다.

---

* 사트상은 영적 또는 요가 지도를 목적으로 삿구루(영적 스승)와 함께하는 청중입니다.

Now those who practice satsang can be divided into three types:

1. He who gives, takes not, and stays
2. He who gives not, takes not, but stays
3. He who gives not, takes, but stays

All this business of "give and take" pertains to the domain of material things. The first two types in this list (that is, those who "take not") rank more highly: the first can rightly be called "heroes" and the second, the "best". Those of the third category (who "take") number among the "ordinary".

But all three derive great advantage, for the essential point is that, after renunciation, they remain in satsang, with the business of "giving," "not giving," and "taking" all depending upon their sanskaras descending from the past.

All three stand far above the so-called sanyasis* of the world—not just first two types (who "take not") but even the third (who "takes" but remains in the sahavas or company of the Guru). But these ordinary sanyasis of the world who have renounced everything are in a way better than the ordinary people of the world, who still remain in the clutches and entanglements of Maya and materialism.

To abide in satsang means to obey the Guru's orders.

---

* Sannyasa, a form of asceticism marked by renunciation of material desires and prejudices, is characterized by a state of disinterest in and detachment from material life, with the purpose of spending one's life in peaceful, spiritual pursuits.
—sannyasi (male), sannyasini (female)

이제 사트상을 실천하는 이들은 3가지 유형으로 나눌 수 있습니다:

1. 주되 받지 않고, 머무르는 사람
2. 주지도 받지도 않지만, 머무는 사람
3. 주지는 않고 받지만, 머무는 사람

이 모든 "주고받기"의 일상은 물질적인 것의 영역과 관련이 있습니다. 이 목록의 처음 두 유형("받지 않는" 사람)은 더 높은 순위를 차지합니다: 첫 번째는 "영웅"이라고 할 수 있고 두 번째는 "최상"이라고 할 수 있습니다. 세 번째 범주("취하는")의 사람들은 "보통"에 속합니다.

그러나 세 사람 모두 큰 이점을 얻을 수 있는데, 그 핵심은 포기 후에도 사트상에 머무르며 "주기", "주지 않기", 그리고 "받기"의 일상은 모두 과거로부터 내려오는 산스카라에 따라 달라진다는 점입니다.

세 가지 모두 소위 세상의 산야시들*보다 훨씬 우위에 있습니다. 즉 앞의 두 가지 유형("취하지 않는")뿐만 아니라 세 번째 유형("취하지만" 영적 스승의 사하바스나 함께 남아 있는)보다 훨씬 우위에 서 있습니다. 그러나 모든 것을 포기한 세상의 평범한 산야시들은 어떤 면에서는 여전히 마야와 물질주의의 손아귀와 얽힘에 머물러 있는 세상의 보통 사람들보다 더 낫습니다.

사트상에 머무른다는 것은 구루의 명령에 순종하는 것을 의미합니다.

---

* 물질적 욕망과 편견의 포기를 특징으로 하는 고행의 한 형태인 산야사는 평화롭고 영적인 추구를 위해 일생을 보내는 것을 목적으로 물질적 삶에 무관심하고 분리된 상태가 특징입니다.
–산야시(남성), 산야시니(여성)

True Renunciation is actual death

-"Meher Baba's Tiffin lectures", p252, 21-September-1926; Meherabad

Question: Why did Buddha renounce everything?

Answer: In order to attain to what is real.

Question: Why did Ramakrishna renounce everything?

Answer: In order to see and become one with God (Ishwar).

Question: Why did Tukaram renounce everything?

Answer: He became disgusted with the world because of continual losses and failures in business. Having renounced the world, there was created in him the love of God. After this he had to pass through further untold sufferings.

Merely becoming aloof from the world because of worldly disappointments, or committing suicide to escape from them, or going mad on their account—all these are quite different from the renunciation we have been talking about. True renunciation is actual death. After that, if a man is fortunate enough to find a Guru, well and good; otherwise, he is doomed—with untold difficulties thrown upon his head as further severe testing.

In a nutshell, then, all these talks with their questions and answers hinge on the question of the unfoldment of sanskaras.

That is the essence!

참된 포기는 실제 죽음

–"메허 바바의 티핀 강의" 252페이지, 1926년 9월 21일; 메허라바드

질문: 부처님은 왜 모든 것을 포기하셨나요?

답변: 실재하는 것에 도달하기 위해서입니다.

질문: 라마크리슈나는 왜 모든 것을 버렸나요?

답변: 신(이슈와르)을 보고 신과 하나가 되기 위해서입니다.

질문: 투카람은 왜 모든 것을 버렸나요?

답변: 그는 사업에서 계속되는 손실과 실패로 인해 세상에 혐오감을 느꼈습니다. 세상을 포기한 그에게 하나님의 사랑이 생겼습니다. 그 후 그는 말할 수 없는 고통을 더 겪어야 했습니다.

단순히 세상적인 실망 때문에 세상으로부터 멀어지거나, 세상으로부터 벗어나기 위해 자살을 하거나, 그 때문에 미쳐버리는 것은 우리가 지금까지 이야기해 온 포기와는 전혀 다른 것입니다. 참된 포기는 실제 죽음입니다. 그 후 운이 좋아 구루를 만나면 다행이지만, 그렇지 않으면 더 혹독한 시험으로 말할 수 없는 어려움을 겪으며 파멸에 이르게 됩니다.

요컨대, 질문과 답변이 있는 이 모든 강연은 산스카라의 전개에 대한 질문에 달려 있습니다.

그것이 본질입니다!

If those sanskaras get wiped off that accrue from karma attaching to the pure (shuddh) Paramatma Itself, then all is well. Otherwise, if they remain there accumulated on the pure Paramatma, they comprise just that much more burden which one has to pick up and carry, with that much more stress and strain upon the self.

Sant Tukaram, as we have said, undertook renunciation (tyag) after experiencing disappointment and disgust with the world. Then the love of God was created in him, and this led in turn to the meeting and darshan of a Guru. But all these developments in his life resulted from previous sanskaras and a tremendous self-preparation that cannot even be imagined. Unthinkable difficulties, acute stress and strain, and all manner of hardships created and prepared such powerful sanskaras that circumstances in due course afforded him opportunities for renunciation, the appearance of the Guru, and the incurring of the Guru's grace all within a single lifetime, indeed, within the scope of just a few years.

Altogether different from this is the experience of circle members but that's another matter.

The heavens, earths, minds, bodies all disappear, vanish completely, when Self is realized and only one thing, Infinite Eternal Existence, remains.

This experience is the Living Freedom
—Jivanmukti—that is the goal of Vedanta.

순수한(슈드흐) 파라마트마 자체에 붙어 있는 카르마에서 비롯된 산스카라가 사라진다면 모든 것이 잘된 것입니다. 그렇지 않고 순수한 파라마트마에 쌓인 채로 남아 있다면, 그 산스카라는 사람이 짊어지고 짊어져야 하는 짐이 될 뿐이며, 그만큼 더 많은 스트레스와 부담을 자아에게 안겨줍니다.

앞서 말했듯이 성인 투카람은 세상에 대한 실망과 혐오를 경험한 후 포기(티야그)를 단행했습니다. 그러자 그에게 하나님의 사랑이 생겨났고, 이는 구루를 만나고 다르샨[친견]으로 이어졌습니다. 그러나 그의 삶에서 이러한 모든 발전은 이전의 산스카라와 상상조차 할 수 없는 엄청난 자기 준비의 결과였습니다. 상상할 수 없는 어려움, 극심한 스트레스와 긴장, 그리고 온갖 종류의 고난이 강력한 산스카라를 만들고 준비시켰기 때문에 적절한 상황이 그에게 출가의 기회와 구루의 출현, 구루의 은혜를 받을 수 있는 기회를 한 생애, 실제로 불과 몇 년 안에 모두 제공했습니다.

서클 구성원들의 경험은 이것과는 완전히 다르지만 그것은 또 다른 문제입니다.

자아가 실현되면 하늘, 땅, 마음, 몸은 모두 소멸하고
완전히 사라지며 오직 한 가지, 무한한 영원한 존재만이 남습니다.

이 경험이 바로 살아있는 자유,
즉 지반묵티이며 베단타의 목표입니다.

Stopping the Machine

-"Meher Baba's Tiffin lectures", pp.255-256, 21-September-1926; Meherabad

A typical giant machine

Let's take another concrete figure to illustrate how the ordinary human awake state and the "being" and "doing" of the mind are brought to an end. Imagine a machine at work.

It runs continuously. Now, if you approach the machine and cry aloud from a distance, "Stop operating, please! Of what use is this continual whirling and revolving of yours?" Do you expect the machine to desist from its operation simply because of your words and loud cries? Certainly not!

Then what is required for your purpose? You need someone so bold and courageous as to grab hold of the machine as it is running and by sheer strength to force it to stop and to operate no more. For the machine on its own will never stop until such a one arrives who is daring enough to venture to manhandle it.

Now imagine, further, that this machine has a big wheel and many sharp points. One could not seize hold of such a device even when it is at rest and stationary: to grab hold of this deadly dangerous mechanism when it is in motion would be to risk one's life in vain, since stopping it is next to impossible by any ordinary means.

기계를 중지하기

-"메허 바바의 티핀 강의" 255-256페이지, 1926년 9월 21일; 메허라바드

전형적인 거대한 기계

평범한 인간의 깨어있는 상태와 마음의 "존재"와 "행위"가 어떻게 끝나는지 설명하기 위해 또 다른 구체적인 그림을 예로 들어 보겠습니다.

일하고 있는 기계를 상상해 보세요. 기계는 계속 작동합니다. 이제 그 기계에 다가가 멀리서 큰 소리로 "제발 작동을 멈춰라! 계속 이렇게 빙글빙글 돌고만 있는데 무슨 소용이 있냐?"라고 외친다면 어떻게 될까요? 단순히 여러분의 말과 큰 소리로 외친다고 해서 기계가 작동을 멈출 것으로 생각하시나요? 당연히 아니죠!

그렇다면 여러분의 목적에 필요한 것은 무엇일까요? 작동 중인 기계를 붙잡고 순전히 힘으로 멈추게 하고 더 이상 작동하지 않게 할 만큼 대담하고 용감한 사람이 필요합니다. 그런 용감한 사람이 나타나기 전까지는 기계 자체는 멈추지 않을 것이기 때문입니다.

이제 이 기계에 큰 바퀴와 날카로운 부분이 많다고 상상해 보세요. 이 기계가 멈춰 있거나 정지해 있을 때도 이 장치를 잡을 수는 없습니다. 이 치명적으로 위험한 기계가 움직일 때 잡는다는 것은 일반적인 방법으로는 거의 불가능하기 때문에 목숨을 헛되이 위험에 빠뜨리는 일이 될 것입니다.

So then what would an expert do to stop such a machine?

First of all. he would take up some suitable instrument and, standing at a distance, use it to break off the sharp spikes. Only when this had been accomplished would he venture to use his strength directly to stop the wheel from revolving. Not otherwise.

In this analogy:

the "machine" represents the life of ordinary mankind (manusya);

the "wheel" represents birth and rebirth in the body (sharir);

the "points" represent sanskaras;

the "instruments" represent good actions proceeding from infinite Power and Knowledge (Anant Shakti and Jnan);

the "expert stopper" represents the God-Realized Sadguru

그렇다면 전문가가 이런 기계를 멈추려면 어떻게 해야 할까요?

우선, 그는 적절한 도구를 들고 멀리 떨어진 곳에 서서 날카로운 돌출부를 부러뜨리는 데 사용했을 것입니다. 이 작업이 완료된 후에야 그는 직접 힘을 사용해 바퀴의 회전을 멈추려고 할 것입니다. 그렇지 않으면 안 됩니다.

이 비유에서:

"기계"는 평범한 인류의 삶(마누샤)을 상징합니다.

"바퀴"는 육체의 탄생과 재탄생(샤리르)을 상징합니다.

"돌출부"는 산스카라를 나타냅니다.

"도구"는 무한한 힘과 앎(아난트 샥티와 즈냔)에서 나오는 선한 행위를 나타냅니다.

"전문가"는 신을 깨달은 사드구루를 나타냅니다.

Ceremonies and rituals for the dead

-"Meher Baba's Tiffin lectures", pp.260-261, 22-September-1926; Meherabad

Then turning to the subject of ceremonies, particularly those for the dead, as practiced among the Parsis and Hindus, Baba explained:

These are a sheer waste of money, materials, and energy, even when they are performed with the greatest faith, reverence, and respect for the dead, to whom, unfortunately and unknowingly and in utter ignorance, these blind believers (andhala vahemi loko*) continue to devote themselves even years after their physical demise and departure. For example, think of the gold and silver caskets, the small (but costly) "snuff boxes" which, on the advice of the brahmins and dasturs, many people use in these ceremonies with blind faith—God knows why!

The dead are dead after all, dead and gone! The only "necessary" ceremonies, the only ceremonies worth doing, are those three days after death, that is, between forty and seventy hours, when the soul (or spirit) is supposed to be hovering around the place where it dies, before passing on to other stages of development, according to its deserts and actions (which is to say, according to their sanskaras). At that time all that is required, the best ceremonial practice is to feed a dog or crow, both of whom are said to possess subtle eyes with which they can see the subtle form of the dead person there at the place of death.

---

* "Blind creduluouspeople" (Gujarati)

죽은 자를 위한 의식과 제사

-"메허 바바의 티핀 강의" 260-261페이지, 1926년 9월 22일; 메허라바드

그런 다음 바바는 파르시교도와 힌두교도 사이에서 행해지는 의식, 특히 죽은 자를 위한 제사의 주제로 넘어가 설명했습니다:

이러한 의식은 돈, 물질, 에너지의 낭비이며, 비록 그것이 죽은 자에 대한 최고의 믿음, 경건함, 존경심을 가지고 행해지더라도 안타깝게도, 무의식적으로 그리고 무지 속에서 이 맹목적인 신자들(안달라 바헤미로코*)은 육체적 죽음을 맞이하고 떠난 후에도 몇 년이 지나도 계속 헌신하고 있습니다. 예를 들어, 브라만과 다스투르의 조언에 따라 많은 사람들이 맹목적인 믿음으로 이러한 의식에 사용하는 작은(하지만 값비싼) "스너프 상자"인 금관과 은관을 생각해 보세요. 죽은 사람은 결국 죽었고, 죽어서 사라졌습니다!

유일하게 "필요한" 의식은, 할 가치가 있는 유일한 의식은 사후 3일 후, 즉 40시간에서 70시간 사이에 영혼(또는 영靈)이 죽은 장소 주변을 맴돌다가 다른 발달 단계로 넘어가기 전에 그 공과功過와 행위에 따라(즉, 그들의 산스카라에 따라) 해야 하는 의식뿐입니다. 이때 가장 좋은 의식은 개나 까마귀에게 먹이를 주는 것인데, 이 두 동물은 죽은 장소에서 죽은 사람의 기운적 형태를 볼 수 있는 미묘한 눈을 가지고 있다고 알려져 있습니다.

---

* "맹목적인 믿음을 가진 사람들"(구자라트어)

On "Fears"—Vague and Real

-"Meher Baba's Tiffin lectures", pp.267-268, 01-October-1926; Meherabad

The question arose: "Whom should you fear—God, the world, or Self?"

Baba replied:

Do not fear the world or its people; always do the right thing. Whatever your conscience accepts and tells you to do, whatever your mind and heart feel right, do that. In other words, face the opposition of the whole world in doing what is right.

Do not fear God to the slightest degree. For if you are afraid of Him, how will you be able to engender prem, love for Him? Only love for God enables and entitles you to attain the goal of Truth, which is Realization.

Do not fear Self! For Self is never independent or apart from you. You yourself are no one other than Parameshwar* (or God). What then is the sense of fearing Self, which only makes God aloof and independent of you and separates your "self" from Him?

If you have to fear anything, fear Maya!

---

* Parameshwar is a common name in Hindusimfor the Superme Lord, often identified as Vishnu or Shiva. If compounds param, highest, chief, best, and Lord God.

막연한 "두려움"과 실제 "두려움"에 대해

-"메허 바바의 티핀 강의" 267-268페이지, 1926년 10월 1일; 메허라바드

질문이 떠올랐습니다: "신, 세상, 자아 중 누구를 두려워해야 할까요?"

바바가 대답했습니다:

세상이나 사람들을 두려워하지 말고 항상 옳은 일을 하세요. 양심이 받아들이고 당신에게 하라고 말하는 것이 무엇이든, 당신의 생각과 마음이 옳다고 느끼는 것이 무엇이든, 그렇게 하세요. 다시 말해, 옳은 일을 할 때는 세상의 반대에도 맞서야 합니다.

신을 조금도 두려워하지 마세요. 신을 두려워한다면 어떻게 신에 대한 전적인 사랑을 일으킬 수 있겠습니까? 오직 신에 대한 사랑만이 진리의 목표, 즉 깨달음에 도달할 수 있게 하고 자격을 부여합니다.

자아를 두려워하지 마세요! 자아는 결코 독립적이거나 당신과 분리되어 있지 않습니다. 당신 자신은 파라메슈와르*(또는 신) 외에는 그 누구도 아닙니다. 자아를 두려워한다는 것은 신을 당신으로부터 냉담하고 독립적으로 만들고 당신의 "자아"를 그분으로부터 분리시키는 것일 뿐입니다. 그렇다면 자아를 두려워하는 감각은 무엇일까요?

무언가를 두려워해야 한다면 마야를 두려워하세요!

---

* 파라메슈와르는 힌두교에서 흔히 비슈누 또는 쉬바로 불리는 초월신에 대한 일반적인 이름입니다. 파람, 최상, 지배자, 최고, 주 하나님을 합성한 경우.

Yes, be afraid of Maya, which is personified to you in the form of this world (jag); on Maya this entire material sphere is dependent.

Maya means kam, krodh, and lobh—passion, anger, and greed. Fear these—fear passion, anger, and greed—and keep yourselves as far aloof and away from them as possible. Don't fear anything else.

Speaking then on the subject of fear of God, Shri asked:

Do people actually fear God? Not a bit!
They don't fear God Himself.

What they fear is the hell (nark-dozakh) created by Him for punishing sinners; they have fear as to where God will place them if their actions aren't right.

Take this as a simile: do boys fear the teacher—Arjun—or do they fear his cane? The cane, of course!—and not the teacher, who actually plays with the boys sometimes, and they play with him, and willingly too, since there is no cane then.

"Once your heart is clean, I will shine in it. But it is not so easy to clean one's heart. It is like diving deep into a sea of fire. Only one out of thousands of the Mard-e-Khuda [true lovers of God] has such courage, for he has become like dust at the feet of a Perfect Master. Only he has the right to ask to see God. To love God is very difficult. The easiest way is to hold on to my daaman. Throw all your burden of sanskaras at my feet. I am the Ocean and can absorb your entire burden."

-Lord Meher Online, p4962

예, 이 세상(자그)의 형태로 당신에게 의인화된 마야를 두려워하세요. 마야에 이 모든 물질적 영역이 의존하고 있습니다.

마야는 캄, 크로드, 로브, 즉 열정, 분노, 탐욕을 의미합니다. 열정, 분노, 탐욕, 이 세 가지를 두려워하고 가능한 한 초연하게 멀리 떨어져 있어야 합니다. 그 외에는 어떤 것도 두려워하지 마세요.

하나님을 두려워하는 것에 대해 이야기하면서 쉬리는 물었습니다:

사람들은 실제로 신을 두려워할까요? 전혀 그렇지 않습니다!
그들은 신 자신을 두려워하지 않습니다.

그들이 두려워하는 것은 죄인을 벌하기 위해 하나님이 만든 지옥(나크-도자크)이며, 자신의 행위가 옳지 않을 경우 신이 그들을 어디로 보낼지에 대한 두려움을 가지고 있습니다.

이를 비유로 들어보면, 소년들은 선생님인 아르준을 두려워할까요, 아니면 지팡이를 두려워할까요? 물론 지팡이를 두려워하는 것이지, 선생님을 두려워하는 것은 아닙니다! 그리고 선생님은 때때로 소년들과 놀아주고, 소년들도 지팡이가 없으니 기꺼이 선생님과 함께 놉니다.

"당신의 마음이 깨끗해지면 나는 그 안에서 빛날 것입니다. 하나만 마음을 깨끗하게 하는 것은 그리 쉬운 일이 아닙니다. 그것은 마치 불바다에 뛰어드는 것과 같습니다. 수천 명의 마르드-에-쿠다[신의 참된 러버들] 중 단 한 사람만이 그런 용기를 가지고 있는데, 그는 완전한 스승의 발아래 먼지처럼 되었기 때문입니다. 오직 그만이 신을 만나게 해달라고 요청할 권리가 있습니다. 신을 사랑한다는 것은 매우 어렵습니다. 가장 쉬운 방법은 나의 다만[현존]을 붙잡는 것입니다. 모든 산스카라의 짐을 내 발 앞에 던지세요. 나는 바다이며 당신의 모든 짐을 흡수할 수 있습니다."

-로드 메허 온라인 4962페이지

The Voice of Conscience and Firmness of Mind

-"Meher Baba's Tiffin lectures", pp.281-282, 23-October-1926; Meherabad

"Your mind must be as firm as a rock that resists strong blasts of wind from all sides without budging an inch."

This saying alludes to the weakness of mind that people exhibit when they do things half-heartedly, just for show (before the eyes of the world in general), and many times against the voice of their own conscience, will, and wish.

For instance, suppose your mind and conscience honestly admit and tell you that offering complete surrender to a Sadguru will do you good: in that case, do it—surrender to him your heart and soul—even if the voice of the whole world tells you otherwise, even if the whole world opposes you.

Do not do it merely to please him, nor out of the fear of incurring his displeasure, nor to please and make a good show before other members of the mandali.

In just the same way, if your head and heart refuse to admit the existence of any such Power in him (the Guru), if they distinctly tell you not to bow down before him, then don't do it, even at the risk again) of provoking his displeasure. For the true Guru would, on the contrary, be pleased with such honest, open, bold action on your part, preferring it to a false show of submission and surrender.

양심의 소리와 굳건한 마음

-"메허 바바의 티핀 강의" 281-282페이지, 1926년 10월 23일; 메허라바드

"당신의 마음은 사방에서 불어오는 강한 바람에도 한 치의 흔들림 없이 강하게 저항하는 바위처럼 단단해야 한다."

이 말은 사람들이 자신의 양심과 의지, 소망의 목소리에 반하여 (일반적으로 세상 사람들의 눈앞에서) 보여주기 위해 성의 없이 일을 할 때 드러나는 마음의 나약함을 암시하는 말입니다.

예를 들어, 당신의 마음과 양심이 사드구루에게 완전한 항복을 바치는 것이 당신에게 유익할 것이라고 정직하게 인정하고 말한다고 가정해 보세요: 그런 경우에는 온 세상의 목소리가 그렇지 않다고 하고, 심지어 반대하더라도 당신의 마음과 영혼을 그에게 항복하세요.

단순히 그를 기쁘게 하려고, 또는 그의 불쾌감을 불러일으킬까 봐 두려워서, 또는 만달리의 다른 구성원들 앞에서 잘 보이기 위해 그렇게 하지는 마세요.

마찬가지로, 당신의 머리와 가슴이 그분(구루)에게 그러한 힘이 있다는 것을 인정하지 않는다면, 그분 앞에서 절하지 말라고 분명히 말한다면, 그분의 불쾌감을 불러일으킬 위험이 있더라도 고개 숙이지 마세요. 진정한 구루는 반대로 당신의 정직하고 개방적이며 대담한 행동에 기뻐할 것이며, 거짓 복종과 항복의 표시보다 그것을 선호할 것이기 때문입니다.

There are many who seek the Sadguru's darshan and visit him yet at the same time are afraid of the world's disapproval and mockery at their stooping and bowing down before that Sage's feet. They do it nonetheless just to satisfy their own mind and soul which honestly call for such acts of submission before him; but they do so half-heartedly like cowards, furtively looking about here and there before and after falling at his feet, to ascertain whether some outsider skeptical of such carryings-on has seen them stooping and prostrating themselves in this way.

My advice to you all is: do nothing that you don't believe in, don't act against the voice of your conscience, neither to please me nor to please the world.

Be resolute, firm, unswerving, immovable as a rock—in spite of the world's opposition—if you really think and honestly believe that what you are doing is right.

많은 사람이 사드구루의 다르샨을 찾아 그를 방문하면서도 동시에 현자의 발 앞에 허리를 굽히고 절을 할 때 세상의 비난과 조롱을 두려워합니다. 그럼에도 불구하고 그들은 그분 앞에서 정직하게 복종하는 행위를 요구하는 자신의 마음과 영혼을 만족시키기 위해 그렇게 하지만, 그들은 겁쟁이처럼 반신반의하며 그렇게 하면서, 그분의 발 앞에 엎드리기 전후에 조심스럽게 여기저기를 둘러보면서 그런 행위에 회의적인 외부인이 그들이 이렇게 몸을 구부리고 엎드리는 것을 본 적이 있는지 확인합니다.

여러분 모두에게 충고하자면, 믿지 않는 것은 아무것도 하지 말고, 나를 기쁘게 하거나 세상을 기쁘게 하기 위해 양심의 소리에 반하는 행동을 하지 말라는 것입니다.

여러분이 하고 있는 일이 옳다고 진정으로 생각하고 정직하게 믿는다면 세상의 반대에도 불구하고 단호하고, 확고하며, 흔들리지 말고, 바위처럼 흔들림 없이 행동하세요.

Keep Your Mind Quiet, Steady, and Firm

-"Meher Baba's Tiffin lectures", pp.291-294, 11-November-1926; Meherabad

Do not brood endlessly over petty matters and wear out your mind. This constant thinking and thinking weighs on your mind heavily and causes you much worry and anxiety for nothing. Do not let material thoughts or worries disturb your mind and eat it away.

Don't be like a leaf tossed here and there by the wind's slightest movement until eventually it drops off and falls to the ground.

Or for another analogy, take some small insect—a fly or mosquito—that troubles and disturbs. What do you do when you want to drive it away? You merely raise your hand and flick, forcing the insect to fly away from your ear or whatever part of your body it happens to be pestering.

In short, you care about it very little, hardly at all. You consider the trouble it creates as trifling. Certainly you don't fear it, or torment yourself with worries—"Oh, if the insect bites me, my skin might swell up in a boil that would cause me pain. The infection might spread, causing a fever. I will have to suffer so much!"—and so forth and so on.

If you were to give vent to your thoughts this way, they would drive you to desperation and madness! But the fact is that you don't do this in the case of every little insect that makes itself a nuisance to you.

마음을 조용하고 안정적이며 굳건하게 유지하기

-"메허 바바의 티핀 강의" 291-284페이지, 1926년 11월 11일; 메허라바드

사소한 일로 끝없이 고민하고 마음을 지치게 하지 마세요. 이런 끊임없는 생각과 고민은 마음을 무겁게 짓누르고 쓸데없는 걱정과 불안을 유발합니다. 물질적인 생각이나 걱정이 마음을 어지럽히고 먹어 치우지 않도록 하세요.

바람의 미세한 움직임에 이리저리 흔들리다가 결국에는 떨어져 땅에 떨어지는 나뭇잎처럼 되지 마세요.

다른 비유를 들자면 파리나 모기 같은 작은 벌레가 나를 괴롭히고 방해한다고 생각해 보세요. 이 벌레를 쫓아내고 싶을 때는 어떻게 해야 하나요? 손을 들어 튕겨서 곤충이 귀나 귀찮게 하는 신체 부위에서 날아가도록 하면 됩니다.

요컨대, 여러분은 벌레에 대해 거의 신경 쓰지 않거나 전혀 신경 쓰지 않습니다. 벌레로 인해 발생하는 문제를 사소한 일로 여깁니다. 물론 벌레를 두려워하거나 "벌레에 물리면 피부가 부풀어 올라 통증이 생길지도 모른다. 감염이 확산되어 열이 날 수도 있다. 너무 고생할 거야!"와 같은 걱정으로 스스로를 괴롭히지도 않습니다.

이런 식으로 생각을 쏟아내면 절망과 광기에 빠질 수 있습니다! 하지만 사실 여러분은 자신을 성가시게 만드는 모든 작은 벌레의 경우 이렇게 하지 않습니다.

In just the same way, try to drive away the idle words of the people of the world that happen to fall upon your ears, just as you would drive away an insect with a wave of your hand, remaining yourself indifferent and unaffected by it all. Stick to one thing only—the one eternal Truth. I have seen It and experienced It, and I tell you this on basis of my own experience, that except for that Truth, there is nothing, absolutely nothing in this world or anywhere outside of it.

There was no past, there is no present, there will be no future: nothing is, nothing absolutely, except as an idle dream.

Those who dream about father, mother, children, wealth, property, and all the rest of it dream only vacant dreams. For nothing like this actually exists. All the world, all the universe, nay, all that you call existence (astitva) is merely, as I say, a vacant dream. These things are all like scenes seen and experienced in a dream that are found to be false and unreal when you are awakened. So stick to the Truth that is the one and only Goal for each and everyone.

With that aim in view, rush forward fearlessly, confronting the whole world if need be. This one and only Truth, this Paramatma, is nowhere to be searched for. For it is very near to you, much nearer than your own body. It is with you and within you. It is so close that you cannot even imagine it. Then why seek Him elsewhere and without? Seek Him inside. All of you could easily see Him but for the four big devils who stand in your way and block your view. What are these devils? They are: egoism (false ahankar); kam (desire/passion); krodh (anger); and lobh (avarice).

같은 방식으로, 손을 흔들어 벌레를 쫓아내는 것처럼 세상 사람들의 쓸데없는 말들을 귀에 들어오는 대로 모두 무관심하게 받아들이고 영향을 받지 않도록 노력하세요. 오직 한 가지, 즉 영원한 진리 하나에만 충실하세요. 나는 그것을 보았고 그것을 경험했으며, 그 진리를 제외하고는 이 세상이나 그 밖의 어디에도 아무것도, 절대적으로 아무것도 없다는 것을 내 자신의 경험에 근거하여 여러분에게 이것을 말합니다.

과거도 없었고 현재도 없으며 미래도 없을 것입니다: 한가한 꿈을 제외하고는 아무것도, 절대적으로 아무것도 없습니다.

아버지, 어머니, 자녀, 부, 재산 등 그 밖의 모든 것에 대해 꿈꾸는 사람들은 공허한 꿈만 꾸는 것입니다. 이런 것은 실제로 존재하지 않기 때문입니다. 모든 세상, 모든 우주, 아니, 여러분이 존재(아스티트바)라고 부르는 모든 것은 내가 말했듯이 공허한 꿈에 불과합니다. 이 모든 것들은 꿈에서 보고 경험한 장면들이 깨어났을 때 거짓이고 비현실적인 것으로 드러나는 것과 같습니다. 그러니 진리를 고수하는 것이 여러분 각자와 모두의 유일한 목표입니다.

그 목표를 염두에 두고, 필요하다면 온 세상과 맞서면서 두려움 없이 앞으로 나아가세요. 이 유일무이한 진리, 파라마트마는 어디에서도 찾을 수 없습니다. 그것은 여러분과 매우 가깝고, 여러분 자신의 몸보다 훨씬 더 가깝기 때문입니다. 그것은 여러분과 자신 안에 있습니다. 너무 가까워서 상상조차 할 수 없습니다. 그렇다면 왜 다른 곳에서 그분을 찾습니까? 내면에서 그분을 찾으세요. 여러분 모두는 그분을 쉽게 볼 수 있지만, 여러분의 앞을 가로막고 시야를 가리는 네 가지 큰 악마가 있습니다. 이 악마들은 무엇일까요? 그것들은 이기주의(거짓 아한카르), 캄(욕망/열정), 크로드(분노), 로브(탐욕)입니다.

(1) Of these four, egoism or ahankar comprises the greatest and chief danger. From your very early childhood to the far extremities of old age, this egoism, which keeps asserting "I am this" and "I am that," "I want this" and "I want that"—this incessant "I" is the worst obstacle on the path of advancement towards the goal of Truth.

(2) Next comes that great evil, Kam or passion, particularly for sex. It is one of the gravest evils in the world and one of the greatest hitches and checks in the way to Truth. All must keep themselves wide awake and watchful, resisting its charms and staying out of its clutches.

Kam is so powerful, not only as an evil on the material plane but as an impediment to spiritual advancement, that severe and strict restraints have to be put in place to keep one away from it. Indeed, one is not even to think of it, leaving aside the question of action! The slightest indulgence in thinking under the influence of kam renders you unfit for that great preparation necessary for spiritual advancement.

As to this material world, an ordinary human being would find it difficult to remain aloof from this great evil to the degree required of those held fit and worthy of spiritual advancement, who, as said, are not even to allow their minds to think of it. To expect ordinary worldly people to guard against evil action in that respect, even that would be too much.

In any case, never mind if the thought or idea comes—and such thoughts do come to almost everyone; but don't put that idea into action. That alone will be enough, though trying not even to think about it, refraining from such thoughts as much as possible, would be much better.

(1) 이 네 가지 중 이기주의 또는 아한카르가 가장 크고 주된 위험 요소입니다. 아주 어린 시절부터 노년에 이르기까지 "나는 이것이다" "나는 저것이다" "나는 이것을 원한다" "나는 저것을 원한다"라고 끊임없이 주장하는 이 이기주의는 진리의 목표를 향해 나아가는 길에서 최악의 장애물입니다.

(2) 다음으로 큰 악惡은 캄 또는 열정, 특히 섹스에 대한 열정이 있습니다. 그것은 세상에서 가장 심각한 악 중 하나이며 진리로 가는 길에서 가장 큰 장애물이자 견제입니다. 모두가 깨어 있고 경계하며 그 매력에 저항하고 그 손아귀에서 벗어나야 합니다.

캄은 물질계에서 악惡일 뿐만 아니라 영적 발전을 가로막는 장애물로서 매우 강력하기 때문에, 캄에 접근하지 못하도록 모질고 엄격한 제재를 가해야 합니다. 사실, 행위의 문제는 제쳐두고 생각조차 해서는 안 됩니다! 캄의 영향을 받아 생각에 조금만 몰두해도 영적 발전에 필요한 위대한 준비에 부적합하게 됩니다.

이 물질적인 세계에 관해서는, 평범한 인간은 영적 발전에 적합하고 합당한 사람들에게 요구되는 정도까지 이 큰 악惡으로부터 초연한 상태를 유지하기가 어려울 것이며, 말한 것처럼 마음에서 생각조차 허용하지 않아야 할 것입니다. 그런 점에서 평범한 세상 사람들에게 악한 행위를 경계하라고 기대하는 것은 너무 무리한 요구일 수 있습니다.

어쨌든 그런 생각이나 아이디어가 떠오르더라도, 그리고 그런 생각은 거의 모든 사람에게 떠오르지만, 그 생각을 행동으로 옮기지는 마세요. 그것만으로도 충분하지만, 그런 생각조차 하지 않으려는 노력, 가능한 한 그런 생각을 자제하는 것이 훨씬 더 좋을 것입니다.

(3) and (4) The last two great devils are krodh and lobh, anger and greed. Apart from the material evils that they give rise to and that accrue to one as a result, they are tremendously disadvantageous from a spiritual standpoint as well. Indeed, you can never advance in the spiritual planes if either of them holds sway over you, making you their slave and victim. Thus they set you adrift both materially and spiritually.

But on the other hand, if you succeed in mastering these four great "issues of ignorance"—kam, krodh, lobh, and egoism—then alone can you see Paramatma or Truth. Although winning mastery over them is a task supremely difficult, you should not despair. Strive on and on! Paramatma is near you, with you, within you, ever ready to help you in your honest endeavor to find Truth.

To illustrate what he had been talking about, Shri [Baba] called up one of the mandali, who stood before him. he proceeded to wrap four cloth straps (pata) around the mandali member's eyes, covering them entirely. Shri went on to explain:

"You can't see me now because these cloth straps cover your eyes. You still have eyes, you possess the means of seeing; yet even though I am sitting right here in front of you—both of these are facts—still you can't see me. Why, when both the means of seeing and the thing to be seen have been made available to you, why then can't you see? Because of these four straps wrapped around your eyes! Remove these four covers and at once you will see me."

In just the same way, you all have inner eyes with which to see Paramatma. Self, Truth.

(3)과 (4) 마지막 두 가지 큰 악마는 크로드와 로브, 즉 분노와 탐욕입니다. 이 두 가지 악惡은 물질적인 악을 일으키고 그 결과 사람에게 발생하는 악은 차치하더라도, 영적인 측면에서도 엄청나게 불리합니다. 실제로 둘 중 하나가 여러분을 지배하여 여러분을 노예와 희생자로 만든다면 영적인 차원에서는 결코 전진할 수 없습니다. 따라서 그들은 물질적으로나 영적으로나 여러분을 표류하게 만듭니다.

그러나 반면에 이 네 가지 큰 "무지의 문제"인 캄, 크로드, 로브 및 이기주의를 지배하는 데 성공하면 파라마트마 또는 진리를 볼 수 있습니다. 이 문제들을 완전히 극복하는 것은 매우 어려운 일이지만 절망해서는 안 됩니다. 계속 노력하세요! 파라마트마는 여러분 가까이에, 여러분과 함께, 여러분 안에 있으며 진리를 찾기 위한 여러분의 정직한 노력을 언제나 도울 준비가 되어 있습니다.

쉬리[바바]는 자신이 말한 내용을 설명하기 위해 앞에 서 있던 만달리 중 한 명을 불러내어 만달리 멤버의 눈을 네 개의 천 끈(파타)으로 감싸서 완전히 덮었습니다. 쉬리는 계속해서 설명했습니다:

"이 천 끈으로 그대의 눈을 가렸기 때문에 지금 나를 볼 수 없다. 그대에게는 여전히 눈이 있고, 볼 수 있는 수단이 있지만, 내가 바로 여기 그대 앞에 앉아 있음에도 불구하고, 이 두 가지 모두 사실이지만 여전히 나를 볼 수 없다. 볼 수 있는 수단과 볼 수 있는 대상이 모두 그대에게 주어졌는데 왜 나를 볼 수 없는 것일까? 바로 눈을 감싸고 있는 이 네 개의 끈 때문이다! 이 네 개의 덮개를 제거하면 즉시 나를 볼 수 있을 것이다."

마찬가지로 여러분 모두는 파라마트마를 볼 수 있는 내면의 눈을 가지고 있습니다. 자아와 진리입니다.

This Self, this Truth, is near you, with you, within you, but you can't see It on account of these covers that are the four big elements, the four attributes of Maya.

Remove these covers, remove these blinders (parda-pata) from your sight, and at once you will see Paramatma! But how can you do so—how can you tear away the covers?

It is the work of a Sadguru to strip off these bandages, to pull aside these curtains of Maya or bhas. thus enabling you to behold your own true Self. But only one who is himself a Realized Self, only one who has seen and known Self and Truth, is qualified to do this. Without such a One, other subtle seers such as yogis can lead you no further except on into darkness. Such is the unique and incomparable power of Realized Ones!

이 자아와 이 진리는 여러분 가까이에, 여러분과 함께, 여러분 안에 있지만, 여러분은 마야의 네 가지 큰 요소, 네 가지 속성인 이 덮개들 때문에 그것을 볼 수 없습니다.

이 덮개를 제거하고, 이 눈가리개(파르다-파타)를 제거하면 파라마트마를 바로 볼 수 있습니다! 하지만 어떻게 그렇게 할 수 있을까요? 어떻게 덮개를 뜯어낼 수 있을까요?

이 눈가리개를 벗기고 마야 또는 바스의 커튼을 옆으로 당겨서 자신의 참된 자아를 볼 수 있도록 하는 것이 사드구루의 일입니다. 그러나 오직 그 자신이 자아를 깨달은 사람, 자아와 진리를 보고 아는 사람만이 이 일을 할 수 있는 자격이 있습니다. 그러한 분 없이는 요가 수행자와 같은 다른 미묘한 선견자들은 여러분을 어둠 속에서 더 이상 인도할 수 없습니다. 이것이 깨달은 자의 독특하고 비교할 수 없는 힘입니다!

A Secret Explained

-"Meher Baba's Tiffin lectures", pp.297-299, 23-November-1926; Meherabad

ALL WERE INSTRUCTED TO CLOSE THEIR EYES FOR A SHORT TIME; AFTER THREE OR FOUR MINUTES HAD PASSED, THEY WERE ORDERED TO OPEN THEIR EYES AGAIN. ASKED WHAT THEY HAD EXPERIENCED, SOME SAID THAT THEY HAD AT FIRST SEEN ONLY DARKNESS, BUT THEN OUT OF THAT DARKNESS SMALL CIRCLES OF LIGHT APPEARED: AND IN THE END, ONLY ONE CIRCLE REMAINED. THEREUPON SHRI [BABA] EXPLAINED:

All of you closed your eyes. Now, when your eyes were closed, who was it that actually saw these circles of light and the rest of it, as you have just related? It was your mind that saw all of this through your subtle eye, even though your gross eye was closed, that is, even though you were looking into darkness. Now, this seeing of circles constitutes a step on the path towards seeing the Almighty, who is the Eternal Light.

At first you see circles, then colors, then "skies,"* until at last you see the very Fountain of Light, Truth Itself—the winning of which is the aim, object, and intention of everyone. If you could see all these things—the circles, colors, skies, and so forth—with your eyes open, then you could be said to have developed the powers of your subtle eye. Many of you and many others in the world must have closed your eyes from time to time with an intention of seeing something, but has this explanation, as I have just given it, ever occurred to you or anyone else?

---

* During this period Baba seems to have used the English words "skies" and "heavens" as equivalents of asmans.

비밀 설명

-"메허 바바의 티핀 강의" 297-299페이지, 1926년 11월 23일; 메허라바드

모든 참가자에게 잠시 눈을 감으라는 지시를 내렸고, 3~4분이 지나면 다시 눈을 뜨라는 지시를 받았습니다. 어떤 체험을 했는지 물었을 때, 어떤 사람들은 처음에는 어둠만 보였지만, 그 어둠 속에서 작은 빛의 원들이 나타났다고 말했습니다: 그리고 결국에는 하나의 원만 남았습니다. 이에 쉬리[바바]는 다음과 같이 설명했습니다:

여러분 모두 눈을 감았습니다. 이제 눈을 감았을 때 방금 이야기한 것처럼이 빛의 원과 그 나머지 부분을 실제로 본 사람은 누구였습니까? 비록 자신의 물질적인 눈은 감았지만, 즉 어둠을 들여다보고 있었지만, 기氣적인 눈을 통해 이 모든 것을 본 것은 바로 여러분의 마음이었습니다. 이제 원을 보는 것은 영원한 빛이신 전능자를 보는 길의 한 걸음을 내딛는 것입니다.

처음에는 원을 보고, 그다음에는 색을 보며, 그다음에는 "하늘"*을 보게 됩니다. 마침내 모든 사람의 목표이자 대상이며 의도인 빛의 샘, 진리 그 자체를 보게 될 것입니다. 눈을 뜨고 원, 색, 하늘 등 이 모든 것을 볼 수 있다면 기氣적인 눈의 힘이 발달했다고 할 수 있습니다. 여러분과 세상의 많은 사람이 때때로 무언가를 보려고 눈을 감아 본 적이 있을 텐데, 방금 내가 말한 이 설명을 여러분이나 다른 누군가에게 들어 본 적이 있나요?

---

* 이 기간 동안 바바는 아스만에 해당하는 영어 단어로 "하늘"과 "천상"을 사용한 것으로 보입니다.

None the "Really Experienced Ones" has ever explained this to you in such clear terms, although to us, who have not only seen but actually become one with the Eternal Light, this business of seeing circles and colors and so forth is only too trivial. This light that you see with your subtle eye is the sixth shadow of that real and original Light which pervades the whole universe. The subtle eye itself takes the shape of a circle of light with a spot in its center.

IN JUST THE SAME WAY, SHRI PROCEEDED TO GIVE HIS MANDALI THE EXPERIENCE OF INNER HEARING, TOGETHER WITH AN EXPLANATION. FIRST, HE ORDERED ALL OF THEM TIGHTLY TO SEAL OFF THEIR EARS FOR THREE OR FOUR MINUTES; AND THEN HE ASKED EACH ONE WHAT HAD BEEN HIS EXPERIENCE. THEY REPLIED THAT AT FIRST SILENCE PREVAILED; BUT SUBSEQUENTLY THEY HEARD DISTANT SOUNDS AS OF ROLLING THUNDERCLOUDS OR A MOVING TRAIN. AFTER THAT, THEY HEARD SOUNDS FAR OFF LIKE TRAIN WHISTLES. AGAIN SHRI EXPLAINED:

Since your ears were tightly sealed off from outer sound, who heard these things? Again, it was this same mind that heard through your subtle ear. These sounds were the sixth shadow of the real and original Sound*. If you were to proceed and progress onwards, developing this new hearing faculty of yours further, you would begin to hear pleasing musical notes (nods), as are heard on the planes of consciousness.

ELABORATING FURTHER ON SOME OF THESE DETAILS, SHRI GAVE THE FIGURE OF THREE CURTAINS, ONE GROSS, ONE SUBTLE, AND ONE OF THE MIND.

---

* In Hinduism this Primal Sound is sometimes call the Brahma Naad. Meher Baba discusses the Primal Sound or original Word of God in a statement by Francis Brabazon in 'Stay with God' : A statement in Illusion on Reality.

"실재 경험한 자들"이 이렇게 명쾌하게 설명한 적은 없지만, 영원한 빛을 보았을 뿐만 아니라 실제로 영원한 빛과 하나가 된 우리에게는 원과 색 등을 보는 이 일이 너무 사소할 뿐입니다. 여러분이 기氣적인 눈으로 보는 이 빛은 온 우주에 퍼져 있는 실제적이고 근원적인 빛의 여섯 번째 그림자입니다. 기氣적인 눈 자체는 그 중심에 점이 있는 빛의 원 모양을 하고 있습니다.

같은 방식으로, 쉬리는 설명과 함께 그의 만달리에게 내적 청력의 체험을 주기 위해 계속했습니다. 먼저, 그는 그들 모두에게 3~4분 동안 귀를 꽉 막으라고 명령했습니다. 그런 다음 그는 각자 자신의 체험이 무엇인지 물었습니다. 그들은 처음에는 침묵이 지배적이었지만, 나중에는 천둥 번개가 치는 소리나 멀리서 기차가 달리는 소리가 들렸다고 대답했습니다. 그 후 그들은 멀리서 기차의 경적 같은 소리를 들었습니다. 다시 쉬리가 설명했습니다:

귀가 외부 소리로부터 단단히 차단되어 있었는데 누가 이런 소리를 들었을까요? 다시 말하지만, 여러분의 기氣적인 귀를 통해 들은 것은 바로 이 마음이었습니다. 이 소리는 실제적이고 원래 소리*의 여섯 번째 그림자였습니다. 만약 여러분이 이 새로운 청각 기능을 더욱 발전시키면서 계속해서 앞으로 나아간다면, 여러분은 의식의 차원[경지]에서 들리는 것처럼 기분 좋은 음악의 곡(노드)을 듣기 시작할 것입니다.

이러한 세부 사항 중 일부에 대해 자세히 설명하면서 쉬리는 세 개의 가리개인, 하나는 물질적이고 하나는 기氣적이며 하나는 정신적인 그림을 제공했습니다.

---

* 힌두교에서는 이 원시 소리를 브라흐마 나드라고 부릅니다. 메허 바바는 프란시스 브라바존의 '신과 함께 머물다(Stay with God)'의 책에서 원초적 소리 또는 원래의 신의 말씀에 대해 논합니다: '실재에 있는 환상'에 실린 진술입니다.

THAT INTERVENE BETWEEN YOU (ORDINARY MAN) AND THE REAL TRUTH (OR PARAMATMA):

If you throw aside the first of these, the curtain of the gross, you have then to act through the medium of the subtle, which, when thrown aside and given up, leaves you with no recourse except to act through the mind alone. And when you throw aside and finally give up this mind of yours, then you become one with Paramatma.

Now, suppose one progresses by means of seeing through the gross, the subtle, and the mind, crossing each of these domains and giving up all three. In the end one attains the Sat-Chit-Anand state.

But before this, while still experiencing the sphere of mind, one sees the Fountain of Light. Experiencing its charm and realizing its greatness and power, one tries to move towards it; that is to say, until now the pilgrim has only seen, but now he wants to actually proceed towards the Goal. But only a very, very few actually succeed in becoming one with that everlasting Light, Existence, Knowledge, and Truth!

It is almost impossible to become the Personification of Truth, though a few lucky ones do manage to reach up as far as the mental sphere. Only a few rare virlas (heroes) unite with the Sat-Chit-Anand Rup or State, becoming realized through a Sadguru's grace.

이 가리개는 여러분(평범한 사람)과 실재하는 진리(또는 파라마트마) 사이에 개입합니다:

이 중 첫 번째인 물질적인 장막을 치우면 기氣적인 것의 매개체를 통해 행동해야 하는데, 이 기氣적인 매개체를 버리고 포기하면 오직 마음을 통해서만 행동하는 것 외에는 의지할 것이 없습니다. 그리고 여러분이 마침내 자신의 마음을 버리고 포기할 때, 파라마트마와 하나가 됩니다.

이제 물질적인 것, 기氣적인 것, 마음을 꿰뚫어 보고 이러한 영역을 넘나들며, 이 세 가지 모두를 포기함으로써 진보한다고 가정해 봅시다. 결국에는 삿-치트-아난드(Sat-Chit-Anand) 상태에 도달하게 됩니다.

그러나 그 전에 여전히 마음의 영역을 경험하는 동안 빛의 샘을 보게 됩니다. 그 매력을 경험하고 그 위대함과 힘을 깨달은 사람은 그것을 향해 나아가려고 노력합니다. 즉, 지금까지 순례자는 보기만 했지만, 이제는 목표를 향해 실제로 나아가기를 원합니다. 하지만 실제로 그 영원한 빛, 존재, 앎, 진리와 하나가 되는 데 성공하는 사람은 아주 극소수에 불과합니다!

소수의 운 좋은 사람들은 정신 영역까지 도달할 수 있지만, 진리의 화신이 되는 것은 거의 불가능합니다. 오직 소수의 드문 비를라(영웅)들만이 사드구루의 은총을 통해 삿-치트-아난드의 룹 또는 상태와 합일합니다.

Sanskaras—Not just stopped but need to be rooted-out

-"Meher Baba's Tiffin lectures", p307, 28-November-1926; Meherabad

Mustaches ought not merely to be shaved and cut as we do time after time, but actually stripped off once and for all, since shaving and cutting only makes the hair grow back again with all the more vigor and force, whereas rooting out the hair would stop and check its growth immediately and permanently. In the same way, sanskaras need not only to be cut off and stopped in their growth, as is done by yogis, but eradicated—rooted out, wiped off altogether, in such manner as not to be created again. And this is what Sadgurus do.

Good and bad sanskaras are both bindings. If you have good sanskaras, you may take birth as a great, rich man; with bad sanskaras, you may be born as a miserable leper, and so on. But you cannot get freedom without a Master. You do not know how many bad sanskaras you have, and how many good ones you need. But the Perfect Master knows, and he will work with you to balance them.

Once, when Buddha was not yet realized [unveiled, God-conscious], after he had renounced his kingdom, wife and child, and had gone into the forest, where he remained doing penance and fasting, he encountered an old woman who was advanced on the Path. She told him that he was bound more than ever before! Before, they were fetters of iron, now they were of gold, but both were binding, all the same. Then, she told him the secret.

Good and bad are mere terms. Hitler sincerely thinks he is doing good, and the world thinks he is doing bad! What is good for him is bad for the world. Good and bad are just man-made expressions. Real freedom can only be obtained when you give up all desires. You have to renounce them all to attain freedom.

-Lord Meher Online, p2159

산스카라—멈추는 것이 아니라 뿌리 뽑아야 합니다

-"메허 바바의 티핀 강의" 307페이지, 1926년 11월 28일; 메허라바드

수염은 우리가 시간이 지남에 따라 하는 것처럼 면도하고 자르는 것이 아니라 실제로 한 번에 완전히 제거해야 합니다. 면도하고 자르면 털이 더 활기차고 힘차게 다시 자라게 하는 반면, 털을 뿌리 뽑으면 즉시 영구적으로 성장을 멈추고 억제할 수 있기 때문입니다. 마찬가지로 산스카라는 요가 수행자들이 하는 것처럼 잘라내어 성장을 멈추게 할 뿐만 아니라 뿌리를 뽑아 완전히 없애서 다시는 자라지 못하게 해야 합니다. 이것이 바로 사드구루가 하는 일입니다.

선善한 산스카라와 악惡한 산스카라는 모두 속박입니다. 선善한 산스카라가 있으면 위대하고 부자로 태어날 수 있으며, 악惡한 산스카라가 있으면 비참한 나환자로 태어날 수 있습니다. 하지만 스승 없이는 자유를 얻을 수 없습니다. 여러분은 자신에게 얼마나 많은 악惡한 산스카라가 있는지, 그리고 얼마나 많은 선善한 산스카라가 필요한지 모릅니다. 하지만 완전한 스승은 알고 있으며, 그는 여러분과 함께 균형을 잡아줄 것입니다.

한번은 붓다가 아직 깨달음[베일을 벗음, 신적 의식]을 얻지 못했을 때, 왕국과 아내와 자식을 버리고 숲속으로 들어가 고행과 금식을 계속하고 있는데, 영적으로 진보한 한 노파를 만나게 되었습니다. 그녀는 그에게 전보다 더 많이 묶여 있다고 말했습니다! 전에는 쇠로 된 족쇄에서 지금은 금으로 된 족쇄지만, 둘 다 그를 구속하는 것은 같았습니다. 그리고 그녀는 그에게 비밀을 말했습니다.

선善과 악惡은 단지 용어일 뿐입니다. 히틀러는 진심으로 자신이 선善을 행하고 있다고 생각하지만, 세상은 그가 악惡을 행하고 있다고 생각합니다! 그에게 선善한 것이 세상에는 악惡한 것이었습니다. 선善과 악惡은 인간이 만든 표현일 뿐입니다. 진정한 자유는 모든 욕망을 포기할 때만 얻을 수 있습니다. 자유를 얻으려면 모든 욕망을 포기해야 합니다.

-로드 메허 온라인 2159페이지

Impossille to Gather up and Destroy

Baily J. Irani

The story is told of a woman who was given to spreading scandals about others, that one day she made the confession to a priest of what she had been doing. The priest gave her a thistle top and bade her go in various directions and scatter the seeds one by one.

Though surprised at the penance, she obeyed and carried out this bidding. When she returned to him, he, to her great bewilderment, asked her to go back and pick up all the seeds that she had scattered. She replied that it was impossible for her or anyone else to do so.

The wise priest then instilled into her mind the fact that it would be more impossible to gather up and destroy all the evil reports she had circulated about others.

-How a Master Works, p.61, Ivy O. Duce

모아서 파괴할 수 없는 것

베일리 J. 이라니

다른 사람들에 대한 추문을 퍼뜨리는 데 열중하던 한 여인이, 어느 날 사제에게 자신이 해온 일을 고백했다는 이야기가 전해집니다. 사제는 그녀에게 엉겅퀴 꽃봉오리를 하나 주며 여러 방향으로 가서 씨앗들을 하나씩 흩뿌리라고 지시했습니다.

그녀는 이 고행에 놀랐지만, 순종하여 지시를 수행했습니다. 그녀가 돌아왔을 때, 사제는 그녀를 크게 당혹스럽게 하며, 가서 흩뿌린 씨앗을 모두 주워 오라고 요구했습니다. 그녀는 자신이나 다른 누구도 그렇게 하는 것은 불가능하다고 대답했습니다.

현명한 사제는 곧 그녀의 마음에, 그녀가 다른 사람들에 대해 퍼뜨린 모든 악의적인 추문들을 모아 없애는 것이 더더욱 불가능하다는 사실을 새겨 주었습니다.

-마스터의 작업 방식 61페이지, 아이비 오니타 듀스 첨부

Why spiritual progress is gradual?

-"Meher Baba's Tiffin lectures", pp.360-361, 6-February-1927; Meherabad

The question was then asked, "Why don't you Sadgurus improve everyone and lift them up to Realization all at once, instead of advancing them so slowly and gradually?"

"Because," Shri said in reply, "If I did so you would abide in the Majzub state, unconscious in your knowledge of the realized self, and you wouldn't be able to come back down again. This is not the ultimate goal or aim which you are meant to attain."

Pointing to one of the mandali whose hand was in a sling (jholi), Shri then gave a nice simile. "This hand, you say, is yours. It is part of your body. You have other body parts as well. But you have to treat this particular injured body part as a separate case, distinct from those other body parts that are unimpaired. You are obliged to give it proper treatment, medicines, and whatever may be required to make it as healthy as your other body parts are.

In the same way, all of you are different parts of one whole body of truth; but you are diseased and defective, like the hand just described. To make you as parts of that one great body of Truth as whole and perfect as the others are, I have to have this bell rung, calling you here to listen to these words of advice, guiding you and instructing you, giving proper training to your mind and body, so that all the different parts may work together, so far as possible, in perfect harmony on the path to truth."

영적 진보가 점진적인 이유는 무엇인가요?

-"메허 바바의 티핀 강의" 360-361페이지, 1927년 2월 6일; 메허라바드

"왜 사드구루들은 모든 사람을 그렇게 천천히 점진적으로 발전시키지 말고 한꺼번에 깨달음으로 끌어올리지는 않습니까?"라는 질문이 나왔습니다.

쉬리는 "그렇게 하면 깨달은 자아에 대한 지식이 없는 마주브 상태에 머물러 다시 내려올 수 없기 때문입니다."라고 대답했습니다. 이것은 여러분이 달성해야 할 궁극적인 목표나 목적이 아닙니다."

이어서 쉬리는 손을 슬링(졸리)에 넣은 만달리 중 한 명을 가리키며 멋진 비유를 들어 설명했습니다. "이 손은 당신의 손입니다. 당신 몸의 일부입니다. 당신에겐 다른 신체 부위도 있습니다. 하지만 이 다친 신체 부위는 손상되지 않은 다른 신체 부위와는 별개의 사건으로 취급해야 합니다. 당신은 다른 신체 부위처럼 건강하게 만들기 위해 적절한 치료와 약을 투여하고 필요한 모든 것을 제공해야 할 의무가 있습니다.

"마찬가지로, 여러분 모두는 하나의 완전한 진리의 몸의 서로 다른 부분들입니다. 그러나 여러분은 방금 묘사된 그 손처럼 병들고 결함이 있습니다. 진리라는 하나의 큰 몸의 일부인 여러분을 다른 부분들처럼 온전하고 완전하게 만들기 위해, 나는 이 종을 울려서 여러분을 이곳으로 불러 모아 이 충고의 말들을 듣게 해야 합니다. 이는 여러분을 인도하고 가르치며, 여러분의 마음과 몸을 올바르게 훈련시켜, 모든 다른 부분들이 가능한 한 완벽하게 조화를 이루며 진리로 가는 길 위에서 함께 일할 수 있도록 하기 위함입니다."

God Is as Near to You as Your Own Shadow

-"Meher Baba's Tiffin lectures", p371, 11-February-1927; Meherabad

God Is as Near to You as Your Own Shadow—and as Difficult to Grasp

Look at your own shadow. It seems so near to you: indeed, you cannot separate it from yourself. In the same way, God is not only attached to you but actually within you, not separate from you at all. Now try to grasp your shadow. The more you clutch at it, the more it flits away, with each new movement on your part becoming harder for you to seize hold of it. Even if you follow it until doomsday, still it won't come into your grasp. So near yet so queer, so distant, so hard, So inaccessible is God.

Though He is ever near you, never outside and beyond imagination — since He is actually within you—you cannot see Him, much less seize upon and hold Him. To see and realize God—this is not so easy a task as people think. It entails actual death, death in the real sense of the word.

All that frightens and confuses you and grips you with despair is your own shadow. When the Sun of Love manifests in its glory and all faces are turned toward that Radiance, all shadows will have disappeared—even the memory of them will have vanished!

I am the Sun which is hidden by the shadow of your self. Cease thinking that you are your shadow, and you will find that the Sun which I am is your own Reality.

-Lord Meher Online, pp.5208-5209

하나님은 당신 자신의 그림자처럼 가까이 계십니다

-"메허 바바의 티핀 강의" 371페이지, 1927년 2월 11일; 메허라바드

하나님은 당신 자신의 그림자처럼 가까이 있지만 이해하기는 어렵습니다.

자신의 그림자를 보세요. 그것은 당신에게 아주 가까이 있는 것처럼 보입니다: 사실 당신 자신과 분리할 수는 없습니다. 마찬가지로 하나님도 당신에게 붙어 있을 뿐만 아니라 실제로 당신 안에 있으며 당신과 전혀 분리되어 있지 않습니다. 이제 자신의 그림자를 붙잡아 보세요. 그림자를 움켜쥐면 움켜쥘수록 그림자는 더 멀어져 가고, 당신이 새로운 움직임을 보일 때마다 그림자를 붙잡기가 더 어려워집니다. 최후의 날까지 그림자를 쫓아간다고 해도 그림자는 여전히 손아귀에 들어오지 않을 것입니다. 그래서 하나님은 가까이 계시지만 너무도 기이하고, 너무도 멀고, 너무도 어렵고, 너무도 접근할 수 없는 분입니다.

그분은 항상 당신 가까이에 있지만, 결코 외부에 있지 않으며 상상을 초월합니다. 그분은 실제로 당신 안에 있으므로 당신은 그분을 볼 수도 없고 붙잡을 수도 없습니다. 하나님을 보고 깨닫는다는 것은 사람들이 생각하는 것처럼 쉬운 일이 아닙니다. 그것은 실제적인 죽음, 진정한 의미의 죽음을 수반합니다.

여러분을 두렵고 혼란스럽게 하며 절망에 사로잡히게 하는 것은 바로 여러분 자신의 그림자뿐입니다. 사랑의 태양이 그 영광을 드러내고 모든 얼굴이 그 광채를 향할 때, 모든 그림자는 사라질 것이며, 심지어 그 그림자에 대한 기억조차 사라질 것입니다!

나는 여러분 자아의 그림자에 가려진 태양입니다. 여러분이 여러분의 그림자라는 생각을 그만두면, 여러분은 나라는 태양이 여러분의 실재라는 것을 알게 될 것입니다.

-로드 메허 온라인 5208-5209페이지

As Food Is to the Body, the Body Is to the Soul

-"Meher Baba's Tiffin lectures", pp.372-373, 11-February-1927; Meherabad

Thereupon the topic of the preservation of the body was dilated upon by Shri:

Why do we preserve and care for our living body? Merely so that it may continue and grow in age, and in the process, serve useful to others? And what do we do towards that purpose? We eat food and throw out the refuse. That portion of the food which we digest forms blood which makes us grow in size gradually as our age increases, until at length we grow old, die, cast aside this old body and take a new one again in rebirth.

Once again we nourish our (new) body, grow old, die, and throw it off. And so on and on it goes. We eat food, in other words, to build up our body, and we engage in this process (of eating and body building) quite willingly and with great pleasure. Nor do we shed tears over that portion of the food which we throw out in the form of excrement, nark. Do we cry at all over the destruction of the food which we have brought about? Not a bit. Why, we never give it a thought, the very idea never occurs to us.

Then why on earth should we shed tears and weep and wail when the body, which is merely food for the soul, is cast off at death? We build up the human body merely as a supply of food to nourish the soul. For the sours advancement the body serves just as a means, in the same way as food provides a means for the growth of the body. We never mourn over the loss of the one kind of "means" (i.e., food) when it is destroyed and expelled from the body in the form of excrement.

음식이 몸에 있듯이 몸은 영혼에 있습니다

-"메허 바바의 티핀 강의" 372-373페이지, 1927년 2월 11일; 메허라바드

이에 따라 신체 보존에 대한 주제가 쉬리에 의해 확장되었습니다:

왜 우리는 살아있는 몸을 보존하고 돌보는 것일까요? 단지 나이가 들어도 계속 성장하고, 그 과정에서 다른 사람들에게 유용하게 쓰일 수 있도록 하기 위해서일까요? 그리고 그 목적을 위해 우리는 무엇을 할까요? 우리는 음식을 먹고 찌꺼기를 버립니다. 우리가 소화한 음식의 일부는 혈액을 형성하여 나이가 들어감에 따라 점차 몸집이 커지고, 결국 우리는 늙고 죽어서 이 낡은 몸을 버리고 다시 태어나 새로운 몸을 갖게 됩니다.

다시 한번 우리는 (새로운) 몸에 영양을 공급하고, 늙고, 죽고, 몸을 버립니다. 그리고 그렇게 계속됩니다. 다시 말해, 우리는 몸을 만들기 위해 음식을 먹고, 이 과정(음식 섭취와 몸만들기)에 기꺼이 그리고 아주 즐겁게 참여합니다. 또한 음식의 일부가 배설물의 형태로 버려지는 것에 대해 눈물을 흘리지도 않습니다. 우리는 우리가 가져온 음식의 파괴에 대해 과연 울까요? 조금도요. 왜냐하면, 우리는 그것에 대해 전혀 생각하지 않으며, 그 생각 자체가 우리에게 발생하지 않기 때문입니다.

그렇다면 영혼의 양식에 불과한 육체가 죽음으로 버려질 때 도대체 왜 울고 슬퍼하며 통곡해야 합니까? 우리는 단지 영혼을 키우기 위한 음식의 공급원으로 인체를 구축했을 뿐입니다. 음식이 몸의 성장을 위한 수단을 제공하는 것과 마찬가지로 몸은 영혼의 발전을 위한 수단일 뿐입니다. 우리는 한 종류의 "수단"(즉, 음식)이 파괴되어 배설물의 형태로 몸에서 배출될 때 그 상실에 대해 슬퍼하지 않습니다.

Then why should we mourn for the loss of the body which is no more than the means for the soul, when it—the body—falls off and perishes? Such grief and lamentation are mere folly, mere weakness. Just as in the place of the old food consumed and expelled as excrement we eat new and fresh food, so we take on a new body after the destruction of the old. Then why weep and worry over that which is the law of nature and cannot be altered? What cannot be cured must be endured.

Die such a death that you will not have to die again. Die, all of you, in the real sense of the word so that you may live ever after. The stopping of breath and the absence of pulse are not real dying. It is no use letting your earthly body die; all your desires and longings should die. That is, seek out the death of maya first and become sanskara-less. Then alone will you have died the real death and have been born into eternity.

An earthly being who realizes God can be said to have earned real birth. All the wise ones, holy ones, sufis, saints, pirs and prophets, by surrendering every worldly thing to God, have reached the Goal—Union with God. So do such acts that will earn you freedom from the recurring rounds of births and deaths.

When you understand this, what is the use of sorrow and weeping? If you have love for the dead, it should be selfless. The dead do not want your expressions of sadness. Manifest such love for them that they would be pleased and at peace. If you want the consciousness of their souls to progress, express selfless love. Do not make them unhappy by your weeping and wailings.

He who is convinced that after death there is birth again never worries or sorrows. What is the use of sorrowing over dried-up crops in the field? By dying before death [annihilating the mind] you will gain both worlds. Otherwise, it is a never-ending cycle of taking birth and dying. There is no escape.

It is a matter of luck. What can we do when our last day dawns? It is not in our hands, so what can be done? We all have to go one day. So what is the sense of weeping? One can do nothing except submit to God's will.

-Lord Meher Online, p643

그렇다면 몸이 떨어져 나가 죽을 때, 영혼의 수단에 지나지 않는 몸을 잃는 것에 대해 우리가 슬퍼해야 합니까? 그러한 슬픔과 애도는 단지 어리석고 단순한 나약함에 불과합니다. 그저 배설물로 소비되고 배출된, 오래된 음식 대신 새롭고 신선한 음식을 먹는 것처럼, 우리는 낡은 것이 파괴된 후 새로운 몸을 취하게 됩니다. 그렇다면 자연의 법칙이고 바꿀 수 없는 것을 왜 울고 걱정합니까? 고칠 수 없는 것은 견뎌내야 합니다.

다시는 죽지 않아도 될 정도로 죽음을 맞이하세요. 여러분 모두, 진정한 의미의 죽음을 맞이하여 영원히 살 수 있도록 죽으세요. 호흡이 멈추고 맥박이 없는 것은 진짜 죽음이 아닙니다. 지상의 신체가 죽는 것은 아무 소용이 없습니다. 여러분의 모든 욕망과 갈망이 죽어야 합니다. 즉, 먼저 마야의 죽음을 찾아서 산스카라가 없어져야 합니다. 그래야만 진정한 죽음을 맞이하고 영원으로 태어날 수 있습니다.

신을 깨달은 지상의 존재는 진정한 탄생을 이루었다고 할 수 있습니다. 모든 지혜로운 자, 거룩한 자, 수피, 성자, 현인과 선지자들은 세상의 모든 것을 신에게 내어줌으로써 신과의 합일이라는 목표에 도달했습니다. 따라서 반복되는 탄생과 죽음의 순환으로부터 자유를 얻을 수 있는 그런 처신을 하세요.

이것을 이해한다면 슬픔과 울음이 무슨 소용이 있겠습니까? 죽은 자에 대한 사랑이 있다면 이타적이어야 합니다. 죽은 자는 슬픔의 표현을 원하지 않습니다. 그들이 기뻐하고 평안할 수 있도록 그들을 향한 사랑을 드러내세요. 그들 영혼의 의식이 발전하기를 원한다면 이타적인 사랑을 표현하세요. 당신의 울음과 통곡으로 그들을 불행하게 만들지 마세요.

죽음 후에 다시 태어남이 있다는 것을 확신하는 사람은 결코 걱정하거나 슬퍼하지 않습니다. 밭의 곡식이 말라 죽었다고 슬퍼하는 것이 무슨 소용이 있겠습니까? 죽기 전에 죽어 [마음을 소멸시킴으로써] 두 세계를 모두 얻을 수 있습니다. 그렇지 않으면 탄생과 죽음의 끝없는 순환이 반복됩니다. 탈출구는 없습니다.

그것은 운의 문제입니다. 마지막 날이 밝으면 우리는 무엇을 할 수 있을까요? 그것은 우리 손에 달려 있지 않으니, 무엇을 할 수 있을까요? 우리 모두 언젠가는 가야 합니다. 그렇다면 눈물을 흘리는 의미가 무엇일까요? 신의 뜻에 복종하는 것 외에는 아무것도 할 수 없습니다.

-로드 메허 온라인 643페이지

Mind and the Working of Sanskaras

-"Meher Baba's Tiffin lectures", pp.374-376, 13-February-1927; Meherabad

According to "The Combined Diary," on this Sunday morning Baba "explained to the mandali the 'workings of the mind, sanskaras, and Truth.'" This Tiffin Lecture gives the full text of Baba's explanation.

—Eds.

The discussion took as its starting point the working of the mind, which goes on and on and never stops. Now, what is it that drives the mind, what gives it its perpetual motion?

The mind works owing to the influence of sanskaras; through the means of the body the Mind both expends and creates sanskaras-expending the old and creating new ones.

Shri continued: As a general rule, each individual's store of past sanskaras is exceedingly great, and to wipe them all off takes much time. For even as you wipe off the old ones, you go on creating new and fresh sanskaras through your every thought, word, and action.

Now this process of expending old and creating new sanskaras embroils ordinary people, the masses of humanity. But for those of his circle, the Sadguru brings the creation of new sanskaras to an end even as he destroys the old ones gradually; and when all of them have been wiped off, at that moment comes the time for the Realization of God, which is immediately bestowed. The working of the minds of a Sadguru's circle members can be compared to a wheel that turns in just one direction, that is, for the wiping off process only.

마음과 산스카라의 작용

-"메허 바바의 티핀 강의" 374-376페이지, 1927년 2월 13일; 메허라바드

"통합 일기"에 따르면, 이 일요일 아침에 바바는 "만달리에게 '마음, 산스카라, 진리의 작용'에 대해 설명했습니다." 이 티핀 강의는 바바의 설명 전문을 제공합니다.

–편집자 주.

이 토론의 출발점은 끊임없이 계속되고 멈추지 않는 마음의 작용이었습니다. 그렇다면 마음을 움직이는 원동력은 무엇이며, 무엇이 마음을 끊임없이 움직이게 할까요?

마음은 산스카라의 영향으로 작동하며, 몸이라는 수단을 통해 산스카라를 소모하고 생성하여 낡은 것을 확장하고 새로운 것을 창조합니다.

쉬리는 계속했습니다: 일반적으로 각 개인의 과거 산스카라 저장량은 매우 방대하며, 이를 모두 지우는 데는 많은 시간이 걸립니다. 오래된 산스카라를 닦아내는 동안에도 모든 생각과 말, 행위를 통해 새롭고 신선한 산스카라가 계속 만들어지기 때문입니다.

이제 낡은 산스카라를 소비하고 새로운 산스카라를 창조하는 이 과정은 평범한 사람들, 즉 인류의 대중을 휘감습니다. 그러나 사드구루는 낡은 산스카라를 서서히 파괴하면서 새로운 산스카라의 창조를 끝내게 하고, 그 모든 산스카라가 사라지면 바로 그 순간 신의 깨달음을 위한 때가 오며, 즉각적으로 신의 실현이 주어집니다. 사드구루의 서클 구성원들의 마음 작용은 한 방향으로만 돌아가는 바퀴, 즉 닦아내는 과정에만 비유할 수 있습니다.

By contrast, the minds of other human beings are like wheels that turn in both directions, as in the case of the balance wheel of a watch or clock, which rotates alternately one way and then the other. The point is that only the complete annihilation of sanskaras qualifies one for Realization. This is what is required.

As to the one who has realized God and is immersed in the state of Truth, such a one possesses, at first, no consciousness of the workings of the world and mind. Only those who, after Realization, return for duty understand and realize the operation of the world and mind. They alone can judge and discriminate between the two states, the higher and the lower.

The difference between such Realized Ones and ordinary persons can be illuminated through an analogy. Suppose a child is given a mirror. What would the child do? It would peer into it, and, ignorant of the true state of affairs, indeed, quite unconscious of the fact that its own image has fallen into the mirror, it would strike at the face of the rival, the strange person that it saw there.

Now a grown-up boy or man whose senses have matured and developed would never act in this way. He would see in the mirror the image of his own face, and he would realize and understand that the image is reflected there only because of the operation of the mirror. He would know that the image is false and that he himself is the real existent.

In exactly the same way, those who have realized God and subsequently descended to the world for the performance of duty realize easily the vast difference that divides the two states, the highest and the lowest; and they know thoroughly the merits and demerits of each person they are dealing with.

반면에 다른 인간 존재들의 마음은 회중시계나 괘종시계의 균형 축처럼 양방향으로 회전하는 바퀴와 같아서 한 방향과 다른 방향으로 번갈아 가며 회전합니다. 요점은 산스카라가 완전히 소멸되어야만 깨달음을 얻을 수 있다는 것입니다. 이것이 바로 필요한 것입니다.

신을 깨닫고 진리의 상태에 몰입된 사람은 처음에는 세상과 마음의 작용에 대한 의식이 없습니다. 깨달은 후 의무를 위해 돌아온 사람만이 세상과 마음의 작용을 이해하고 깨닫습니다. 그들만이 높은 상태와 낮은 상태, 두 가지 상태를 판단하고 구별할 수 있습니다.

이러한 깨달은 자와 일반인의 차이는 비유를 통해 설명할 수 있습니다. 한 아이에게 거울을 줬다고 가정해 봅시다. 아이는 무엇을 할까요? 아이는 거울을 들여다보면서 자기 모습이 거울에 비친다는 사실을 전혀 의식하지 못한 채, 거울에 비친 상대방의 얼굴, 즉 낯선 사람의 얼굴을 칠 것입니다.

이제 감각이 성숙하고 발달한 성인 소년이나 남성은 결코 이런 식으로 행동하지 않을 것입니다. 그는 거울에서 자신의 얼굴 이미지를 보고 거울의 작용으로 인해 이미지가 거기에 반사된다는 것을 깨닫고 이해할 것입니다. 그는 그 이미지가 거짓이며 자신이 진짜 존재라는 것을 알 것입니다.

이와 마찬가지로, 신을 깨닫고 그 후 의무를 수행하기 위해 세상에 내려온 사람들은 가장 높은 상태와 가장 낮은 상태를 나누는 거대한 차이를 쉽게 깨닫고, 자신이 상대하는 각 사람의 장점과 단점을 철저히 알고 있습니다.

Sadguru's Circle is lfke a wheel turning only in ### ONE direc -tion for the wiping off process alone - like

While the working of the minds of the other human beings is like the turning of a wheel in both direc -tion - like that of the balance wheel of a watch or a clock [illegible], once turning one way and then in the other. In short, the entire destruction of the sanskars enables one for realization. That is what is required.

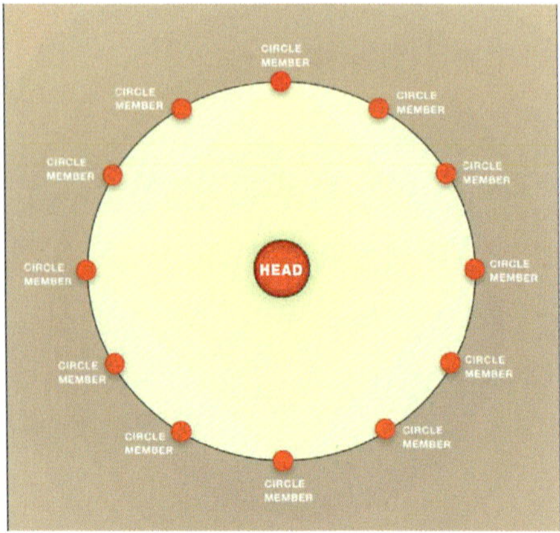

▶ 중앙의 점은 서클의 수장을 나타내고 원주의 점은 구성원을 나타냅니다.

(The point in the centre indicates the Head of the circle and those points on the circumstances [sic] (circumference) indicate members.

The mind of an ordinary person can be compared to a wheel that spins alternately in one direction and then in the reverse direction. For this reason sanskaras are continuously being spent and then created again. Because of this back-and-forth movement of the wheel, the ordinary person never frees himself from sanskaras and never progresses spiritually. He remains stuck where he is.

By contrast, the mind of a Sadguru's circle member spins in one direction only. Sanskaras are continually being unwound without ever being wound up again. As a result, the circle member progresses quickly and in the end wins complete freedom from all sanskaras. This one-way movement of the wheel for the circle member comes about not as a result of the disciple's own efforts but from the work that the Sadguru does with him.

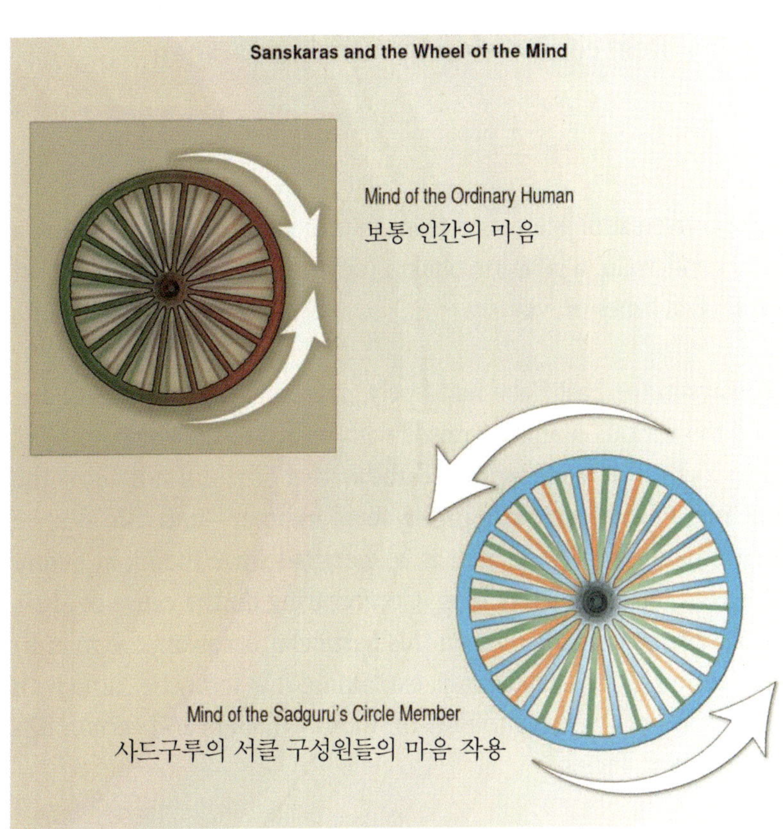

보통 사람의 마음은 한 방향으로 번갈아 가며 회전하다가 반대 방향으로 회전하는 바퀴에 비유할 수 있으며, 이런 이유로 산스카라는 계속해서 소멸되고 다시 생성됩니다. 이러한 바퀴의 앞뒤 움직임 때문에 평범한 사람은 결코 산스카라에서 자유롭지 못하고 영적으로 발전하지 못합니다. 그는 자신이 있는 곳에 머물러 있습니다.

이와 대조적으로 사드구루의 서클 구성원의 마음은 한 방향으로만 회전합니다. 산스카라는 다시 감기지 않고 계속 풀려나갑니다. 그 결과 서클 구성원은 빠르게 발전하고 결국 모든 산스카라에서 완전한 자유를 얻게 됩니다. 서클 구성원을 위한 이 일방적인 바퀴의 움직임은 제자 자신의 노력의 결과가 아니라 사드구루가 제자와 함께 하는 작업에서 비롯됩니다.

Real compassion by refusing darshan

The conversation stemmed from the recent episode concerning a Hindu gentleman, a genuine bhakta (devotee), who had visited Shri Baba several times previously.

Always in the past Baba had freely given him interviews and discussed the various points he raised with regard to the yogas, tap-jap, and so forth. But it so happened today that Shri did not allow the gentleman to approach him in the usual manner—and this, despite the fact that he had been here at Meherabad since the night before and waited for him all day long. Conjecturing on the cause of Shri's special attitude towards him on this particular occasion, the man finally opened his heart to Kakaji, explaining that today he came with the intention of speaking to Shri on money matters and certain difficulties he was facing.

But (as the man now realized) Shri knew all of this beforehand and did not permit him even to come into his presence. This so impressed the gentleman, convincing him of Shri's greatness, power, and lilas that, having narrated all of this to Kakaji, he quietly walked off without uttering a word more.

When this little drama came up for discussion later, Shri explained that, when the gentleman first came him, Shri had asked him what he desired, God or what the world sees as "good." The man replied that he preferred God to the world. So when he came today with the desire to speak about matters other than God, he was shirking his promise.

다르샨을 거부하는 진정한 연민

이 대화는 이전에 쉬리 바바를 여러 번 방문했던 진정한 박타(헌신자)인 한 힌두교 신사에 관한 최근 에피소드에서 비롯되었습니다.

과거에 바바는 항상 그와 자유롭게 인터뷰를 하고 요가, 탑-잡[고행과 금욕] 등에 관해 그가 제기한 다양한 주제에 대해 토론했습니다. 그러나 오늘은 쉬리가 전날 밤부터 메헤라바드에 와서 하루 종일 바바를 기다렸음에도 불구하고 평소와 같은 방식으로 그에게 접근하는 것을 허용하지 않는 일이 일어났습니다. 이 특별한 날에 쉬리가 자신에게 특별한 태도를 보인 이유를 추측한 남자는 마침내 카카지에게 마음을 열고 오늘은 돈 문제와 자신이 직면한 어려움에 대해 쉬리에게 이야기할 의도로 왔다고 설명했습니다.

그러나 쉬리는 이 모든 사실을 미리 알고 있었기 때문에 그 남자가 쉬리 앞에 오는 것조차 허락하지 않았습니다. 이 신사는 쉬리의 위대함과 힘, 릴라[기쁨]에 깊은 감명을 받아 이 모든 것을 카카지에게 이야기한 후 더 이상 아무 말도 하지 않고 조용히 자리를 떠났습니다.

나중에 이 작은 드라마에 대한 이야기가 나왔을 때, 쉬리는 그 신사가 처음 자신을 찾아왔을 때 자신이 원하는 것이 신인지, 아니면 세상이 "선[善]"으로 보는 것이 무엇인지 물어봤다고 설명했습니다. 그 남자는 세상보다 신을 더 선호한다고 대답했습니다. 그래서 오늘 그가 신이 아닌 다른 문제에 대해 이야기하고 싶어 찾아왔을 때, 그는 자신의 약속을 회피하고 있었습니다.

Shri saved him from actually breaking his word by refusing to allow him to come before him and broach worldly matters; he had to content himself simply with remaining nearby in Shri's proximity.

The Hindu visitor was indeed a good man, Shri commented, sincere at heart, a premi (lover), who had observed so much tap-jap-vrat (penance and austerities) and other such practices. But with reference to the gentleman's inability to stick to his original intention, Shri went on to give the mandali the following good piece of advice (upadesh):

"This is how the world changes. It's all on account of Maya, which you have to renounce before you can hope to aspire for spiritual advancement. The greatest weapons of Maya are 'woman and wealth' (kam-kanchan). Any so-called saint (sant) who keeps talking about these subjects is not really a saint at all. Maya and all its paraphernalia have to go, Maya has to be destroyed, before one can attain Realization: and this is the only real qualification for sainthood."

쉬리는 그가 자기 앞에 와서 세속적인 이야기를 하는 것을 허락하지 않음으로써 그가 실제로 약속을 어기는 것을 막았고, 그는 그저 쉬리 곁에 머무는 것으로 만족해야 했습니다.

쉬리는 그 힌두교 방문객이 참으로 좋은 사람이었고, 가슴속으로 성실했으며, 탑-잡-브라트[요가의 수행(yogic practices)](참회와 금욕)를 비롯한 여러 가지 관습을 지켜온 프레미(러버)였다고 말했습니다. 그러나 신사가 원래의 의도를 고수하지 못하는 것에 대해 쉬리는 만달리에게 다음과 같은 좋은 충고(우파데시)를 했습니다:

"세상은 이렇게 변합니다. 이 모든 것이 마야 때문이며, 영적 발전을 열망하려면 먼저 마야를 버려야 합니다. 마야의 가장 큰 무기는 '여자와 재물'(캄-칸찬)입니다. 이 주제에 대해 계속 이야기하는 소위 성인(성자)은 실제로 성인이 아닙니다. 마야와 그 모든 도구는 사라져야 하고, 마야를 파괴해야만 깨달음을 얻을 수 있습니다: 그리고 이것이 성인이 될 수 있는 유일한 자격입니다."

Declaration of the Avatar

- Feb. 10, 1954

Meher Baba declares he is the Avatar, 60th birthday.

At 20 minutes to midnight, Baba asked everyone to wash his face and hands and be present in ten minutes for the prayers. Baba also washed his hands. Exactly at midnight, the Repentance Prayer was read by Eruch in English, then by Ramjoo in Urdu and Dhake in Marathi. Aziz Qawaal continued his performance, which Baba would interrupt periodically to explain certain lines.

At one point, Baba asked Kumar, "How can you call me Paramatma?" He replied, "I only know my Baba, and also know that no one is higher than him. Even if he be higher than Paramatma, then that Paramatma is Baba!" Baba remarked, "I am touched by this." When Kaikobad was asked why he called Baba God, he replied, "From my experience, I can say that Baba is God."

At about 1:00 A.M., Baba remarked to Keshav, "You have no idea what good fortune is being granted to you at this moment." Then, addressing all those present, Baba continued, "I feel in an extremely good mood now, and although I still do not find it proper to tell about my next advent after 700 years, as I promised to Kumar, this much I can say today, that one time I will tell about it clearly.

아바타의 선언

- 1954년 2월 10일

메허 바바는 60번째 생일에 자신이 아바타[하나님의 화신]임을 선언합니다.

자정이 되기 20분 전에 바바는 모든 사람에게 얼굴과 손을 씻고 10분 후에 기도에 참석할 것을 요청했습니다. 바바도 손을 씻었습니다. 정확히 자정에 에루치는 영어로 회개의 기도문을 낭독했고, 다음에 람주가 우르두어로, 다케가 마라티어로 낭독했습니다. 아지즈 카왈은 그의 공연을 계속했고, 바바는 특정 대사를 설명하기 위해 주기적으로 공연을 중단시켰습니다.

어느 순간 바바는 쿠마르에게 "어떻게 나를 파라마트마[대영혼, 모든 존재의 주님]로 부를 수 있습니까?"라고 물었습니다. 그는 "저는 오직 바바만을 알고 있으며, 그보다 높은 사람은 없다는 것을 알고 있습니다. 그가 파라마트마보다 높더라도 그 파라마트마는 바바이십니다!"라고 대답했습니다. 바바는 "나는 이것에 감동했어요."라고 말했습니다. 카이코바드는 그가 왜 바바를 하나님으로 불렀는지 질문을 받았을 때, 그는 "제 경험으로 볼 때 바바는 하나님이라고 말할 수 있습니다."라고 대답했습니다.

새벽 1시경 바바는 케샤브에게 "너는 지금 이 순간 너에게 어떤 행운이 주어지고 있는지 전혀 모른다."라고 말했습니다. 그런 다음 참석한 모든 사람에게 연설하면서, 바바는 계속 말했습니다. "나는 지금 기분이 매우 좋습니다. 그리고 쿠마르에게 약속한 대로 700년 후의 나의 다음 재림에 대해 말하는 것이 아직 적절하지 않지만, 오늘 내가 할 수 있는 말은, 한 번은 그것에 대해 분명히 말할 것입니다.

But this much I can say in my present good mood, that soon God will make me break my silence, which will mean God manifesting Himself. And, within a short period, humiliation and glorification will come, followed by my violent physical death. I will come back again after 700 years; this much I can say now."

Baba's announcement brought tears to the eyes of some, and, raising his hand after running his finger on the alphabet board, Baba spelled out through Eruch, "Avatar Meher Baba ki jai!" All took up the declaration, repeating it several times. This was the first time that Baba himself had spelled on the board "Avatar Meher Baba ki jai." Age also joined their cries! "Jai Avatar Meher Prabhu! May your work be crowned with success!"

Honoring the auspicious occasion, Meherjee pointed out that according to the Parsi calendar, Baba's 60th birthday fell on that day, Wednesday, 10 February 1954. Everyone sang Happy Birthday to him. Keshav recited his poem "Meher Chalisa," and Baba embraced each one lovingly. Several of the Hamirpur men began dancing with joy.

At 4:30 A.M., Waman Rao started the refrain, "Yogi, mut jao [don't go], mut jao, yogi!" But preparations for departure had already begun and the luggage was being packed. Baba had deeply embedded himself in the hearts of his Hamirpur lovers, and so his work was done. He would never really leave.

그러나 지금의 좋은 기분으로 이 정도 말할 수 있습니다. 곧 하나님께서 나로 하여금 나의 침묵을 깨게 하실 것입니다. 이는 곧 하나님께서 그분 자신을 나타내신다는 것을 의미합니다. 그리고 짧은 시간 안에 굴욕과 영광의 찬미가 올 것이고, 그 후에는 나의 격렬한 육신의 죽음이 뒤따를 것입니다. 나는 700년 후에 다시 올 것입니다; 지금 이 정도로 말할 수 있습니다."

바바의 발표는 일부 사람들의 눈물을 자아냈고, 바바는 알파벳 보드에 손가락을 대고 철자로 말한 후 손을 들어 올리면서 에루치를 통해 "아바타 메허 바바 키 제이!"라고 외쳤습니다. 모든 사람이 그 선언을 여러 번 반복하면서 받아들였습니다. 이것은 바바 자신이 보드에 "아바타 메허 바바 키 제이"의 철자를 쓴 첫 번째였습니다. 시대 또한 그들의 외침에 합류했습니다! "제이 아바타 메헤르 프라부[최상의 존재]! 당신의 일이 성공과 함께 왕좌에 임하소서!"

이 상서로운 날을 기념하면서, 메허지(Meherjee Ardeshir Karkaria)는 파르시[페르시아] 달력에 따르면 바바의 60번째 생일이 1954년 2월 10일 수요일이라고 언급했습니다. 모든 이가 그를 위해 생일 축하 노래를 불렀습니다. 케샤브는 그의 시 "메허 찰리사"를 읊었고, 바바는 각자를 사랑스럽게 껴안았습니다. 몇몇 하미르푸르 사람들은 기쁨에 겨워 춤을 추기 시작했습니다.

새벽 4시 30분에 와만 라오는 후렴구를 반복하기 시작했습니다. "요기, 무트 자오[가지 마세요], 무트 자오, 요기!" 그러나 출발 준비는 이미 시작되었고, 짐을 꾸리고 있었습니다. 바바는 그의 하미르푸르 러버들 가슴속에 깊이 자리 잡았고, 그리하여 그의 일은 끝이 났습니다. 그는 절대로 떠나지 않을 것입니다.

At 5:00 A.M. (the hour of Baba's birth), the program came to an end. Vishnu of Dhagwan performed the closing arti and prayers. Dhake sang the Gujarati arti and others joined in.

Before leaving Mahewa, Baba took the mandali to a spot near Meherastana. After returning, at about 8:00 A.M., he sat outside his room and discussed matters with the local workers. The main topic hinged on a difference of opinion between Keshav and Gaya Prasad. "Such differences of opinion among my men have been the same throughout eternity," Baba observed. "Even in the time of Krishna, Ram, Buddha, Jesus and Muhammad—they are always being brought to my notice. I am in the habit of listening to such disputes since eternity. It breaks the monotony!"

"Until one realizes me, one cannot escape the ego; even advanced beings cannot escape the egoistic urges. The slightest touch of ego can bring down a fourth-planer. One is safe from it only after reaching the fifth plane. So now who else has some complaint?"

Pukar began saying something, and Baba interrupted him, stating, "Everyone should be free and frank and make the best use of this opportunity I am giving to enable you to unload your minds. None should hesitate to speak freely."

After the misunderstanding between Gaya Prasad and Keshav was ironed out, Baba commented, "I bring out weaknesses because I love you. Be honest; weaknesses are there.

새벽 5시(바바가 태어난 시간)에 프로그램은 끝났습니다. 다그완의 비슈누는 폐회 아르띠[찬송가]와 기도를 행했습니다. 다케는 구자라티 아르띠를 불렀고 다른 이들도 참여했습니다.

마헤와를 떠나기 전에 바바는 만달리를 메헤라스타나 근처 장소로 데려갔습니다. 돌아온 후, 오전 8시쯤, 그는 방 밖에 앉아서 현지 일꾼들과 문제를 논의했습니다. 주요 주제는 케샤브와 가야 프라사드의 의견 차이에 관한 것이었습니다. 바바는 "나의 사람들 사이의 그러한 의견 차이는 영원토록 똑같았습니다." 라고 말했습니다. "크리슈나, 람, 부처, 예수, 무함마드 시대에도 그들은 항상 내 주위를 환기시킵니다. 나는 영원 이래로 그러한 논쟁에 귀를 기울이는 습관이 있습니다. 그것은 단조로움을 깨뜨립니다!"

"나를 깨달을 때까지는 사람은 에고에서 벗어날 수 없으며; 진보한 존재라도 이기적인 충동을 피할 수 없습니다. 에고를 조금이라도 건드리는 것만으로도 4경지를 무너뜨릴 수 있습니다. 존재는 5경지에 도달한 후에야 안전합니다. 그럼 이제 또 누가 불만이 있습니까?"

푸카르는 무언가를 말하기 시작했고, 바바는 그의 말을 중단시켰습니다. "모든 사람은 자유롭고 솔직해야 하며, 그대의 마음을 비울 수 있게 내가 그대에게 주는 이 기회를 최대한 활용해야 합니다. 누구도 자유롭게 말하는 것을 주저해서는 안 됩니다."

가야 프라사드와 케샤브 사이의 오해가 풀린 후 바바는 "나는 여러분을 사랑하기 때문에 나의 약점을 드러냅니다. 정직하세요; 약점은 거기에 있습니다.

You should not be afraid of them. You should be afraid of dishonesty. Who doesn't get bad thoughts? They are the foundation of life. No house can stand without its foundation."

"Thoughts may be best or worst, but one should take care of one's actions. Had it not been for the weaknesses in everyone, there would have been no difference between me and you."

He concluded, "Very few have the true burning in love. When it starts, don't try to extinguish it. Even my Arjuna failed, due to his weakness, which compelled me to give him the experience [of Universal Body]. It can also be called my weakness, because I gave him the experience to enable Arjuna to carry out my orders."

Baba again spelled on the board, "Avatar Meher Baba ki jai." He stated, "Today is my birthday, and it is the first time I have called out my own Jai."

-Lord Meher Online, pp.3450-3452

여러분은 그것들을 두려워해서는 안 됩니다. 부정직함을 두려워해야 합니다. 나쁜 생각을 안 하는 사람이 어디 있겠습니까? 그것들은 삶의 토대입니다. 어떤 집도 기초 없이 설 수 없습니다."

"생각은 최선일 수도 있고 최악일 수도 있지만, 사람은 자신의 행동을 조심해야 합니다. 모든 사람 속에 약점이 없었다면, 나와 당신 사이에는 아무런 차이가 없었을 것입니다."

그는 "극소수의 사람들만이 진정한 사랑의 불길을 가지고 있습니다. 사랑이 시작될 때, 그것을 끄려고 하지 마세요. 나의 아르주나조차도 그의 약점으로 인해 실패했고, 그것은 내가 그에게 [우주적인 몸의] 경험을 주도록 만들었습니다. 아르주나가 나의 명령을 수행할 수 있도록 경험을 그에게 주었기 때문에 또한 그것은 나의 약점이라고도 할 수 있습니다."

바바는 다시 보드에 "아바타 메허 바바 키 제이"라고 철자를 썼습니다. 그는 "오늘은 내 생일이고, 내가 나 자신의 제이[승리, 영광]를 불러본 건 이번이 처음입니다."라고 말했습니다.

-로드 메허 온라인 3450-3452페이지

(1954) Early on Sunday morning, 12 September, the party was taken to Wadia Park in Ahmednagar, where the last mass darshan was to be held. A large pandal, or tent without sides, had been erected for the occasion. Some 10,000 people had already arrived, and were seated both in the pandal and beside it, the men on one side, the women on the other. Sarosh, who had been elected Mayor of Ahmednagar while he was in the United States with Baba in 1952, conducted us to the platform at the end of the tent where Baba was to be seated, where we were introduced to the prominent local people, the Mayor and member of Parliament, who later made addresses in honour of Baba. Also on the platform were fourteen women disciples of Baba's second Master, Upasni Maharaj, who had come from Sakori; also a number of other devotees and Baba's mandali.

모두 내게로 오라

(1954년) 9월 12일 일요일 이른 아침에 일행은 마지막 대중 다르샨이 열릴 아흐메드나가르의 와디아 공원으로 이동했습니다. 행사를 위해 대형 판달, 즉 측면이 없는 천막이 세워져 있었습니다. 약 10,000명의 사람이 이미 도착하여 판달 안과 그 옆에 앉아 있었는데, 한쪽에는 남자들이, 다른 쪽에는 여자들이 있었습니다. 1952년 바바와 함께 미국에 있는 동안 아흐메드나가르 시장으로 선출되었던 사로쉬는 우리를 바바가 앉을 천막 끝 단상으로 안내했고, 그곳에서 우리는 지역의 저명인사들과 시장 및 국회의원들을 소개받았고, 그들은 나중에 바바를 기리는 연설을 했습니다. 또한 단상에는 사코리에서 온 바바의 두 번째 스승 우파스니 마하라지의 여성 제자 14명과 많은 다른 신봉자들 및 바바의 만달리가 있었습니다.

Precisely at nine o'clock Baba arrived. He walked to the platform and spelled out on his alphabet board, 'Not as man to man, but as God to God, I bow down to you, to save you the trouble of bowing down to me'. Descending to the edge of the platform while this announcement was broadcast in English and Marathi, Baba prostrated himself before the assembled people. Mounting the steps again, he spelled out, 'To make you all share my feeling of being one with you and one of you, I sit down beside you'. Then he descended from the platform and sat first among the men, afterwards among the women. Returning to the platform, he washed the feet of seven poor men, giving each a gift of 51 rupees, saying, 'As each one of you is in one way or another an incarnation of God, I feel happy to bow down to you and to lay at your feet this Dev- Dakshana (a gift offered to God).

Baba resumed his seat, and two messages were broadcast in English and Marathi, including 'Baba's Call', in which he said:

"Age after age, amidst the clamour of disruptions, wars, fear and chaos, rings the Avatar's call: 'Come all unto Me'.

"Although, because of the veil of illusion, this Call of the Ancient One may appear as a voice in the wilderness, its echo and re-echo nevertheless pervades through time and space, to rouse at first a few, and eventually millions, from their deep slumber of ignorance. And in the midst of illusion, as the Voice behind all voices, it awakens humanity to bear witness to the manifestation of God amidst mankind.

정확히 9시에 바바가 도착했습니다. 그는 단상으로 걸어가 알파벳 판에 이렇게 썼습니다. '사람 대 사람으로서가 아니라 하나님 대 하나님으로서, 나는 여러분이 나에게 절하는 수고를 덜어주기 위해 여러분에게 절합니다.' 이 발표가 영어와 마라티어로 방송되는 동안 단상 가장자리로 내려간 바바는 모인 사람들 앞에 엎드렸습니다. 계단을 다시 올라가면서 그는 '나는 여러분과 하나이며 여러분 중 하나라는 내 느낌을 여러분 모두가 공유할 수 있도록 여러분 옆에 앉습니다.'라고 철자를 썼습니다. 그런 다음 그는 단상에서 내려와 먼저 남자들 사이에 앉았고, 그다음에는 여자들 사이에 앉았습니다. 단상으로 돌아와서 그는 일곱 명의 가난한 남성의 발을 씻겨 주고 각각 51루피의 선물을 주면서, '여러분 한 사람 한 사람이 어떤 식으로든 하나님의 화신이기 때문에 여러분에게 절하고 이 데브닥샤나(하나님께 바치는 선물)를 여러분의 발 앞에 놓을 수 있어 행복합니다.'라고 말했습니다.

바바는 다시 자리에 앉았고, '바바의 부름'을 포함한 두 메시지가 영어와 마라티어로 방송되었으며, 그는 말했습니다:

"시대를 거듭하여 파괴, 전쟁, 공포, 혼돈의 아우성 속에서 '모두 내게로 오라'는 아바타의 부름이 울려 퍼집니다.

"비록 환상의 장막으로 인해 이 에인션트 원[옛적부터 있었던 존재]의 부름이 황야의 목소리처럼 여겨질지라도, 그 울림과 반향은 시간과 공간을 통해 퍼져나가 처음에는 몇 명, 결국에는 수백만 명을 무지의 깊은 잠에서 깨어나게 합니다. 그리고 환상의 한가운데서 모든 목소리 뒤에 있는 음성으로서, 그것은 인류를 깨워 인류 가운데서 하나님의 현현을 증언합니다.

“The time is come. I repeat the Call, and bid all to come unto me....

“Irrespective of doubts and convictions, and for the Infinite Love I bear for one and all, I continue to come as the Avatar, to be judged time and again by humanity in its ignorance, in order to help man distinguish the Real from the false....

“The greatest greatness and the greatest humility go hand in hand naturally and without effort.

“When the Greatest of all says, ‘I am the Greatest’, it is but a spontaneous expression of an infallible Truth. The strength of his greatness lies, not in raising the dead, but in his great humiliation when he allows himself to be ridiculed, persecuted and crucified at the hands of those who are weak in flesh and spirit. Throughout the ages, humanity has failed to fathom the true depth of the Humility underlying the greatness of the Avatar, gauging his divinity by its religious standards. Even real saints and sages, who have some knowledge of the Truth, have failed to understand the Avatar’s greatness when faced with his real humility.

“Age after age history repeats itself when men and women, in their ignorance, limitations and pride, sit in judgment over the God-incarnated man who declares his Godhood, and condemn him for uttering the Truths they cannot understand. He is indifferent to abuse and persecution for in his true compassion he understands, in his continual experience of Reality he knows, and in his Infinite Mercy he forgives.

"때가 왔습니다. 나는 부름을 반복하고, 모든 사람에게 나에게 오라고 명합니다….

"의심과 확신에 상관없이, 그리고 내가 한 사람 한 사람 모두를 위해 품고 있는 무한한 사랑 때문에, 나는 인간이 실재와 거짓을 구별하도록 돕기 위해 아바타로 계속해서 와서 무지한 인류에 의해 몇 번이고 심판을 받습니다….

"가장 큰 위대함과 가장 위대한 겸손은 노력 없이도 자연스럽게 공존합니다.

"가장 위대한 사람이 '나는 가장 위대한 사람이다.'라고 말할 때, 그것은 틀림없는 진실의 자연스러운 표현일 뿐입니다. 그의 위대함의 힘은 죽은 자를 살리는 데 있는 것이 아니라, 육신과 영靈이 약한 자들의 손에 조롱당하고 박해받고 십자가에 못 박히는 것을 스스로 허용할 때의 큰 굴욕에 있습니다. 오랜 세월에 걸쳐 인류는 아바타의 위대함 아래에 놓여있는 겸손의 진정한 깊이를 헤아리지 못하고 종교적 기준으로 그의 신성을 가늠해 왔습니다. 진리에 대해 어느 정도 알고 있는 진정한 성자와 현자들조차도 아바타의 진정한 겸손과 마주했을 때 그 위대함을 이해하지 못했습니다.

"시대를 거듭하여 무지와 한계 및 교만 속에 있는 남성과 여성들이 자신의 신격神格을 선언하는 하나님의 화신인 사람을 심판하고, 그들이 이해할 수 없는 진리를 말한 것에 대해 그를 비난할 때, 역사는 그 자체를 되풀이합니다. 그는 진정한 연민으로 이해하고, 실재에 대한 지속적인 경험으로 알고 있고, 무한한 자비로 용서하기 때문에 학대와 박해에 무관심합니다.

"God is all. God knows all, and God does all. When the Avatar proclaims he is the Ancient One, it is God who proclaims his manifestation on earth. When man utters for or against the Avatarhood it is God who speaks through him. It is God alone who declares himself through the Avatar and mankind.

"I tell you all with my Divine authority, that you and I are not 'We', but 'One'. You unconsciously feel my Avatarhood within you; I consciously feel in you what each of you feel. Thus everyone of us is Avatar, in the sense that everyone and everything is everyone and everything, at the same time, and for all time....

"There is nothing but God. He is the only Reality, and we all are one in the indivisible Oneness of this absolute Reality. When the One who has realized God says, 'I am God. You are God, and we are all one', and also awakens this feeling of Oneness in his illusion-bound selves, then the question of the lowly and the great, the poor and the rich, the humble and the modest, the good and the bad, vanishes.

"Pay heed when I say with my Divine authority that the Oneness of Reality is so uncompromisingly Unlimited and All-pervading that not only 'We are One', but even this collective term of 'We' has no place in the Infinite Indivisible Oneness.

"하나님은 전부입니다. 하나님은 모든 것을 알고, 모든 것을 실행합니다. 아바타가 자신이 '에인션트 원'이라고 선언할 때, 지상에서 자신의 현현을 선언하는 분은 하나님입니다. 인간이 아바타의 신성에 대해 찬성하거나 반대할 때, 그를 통해 말하는 분은 하나님입니다. 아바타와 인류를 통해 자신을 선언하는 분은 오직 하나님뿐입니다.

"나는 나의 신성한 권위로 여러분과 내가 '우리'가 아니라 '하나'라는 사실을 여러분 모두에게 말합니다. 여러분은 무의식적으로 여러분 안에서 나의 아바타적 신성을 느끼고, 나는 여러분 각자가 느끼는 것을 의식적으로 여러분 안에서 느낍니다. 따라서 모든 사람과 모든 것이 동시에, 그리고 영원히 모든 사람과 모든 것이라는 의미에서 우리는 모두 아바타입니다....

"하나님 외에는 아무것도 없습니다. 그분은 유일한 실재이며, 우리는 모두 이 절대적인 실재의 나눌 수 없는 일원성 안에서 하나입니다. 하나님을 깨달은 사람이 '나는 하나님입니다. 당신은 하나님이고, 우리는 모두 하나입니다'라고 말하면서 환상에 사로잡힌 자아들 안에서 이러한 일원성의 느낌을 일깨울 때, 비천한 자와 위대한 자, 가난한 자와 부유한 자, 겸허한 자와 겸손한 자, 선善한 자와 악惡한 자의 문제는 사라집니다.

"내가 신성한 권위로 실재의 일원성은 타협할 수 없을 정도로 너무나 무한하고 모든 것에 스며 들어 있어서 '우리는 하나이다.' 뿐만 아니라 '우리'라는 이 집합적 용어조차도 무한하고 나눌 수 없는 단일성 안에서 설 자리가 없다고 말할 때 주의를 기울이세요.

“Awaken from your ignorance, and try at least to understand that in the uncompromisingly Indivisible Oneness, not only is the Avatar God, but also the ant and the sparrow, just as one and all of you, are nothing but God. The only apparent difference is in the states of consciousness. The Avatar knows that that which is a sparrow is not a sparrow, whereas the sparrow does not realize this, and, being ignorant of its ignorance, remains a sparrow.

“Live not in ignorance. Do not waste your precious life-span in differentiating and judging your fellow- men, but learn to long for the love of God. Even in the midst of your worldly activities, live only to find and realize your true Identity with your Beloved God.

“Be pure and simple, and love all because all are one. Live a sincere life; be natural, and be honest with yourself.”

Following this came seven speeches eulogizing Baba; the performance of arti by six young women in light blue saris, waving camphor lamps; bhajans, or devotional songs; and a repetition of the arti by R. K. Gadekar, a disciple from Poona.

-Meher Baba, The God-Man, pp.221-224, by C. B. Purdom

“여러분의 무지에서 깨어나, 타협할 수 없는 불가분의 일원성 안에서 아바타 하나님뿐만 아니라 개미와 참새도 여러분 한 사람 한 사람 모두와 마찬가지로 하나님일 뿐이라는 사실을 적어도 이해하려고 노력하세요. 유일하고 명백한 차이점은 의식의 상태에 있습니다. 아바타는 참새가 참새가 아니라는 사실을 알고 있는 반면, 참새는 이것을 깨닫지 못합니다. 그리고 자신의 무지를 모른 채 참새로 남아있습니다.

“무지 속에 살지 마세요. 여러분의 귀중한 수명을 동료 인간을 구별하고 판단하는 데 낭비하지 말고, 하나님의 사랑을 갈망하는 법을 배우세요. 세속적인 활동 중에도 오직 여러분의 비러벳 하나님과의 진정한 동일성을 찾고 깨닫기 위해 사세요.

“순수하고 단순해지세요. 그리고 모두가 하나이기에 모두를 사랑하세요. 참다운 삶을 사세요. 자연스러워지고, 여러분 자신에게 정직하세요.”

이어서 바바를 찬양하는 일곱 개의 연설이 있었습니다. 하늘색 사리를 입은 여섯 명의 젊은 여성이 장뇌등을 흔들며 부르는 아르띠가 있었고, 바잔 또는 경건한 노래가 있었습니다. 그리고 푸나 출신의 제자 R. K. 가데카르의 아르띠 반복 공연이 이어졌습니다.

-메허 바바의 갓맨 221-224페이지, 찰스 벤자민(Charles Benjamin) 퍼덤 옮김

초월적인 스승의 일깨움

The Awakening of the Transcendent Master

메허 바바

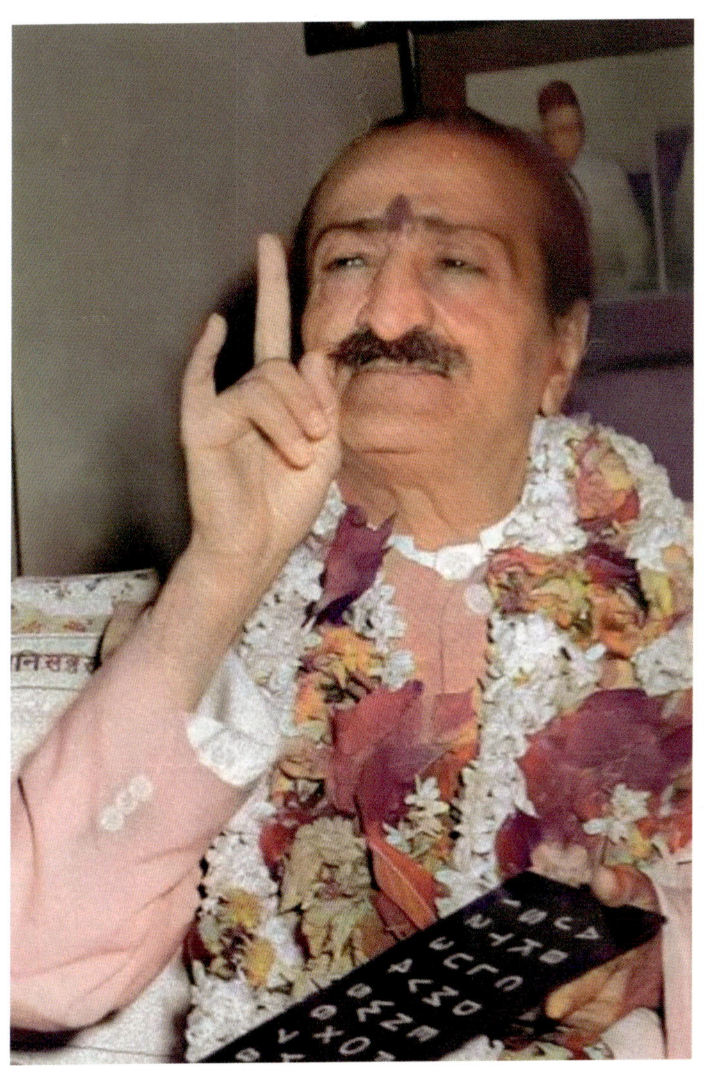

『 The Awakening of the Transcendent Master 』

Table of Contents

『초월적인 스승의 일깨움』

목 차

Unless I help you, you cannot Surrender

"The false Ego generally expresses itself as pride. So a man says, "I alone did that work. It is only I who could work that way." Pride nourishes the ego.

The other aspect of the ego is still more subtle. It is connected with your so-called inalienable identification with body and mind. You feel that it is perfectly natural for you to say, "I am so-and-so. I see. I touch. I smell. I speak. I taste. I dream. I sleep. I am awake…" and so on. To have the Real Experience, the false ego has to be transformed into the Real "I."

This is not easy. In this process the false ego, with all its subtlety, wages a guerilla warfare. It tries to deceive one at every step. Keeping the company of saints and Masters is the remedy. The hard shell of the ego becomes softer and softer in their company, and one then becomes courageous enough to face one's own weakness."

-Meher Baba, Darshan Hours, pp.31-35

나의 도움이 없는 한, 여러분은 항복할 수 없어요

"거짓 에고는 일반적으로 자부심으로 표현됩니다. 그래서 어떤 사람은 "나 혼자 그 일을 했다. 그런 식으로 일할 수 있는 사람은 나뿐이다."라고 말합니다. 자부심은 에고를 키웁니다.

에고의 다른 측면은 여전히 더 미묘합니다. 그것은 소위 몸과 마음과의 분리할 수 없는 동일시와 연결되어 있습니다. 여러분은 "나는 아무개입니다. 내가 봅니다. 내가 만집니다. 내가 냄새 맡습니다. 내가 말합니다. 내가 맛봅니다. 나는 꿈을 꿉니다. 나는 잡니다. 나는 깨어있습니다..." 등등. 진정한 경험을 하기 위해서는 거짓 에고가 진정한 "나"로 거듭나야 합니다.

이것은 쉽지 않습니다. 이 과정에서 거짓 에고는 모든 미묘함과 함께 게릴라전을 벌입니다. 그것은 모든 단계에서 사람을 속이려 합니다. 성자들 그리고 스승들과 함께 지내는 것이 해결책입니다. 에고의 딱딱한 껍질은 그들과 함께 있을 때 점점 더 부드러워지고, 그러면 사람은 자신의 약점에 맞설 수 있을 만큼 충분히 용감해집니다."

–메허 바바의 다르샨 시간 31-35페이지

The Eyes of God

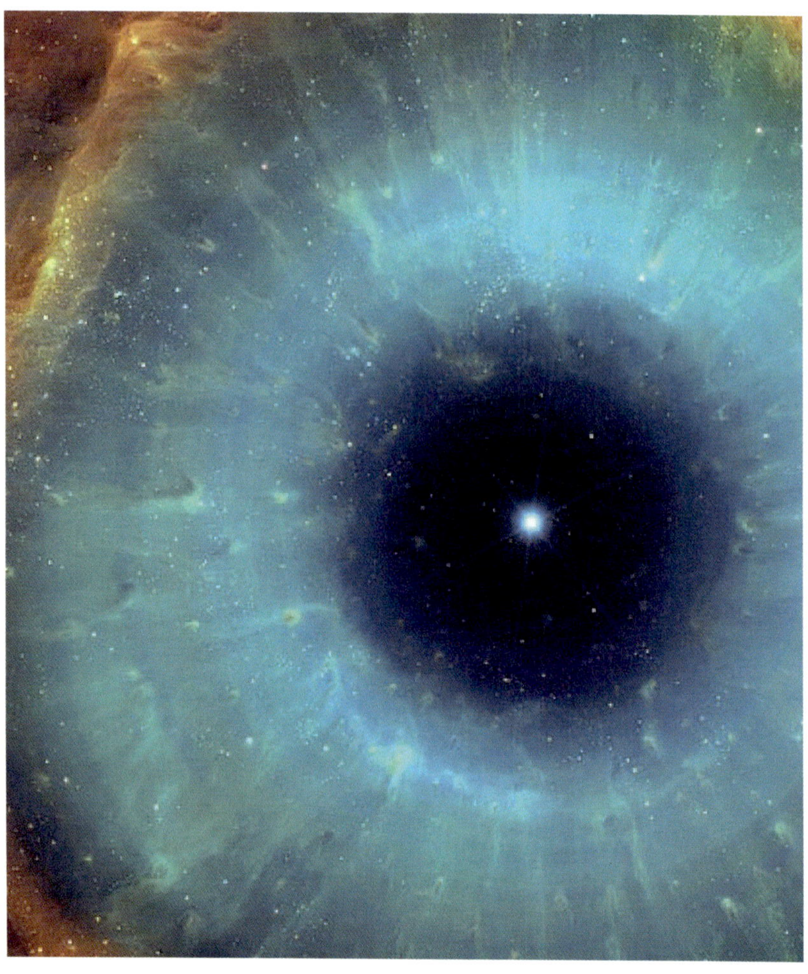

You may be extraordinarily clever, but in the eyes of God your intelligence has no value if you indulge in hypocrisy.

On the other hand, if you are the most unlearned person and if you have no trace of hypocrisy, you become the wisest in the eyes of God.

-Lord Meher Online, p4700

하나님의 눈

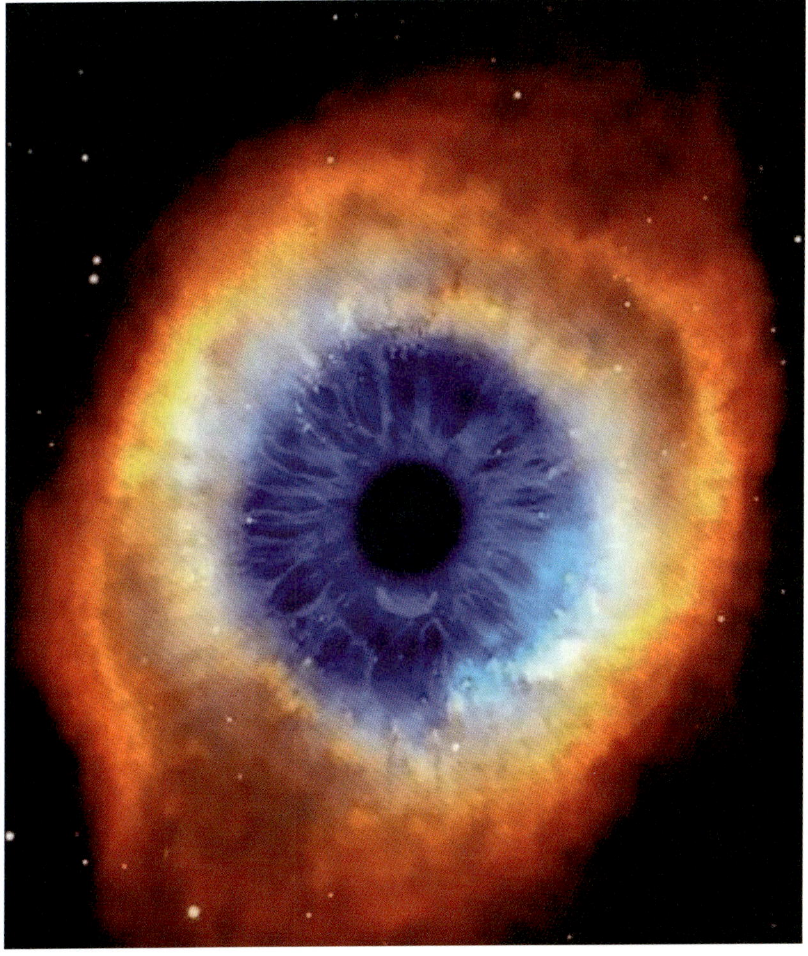

여러분이 매우 영리할지도 모르지만 위선에 탐닉한다면, 하나님의 눈에 여러분의 지성은 아무런 가치가 없습니다.

반면에 여러분이 아무리 배우지 못한 사람이더라도 위선의 흔적이 없다면, 하나님의 눈에 여러분은 가장 지혜로운 사람이 됩니다.

-로드 메허 온라인 4700페이지

Baba's Sermon – 16 October 1950

Being just now in the Old Life for these few hours, I will tell you what I feel to be the established divine facts:

Essentially, we are all One. The feeling of our being otherwise is due to ignorance. Soul desires consciousness to know itself; but in its progress toward this Goal, which it cannot realize independently of creation, it must undergo the experience which it gathers as the individualized ego, and which is all imagination. Thus, it is faced at the outset with ignorance instead of Knowledge.

Dual forms and illusionary creations are the outcome of ignorance: birth and death, happiness and misery, virtue and sin, good and bad – all are equally the manifestation of this same ignorance. You were never born and will never die; you never suffered and will never suffer; you ever were and ever will be, as separateness exists only in imagination.

Soul undergoes experience through innumerable forms such as being king and beggar, rich and poor, tall and short, strong and weak, beautiful and ugly, of killing and being killed. All these experiences must transpire as long as the Soul—though it is One in reality and undivided—imagines separateness in itself.

When Soul is bereft of the impressions of these illusionary experiences, it becomes naked as in its origin, to become now fully conscious of its unity with the Oversoul which is One, Indivisible, Real and Infinite.

바바의 강론 – 1950년 10월 16일

이 몇 시간 동안 옛 삶 속에 있는 지금, 나는 확립된 신성한 사실에 대해 내가 느끼는 것을 말할 것입니다:

본질적으로, 우리는 모두 하나입니다. 우리의 존재가 그렇지 않다고 느끼는 것은 무지 때문입니다. 참영혼은 의식이 스스로를 알기를 원합니다; 그러나 창조와 관계없이 실현될 수 없는 이 목표를 향해 나아가는 과정에서, 개인화된 자아로서 수집하는 경험을 거쳐야 하며, 이것은 모두 상상입니다. 따라서 처음에는 지식 대신 무지에 직면하게 됩니다.

이원적 형태와 환상적 창조물은 무지의 결과입니다: 탄생과 죽음, 행복과 불행, 미덕과 죄악, 선과 악, 이 모든 것이 똑같이 동일한 무지의 표현입니다. 여러분은 결코 태어나지 않았으며 결코 죽지 않을 것입니다; 당신은 결코 고통받지 않았고 결코 고통받지 않을 것입니다; 분리는 상상 속에서만 존재하는 것처럼, 여러분은 과거에도 그랬고 앞으로도 그럴 것입니다.

영혼은 왕과 거지, 부자와 가난한 자, 키가 큰 자와 작은 자, 강한 자와 약한 자, 아름다운 이와 못생긴 이, 죽이고 죽임을 당하는 것 등 수많은 형태를 통해 경험을 겪습니다. 이 모든 경험은 영혼이 비록 실재 안에서 하나이고 분할되지 않은 영혼이지만 그 자체로 분리를 상상하는 한 일어나야 합니다.

영혼이 이러한 환상적 경험의 인상으로부터 멀어질 때, 그것은 그 기원에서 알몸이 되어 이제 하나이고, 나눌 수 없고, 실재하며 무한한 대영혼과의 통합[일체성]을 완전히 의식하게 됩니다.

The Soul becomes free of the binding of impressions through various paths. And Love is the most important of these paths leading to the Realization of God. Through this love, the Soul becomes entirely absorbed in God, ultimately forgetting itself completely. It is then that, all of a sudden, Knowledge comes as swiftly as the lightning bolt which burns to ashes all that it falls upon.

This Knowledge uproots illusions, doubts and worries, and apparent sufferings are instantaneously replaced by everlasting peace and eternal bliss, which is the Goal of all existence. The Soul now free from its illusions, realizes its original Unity of Being.

Let us not hope, because this Knowledge is beyond hoping and wanting. Let us not reason, because this Knowledge cannot be comprehended or thought of.

Let us not doubt, because this Knowledge is the certainty of certainties. Let us not live the life of the senses, because the lusty, greedy, false and impure mind cannot reach this Knowledge.

Let us love God as the Soul of our souls, and in the height of this Love lies this Knowledge. The divinely Perfect Ones can bestow this Knowledge on anyone they like, and whenever they like.

May we all gain this Knowledge soon.

-Lord Meher, Original, Vol. 10, p3631, Bhau Kalchuri, ed

---

* Baba and the mandali step out of the New Life in Mahabaleshwar for four hours. During this time Baba gives a sermon, now known as Baba's Sermon (or the Sermon at Mahabaleshwar).

영혼은 다양한 길을 통해 인상의 구속에서 자유로워집니다. 그리고 사랑은 하나님의 깨달음으로 인도하는 이 길들 중 가장 중요합니다. 이 사랑을 통해 영혼은 하나님께 완전히 몰입하게 되고, 결국에는 자신을 완전히 잊게 됩니다. 그렇게 되면, 갑자기 앎은 모든 것을 잿더미로 태우는 내리치는 번개처럼 신속하게 옵니다.

이 앎은 환상과 의심과 걱정을 뿌리째 뽑고, 겉으로 보이는 고통들은 순간적으로 영원한 평화와 영원한 지복으로 대체됩니다. 이것이 모든 존재의 목표입니다. 영혼은 이제 환상에서 벗어나 원래 존재의 통합을 실현합니다.

이 앎은 희망과 원함을 초월하기 때문에 희망하지 마세요. 이 앎은 이해하거나 생각할 수 없으므로 이치를 따지지 마세요.

이 앎은 명백한 확실성이기 때문에 의심하지 마세요. 욕정, 탐욕, 거짓 그리고 불결한 마음은 이 앎에 도달할 수 없기 때문에 감각의 삶을 살지 마세요.

우리 영혼들의 참영혼이신 하나님을 사랑하세요. 그리고 이 사랑의 절정에는 이 앎이 놓여 있습니다. 신성하게 완전한 이들은 그들이 좋아하는 누구에게든, 그리고 그들이 원할 때마다 이 앎을 줄 수 있습니다.

우리 모두가 이 앎을 곧 얻을 수 있기를 바랍니다.

-로드 메허 초판 10장 3631페이지, 바우 칼추리 첨부

---

* 바바와 만달리는 마하발레슈와르[인도 마하라슈트라 주 사타라 구의 작은 마을이자 시의회]에서 4시간 동안 새로운 삶(New Life)으로 나아갑니다. 이 시간 동안 바바는 현재 바바의 강론(또는 마하발레슈와르의 설법)으로 알려진 설교를 합니다.

In This Shoreless Ocean of Infinite Knowledge

To try to understand with the mind that which the mind can never understand, is futile; and to try to express by sounds of language and in the form of words the transcendental state of the soul, is even more futile. All that can be said, and has been said, and will be said, by those who live and experience that state, is that when the false self is lost, the Real Self is found; that the birth of the Real can only follow the death of the false; and that dying to ourselves—the true death which ends all dying—is the only way to perpetual life.

This means that when the mind with all its satellites—desires, cravings, longings—is completely consumed by the fire of Divine Love, then the infinite, indestructible, indivisible, eternal Self is manifested. This is "Man-o-nash," the annihilation of the false, limited, miserable, ignorant, destructible "I", to be replaced by the real "I", the eternal possessor of Infinite Knowledge, Love, Power, Peace, Bliss and Glory, in its unchangeable existence. Man-o-nash—which is bound to result in this glorious state, when plurality goes and Unity comes, ignorance goes and Knowledge comes, bindings goes and Freedom comes.

We are all permanently lodged in this shoreless Ocean of Infinite Knowledge, and yet are infinitely ignorant of it, until the mind—which is the source of this ignorance—vanishes forever; for ignorance ceases to exist when the mind ceases to exist.

-The Life Circulars, No. 1, pp.1-2, Swami Satya Prakash Udaseen, ed

이 끝없는 앎의 바다에서

마음이 결코 이해할 수 없는 것을 마음으로 이해하려고 노력하는 것은 헛된 일입니다; 그리고 언어의 소리와 말의 형태로 영혼의 초월적인 상태를 표현하려고 하는 것은 훨씬 더 헛된 일입니다. 거짓 자아를 잃을 때 실재하는 참나가 발견된다는 것은 그 상태를 살고 경험하는 이들에 의해 말할 수 있고, 말했었고, 앞으로도 말할 모든 것입니다; 실재의 탄생은 거짓의 죽음이 따라야만 합니다; 그리고 그것은 우리 자신에 대한 죽음입니다. 즉 모든 죽음을 끝내는 진정한 죽음은 영원한 삶에 이르는 유일한 방법입니다.

이것은 욕망, 열망, 갈망과 같은 모든 장치를 가진 마음이 신성한 사랑의 불에 완전히 태워질 때, 무한하며 파괴할 수 없고 나눌 수 없는 영원한 참나가 나타난다는 것을 의미합니다. 이것은 거짓되고 제한적이며, 비참하고 무지하며, 파괴될 수 있는 "나"의 소멸인 "만-오-나쉬"입니다. 그 불변의 존재 안에서의 무한한 앎, 사랑, 힘, 평화, 지복과 영광의 영원한 주인입니다. 만-오-나쉬는 다수가 가고 통합이 오며, 무지가 가고 앎이 오며, 구속이 가고 자유가 올 때, 이 영광스러운 상태를 이룰 수 있게 됩니다.

우리는 모두 이 무한한 앎의 해안가 없는 바다에 영구적으로 머물렀지만, 이 무지의 근원인 마음이 영원히 사라질 때까지 그것에 대해 무한히 무지합니다; 왜냐하면 무지는 마음이 존재하지 않을 때 무지도 더 이상 존재하지 않기 때문입니다.

-인생 회람 1호 1-2페이지, 스와미 사트야 프라카시 우다세인 첨부

I Dare Not Neglect You

It is natural that at times you feel 100% miserable.
Be sure that I know everything.

When everything goes wrong,
the mind becomes helpless
and has to rely on the heart.

These are the moments when you resign to my will
and rely solely on my help.

When you leave all to Me,
I dare not neglect you,
and you get relief from your predicament.

I am the Ocean of Love and Compassion.

Indicating the helplessness of a lover,
the poet Hafiz has said,

"In loving my Beloved,
I have become like an ant
under the foot of an elephant
- safe and secure, but helpless to move."

To demand anything from the Beloved
is an insult to Love.
Love only gives and goes on giving
till the will of the Beloved alone
manifests through the lover.

–Meher Baba, from Mani Irani, 82 Family Letters (1976), p176

나는 감히 당신을 도외시하지 않아요

때때로 당신이 100% 비참하게 느낄 때가 있는 것은 당연합니다.
내가 모든 것을 알고 있다는 것을 확신하세요.

모든 것이 잘못될 때,
마음은 무기력해집니다.
그러니 가슴에 의지해야 합니다.

당신이 내 뜻에 따를 때가 이때입니다.
오직 나의 도움에만 의지하세요.

당신이 모든 것을 나에게 맡길 때,
나는 감히 당신을 도외시하지 않아요.
그리고 당신은 곤경에서 벗어나게 될 겁니다.

나는 사랑과 연민의 바다입니다.

러버의 무력함을 가리키며,
시인 하피즈는 말했습니다.

"나의 비러벳을 사랑하면서,
나는 개미처럼 되었다네
코끼리 발아래서
- 안전하고 안심되지만 움직일 수는 없다네."

비러벳에게 무엇이든 요구하는 것은
사랑에 대한 모욕입니다.
사랑은 오직 주고 계속해서 주는 것입니다.
오로지 비러벳의 뜻이
러버를 통해 드러날 때까지.

-메허 바바, 마니 이라니로부터의 82 가족 편지(1976년) 176페이지

The Divine Union

Not through worldly wisdom, but by diving deep to the innermost, is it possible to be united with God, Who is at once the Lover and the Beloved. For this union, one must summon the necessary courage to rise beyond the alluring shadows of the illusory world of sense-perception.

Consciousness, loaded with attachments, gets pinned to the sense-world of duality. Mere withdrawal of consciousness from the world of forms presents a vacuum of nothing. But when consciousness is illumined by the Truth, it reveals God as everything and it experiences one uninterrupted and endless continuity of limitless bliss, love, power and understanding.

-Life at its Best, p58, ed Ivy O. Duce

신성한 통합

세속적인 지혜를 통해서가 아니라, 가장 내밀한 곳까지 침잠沈潛해 들어감으로써, 러버이자 비러벳이신 하나님과 하나가 될 수 있습니다. 이 합일을 위해서, 사람은 감각적 인식의 환상세계의 매혹적인 그림자들을 넘어서기 위해 필요한 용기를 불러내야 합니다.

애착으로 가득 찬 의식은, 이원성의 감각적 세계에 고정됩니다. 형상의 세상으로부터 단순히 의식을 철회하는 것은 무無의 진공을 나타내는 것에 불과합니다. 그러나 의식이 진리에 의해서 조명[계몽]되면, 그것은 하나님을 모든 것으로서 드러내고 무한한 지복, 사랑, 권능과 이해심 있고 중단됨이 없는 끝없는 하나의 연속성을 경험하게 됩니다.

–최상의 삶 58페이지, 아이비 오니타 듀스 첨부

The Gift of Understanding

The gift of understanding is more precious than any other attribute of Love—be it expressed in service or sacrifice.

Love can be blind, selfish, greedy, ignorant, but love with understanding can be none of these things. It is the Divine fruit of Pure Love, the rare fruit or flower of the Universe.

It has been called "The Sweetest Flower in all the world!" Age cannot wither it.

It grows more lovely as it casts off its outer garment, disclosing its unseen beauty within.

-THE OCEAN OF LOVE, p85, Delia DeLeon

이해의 선물

이해의 선물은사(恩赦)은 봉사나 희생으로 표현되는 사랑의 다른 어떤 속성보다 더 소중합니다.

사랑은 맹목적이고, 이기적이고, 탐욕스럽고, 무지할 수 있지만, 이해심이 있는 사랑은 이러한 어느 것도 될 수 없습니다. 그것은 우주의 진귀한 과일이나 꽃인 순수한 사랑의 신성한 열매입니다.

그것은 "세상에서 가장 달콤한 꽃"으로 불립니다! 나이를 먹어도 사랑을 시들게 할 수 없습니다.

겉옷을 벗어 던지고 내면의 보이지 않는 아름다움을 드러낼수록 더욱 사랑스러워집니다.

–사랑의 바다 85페이지, 델리아 델레온 첨부

Why Does God... Give Suffering?

Question: Why does God, who is so kind and merciful, give suffering and pain to so many?

Answer: "God has nothing to do with this. God is all one-in-one. He is aloof and yet so attached that whatever is done is by His law of love and will. For example, when you sleep you enjoy a dream, and the enjoyment is so intense that this dream of happiness does not wake you soon. But if in the midst of the dream you suddenly saw a snake, you would at once wake up. This is the law of God.

God is neither merciful nor cruel in your 'awakened' state."

-Treasures from The Meher Baba Journals(1938-1942), p134, ed. Jane Barry Haynes

왜 하나님은 그토록... 고통을 주시나요?

질문: 왜 하나님은 그토록 인자하고 자비로우신데, 그렇게 많은 사람에게 고통과 아픔을 주시나요?

답변: "하나님은 이 일과 아무 관련이 없습니다. 하나님은 모두와 일심동체입니다. 그분은 냉담하면서도 정이 많아서, 행하는 모든 일은 사랑과 의지인 그분의 법에 따릅니다. 예를 들어, 여러분이 잠을 자며 꿈을 즐길 때, 즐거움은 너무 강렬해서 이 행복한 꿈에서 깨어나질 못합니다. 그러나 꿈꾸다가 갑자기 뱀을 보았다면, 여러분은 즉시 깨어날 것입니다. 이것이 하나님의 법입니다.

여러분이 '깨어난' 상태에서 하나님은 자비롭지도 않고 잔인하지도 않습니다."

–메허 바바의 학술지 명언들(1938–1942년) 134페이지, 제인 배리 헤인즈 첨부

Lover's pain is Baba's pain

While sipping fruit juice, Baba remarked:

This is pomegranate juice. I take it as medicine. I also take medicines when I want to. Three doctors always look after me—allopathic, homeopathic and ayurvedic. I take medicine from all of them and still my illness persists. My entire physical frame was shattered by two auto accidents, in America and India.

Apart from this, my body has gone to pieces on account of hardships in travels, frequent fasts, long foot journeys, rough bullock-cart travels on unmetalled [unpaved] and potted roads, and also visits to different remote places for mast contacts. In all, I have led a very strenuous life.

But for the sake of the whole universe, I have to suffer. I must suffer infinitely. If I myself don't suffer, how could I ask my lovers to suffer for others?

Emphatically, Baba declared:

I am the Ancient One, the one residing in every heart.
Undoubtedly, I am the Ancient One.

So if you love others, make others happy, serve them even at discomfort to yourself, you would be loving me, the Beloved residing in every individual heart.

-Lord Meher Online, p4295

러버의 고통은 곧 바바의 고통

과일 주스를 조금씩 마시는 동안 바바는 언급했습니다:

이것은 석류 주스입니다. 이것을 약으로 먹습니다. 물론 원할 때는 의술도 받습니다. 세 명의 의사가 대중 요법과 동정요법[가정요법] 및 아유르베다[대체 의학]로 항상 나를 돌보고 있습니다. 나는 그들 모두에게서 약을 먹었지만 여전히 내 병은 지속되고 있습니다. 미국과 인도에서 발생한 두 차례의 차량 사고로 내 온몸의 뼈가 완전히 부서졌습니다.

이 외에도 여행의 어려움, 잦은 단식, 긴 도보 여행, 비포장[포장되지 않은] 도로를 황소 수레로 횡단하는 여정 및 머스트를 위해 다른 외딴 장소의 방문으로 인해 내 몸이 산산조각이 났습니다. 전반적으로 나는 매우 힘든 삶을 살아왔습니다.

그러나 온 우주를 위해서, 나는 고통을 겪어야 합니다. 나는 무한하게 고통받아야 합니다. 나 자신이 고통받지 않는다면, 어떻게 나의 러버들에게 다른 사람들을 위해 고통받으라고 할 수 있겠습니까?

바바는 단호하게 다음과 같이 선언했습니다:

나는 모든 이의 가슴에 거주하는 옛적부터 있어 왔던 존재입니다.
의심할 여지 없이 나는 에인션트 원[옛적부터 있었던 존재]입니다.

그러므로 여러분이 다른 사람을 사랑하고, 다른 사람을 행복하게 만들며, 심지어 자신이 불편하더라도 그들을 섬긴다면, 모든 개인의 가슴에 거하는 비러벳인 나를 사랑하게 될 것입니다.

-로드 메허 온라인 4295페이지

The need to control emotions and feelings

"The most important point to remember in all circumstances
is to remain cheerful and happy.

Spells of despondency, annoyance and disgust will assail you,
but you should try not to show it on your face.
Anger might come, but you should not express it."

-Lord Meher, p2585, Bhau Kallchuri

"The most important thing that will carry you safely through with me is not to be moody.

Try to be happy and cheerful.
If at times your mood is spoiled and you get angry,
try never to express it, directly or indirectly.

All this is the play of the mind,
and conscientious efforts will make it adapt itself."

-Lord Meher, p2587, Bhau Kallchuri

감정과 느낌을 통제해야 할 필요성

"모든 상황에서 기억해야 할 가장 중요한 점은
쾌활하고 행복한 상태를 유지하는 것입니다.

낙담, 짜증, 혐오의 연속이 여러분을 습격할 것이지만,
그것을 얼굴에 드러내지 않으려고 노력해야 합니다.
화가 올라오더라도, 그것을 표현해서는 안 됩니다."

-로드 메허 2585페이지, 바우 칼추리 첨부

"나와 함께 여러분을 안전하게 데려다 줄 가장 중요한 것은 우울하지 않는 것입니다.

행복하고 명랑해지도록 노력하세요.
때때로 기분이 상하고 화가 나면,
직간접적으로 그것을 절대 표현하지 마세요.

이 모든 것이 마음의 장난이며,
양심적인 노력은 마음이 스스로 적응하도록 만들 것입니다."

-로드 메허 2587페이지, 바우 칼추리 첨부

Last Message on The Alphabet Board

-7 October 1954, Meher Baba

There is no reason at all for any of you to worry.
Baba was, Baba is,
and Baba will also be eternally existent.

Severance of external relations does not mean the termination of internal connections. It was only for establishing the internal connections that the external contacts have been maintained till now.

The time has now come for being bound in the chain of internal connections. HENCE EXTERNAL CONTACT IS NO LONGER NECESSARY.

It is possible to establish the internal link by obeying Baba's orders. I give you all My blessings for strengthening these internal links.

I am always with you and I am not away from you. I was, am and will remain eternally with you, and it is for promoting this realization that I have severed external contact.

This will enable all persons to realize Truth by being bound to each other with internal links.

Oh, My lovers! I love you all.
It is only because of My love for My creation that I have descended on Earth.

알파벳 보드의 마지막 메시지

–1954년 10월 7일, 메허 바바

여러분 중 누구도 걱정할 이유가 전혀 없습니다.
바바는 있었습니다. 바바는 있습니다.
그리고 바바는 또한 영원히 존재할 것입니다.

대외관계의 단절이 내적인 연결의 종료를 의미하지 않습니다. 지금까지 외적인 접촉이 유지되고 있다는 것은 단지 내적인 연결을 설정하기 위한 것이었습니다.

이제 내적 연결 고리에 결합할 때가 왔습니다. 따라서 외적인 접촉은 더 이상 필요하지 않습니다.

바바의 명령에 복종함으로써 내적 연결을 설정할 수 있습니다. 나는 이러한 내적 연결을 더 튼튼하게 하기 위해 나의 모든 축복을 드립니다.

나는 항상 여러분과 함께하고 여러분에게서 떨어져 있지 않습니다. 나는 영원히 여러분과 함께 있었고, 함께 있으며, 여전히 함께할 것입니다. 그리고 내가 외적인 접촉을 끊었다는 것은 이 깨달음을 촉진하기 위한 것입니다.

이것은 모든 사람이 내적인 연결로 서로 결합함으로써 진리를 깨달을 수 있게 해줄 것입니다.

오, 나의 러버들이여! 나는 여러분 모두를 사랑합니다.
내가 지상에 내려온 것은 오직 나의 창조물에 대한 내 사랑 때문입니다.

Let not your hearts be torn asunder by My declarations concerning the dropping of My body. On the contrary, accept My Divine Will cheerfully.

You can never escape from Me.
Even if you try to escape from Me,
it is not possible to get rid of Me.
Therefore have courage and be brave.

If you thus lose your heart, how will it be possible for you to fulfill the great task which I have entrusted to you?

Be brave and spread MY MESSAGE OF LOVE far and wide to all quarters, in order to fulfill My Divine Will.

Let the words 'BABA, BABA' come forth from every nook and corner of the world and from the mouth of every child, and let their ignorance be reduced to ashes by the burning flame of My Love.

Come together in order to fulfill My Will by taking your stand on TRUTH, LOVE and HONESTY, and be worthy of participating in My Task.

I give you all My blessings for spreading MY MESSAGE OF LOVE.

-Practical Spirituality, p216, John A. Grant

Baba stopped using the alphabet board from 7 October 1954, and it will be seen hereafter how he conveyed his thoughts and instructions.

내 몸을 떨어뜨리는 것에 대한 나의 선언에 의해 여러분 가슴이 찢어지지 않게 하세요. 반대로, 나의 신성한 뜻을 기쁘게 받아들이세요.

여러분은 나로부터 절대 벗어날 수 없습니다.
심지어 여러분이 나에게서 도망치려 해도,
나를 없애는 것은 불가능합니다.
그러므로 용기를 갖고 용감해 지세요.

만약 여러분이 그렇게 가슴을 잃는다면, 어떻게 여러분이 내가 여러분에게 맡긴 위대한 임무를 성취할 수 있겠습니까?

나의 신성한 뜻을 성취하기 위해, 내 사랑의 메시지를 사방에 멀리 그리고 널리 용기를 내서 전하세요.

세상 방방곡곡에서 그리고 모든 어린이의 입으로부터 '바바, 바바'라는 말이 나오도록 하세요. 그리고 내 사랑의 타오르는 불꽃으로 그들의 무지를 잿더미로 변하게 하세요.

진실, 사랑 그리고 정직에 대한 여러분의 입장을 취함으로써, 내 뜻을 이루기 위해 함께 모이세요. 그리고 나의 과업에 참여할 가치가 있게 하세요.

나는 여러분에게 나의 사랑의 메시지를 전하는 것에 대해 나의 모든 축복을 드립니다.

–실천적 영성 216페이지, 존 A. 그랜트 첨부

바바는 1954년 10월 7일부터 알파벳 보드 사용을 중단했으며, 그가 어떻게 자신의 생각과 지시를 전달했는지는 이후에 보게 될 것입니다.

Twenty-One Points Given by Meher Baba

-November, 1962

1. God is absolutely independent. The only way to approach Him is through love, constant repetition of His Name and invocation of His Mercy.

2. Mercy is God's nature (swabhav).

3. Bliss is God's original state (assal-halat).

4. Power is God's existence (astitava).

5. Knowledge is God's duty (kartavya).

6. The Infinite state of God gets lost in the infinite jumble of infinite contradictions.

7. To know God in His infinite contradictions is to become conscious of His Consciousness of His unconsciousness.

8. To achieve the God-state, do absolutely nothing while doing everything.

9. To find God, you must find yourself lost to yourself.

10. To be infinitely conscious, you must consciously lose consciousness of yourself.

메허 바바에 의해 주어진 21가지 핵심

–1962년 11월

1. 하나님은 절대적으로 독자적입니다. 그분에게 다가갈 수 있는 유일한 길은 그분의 이름을 끊임없이 반복하는 것과 그분의 자비를 간구하는 사랑을 통해서입니다.

2. 자비는 하나님의 본성(스와브하브)입니다.

3. 지복은 하나님의 원래 상태(아쌀-할랏)입니다.

4. 권능은 하나님의 존재(아스티타바)입니다.

5. 앎은 하나님의 의무(카르타브야)입니다.

6. 하나님의 무한한 상태는 무한한 양면성의 무한한 혼란 속에서 길을 잃습니다.

7. 하나님의 무한한 양면성 안에서 하나님을 안다는 것은 그분의 무의식에 대한 그분의 의식을 자각하게 되는 것입니다.

8. 하나님-상태를 성취하기 위해서는, 모든 것을 하면서 절대적으로 아무것도 하지 않는 것입니다.

9. 하나님을 찾기 위해서는, 자신에게 잊힌 자신을 찾아야 합니다.

10. 무한히 의식적이기 위해, 자신의 의식을 의식적으로 잃어버려야 합니다.

11. Space is the gulf between Imagination and Reality. Evolution of consciousness fills this gulf.

12. Time is the interval between your very first imagination and your very last imagination.

13. Where imagination ends God is and Godhood begins.

14. Imagination is an eternal mimicry of Reality affecting the shadow-play of Illusion.

15. God is not anything comprehensible. He is Reality—Consciousness—Absolute Consciousness—Infinite Consciousness.

16. Realization of God is Absolute Consciousness minus consciousness of Imagination. Godhood is Absolute Consciousness plus consciousness of Imagination being imagination.

17. To be ever present with God, never be absent from Him.

18. Do not desire union with God; but long for union till you go beyond longing for union, and long only for the will and pleasure of Beloved God.

19. "Mind may die.
Maya may die.
Body dies and dies.
But hope and thirst never die."
Thus has said the slave Kabir.

11. 공간은 상상과 실재 사이의 틈입니다. 의식의 진화가 이 틈을 채웁니다.

12. 시간은 여러분의 가장 첫 번째 상상과 가장 마지막 상상 사이의 간격입니다.

13. 상상이 끝나는 곳에 하나님이 계시고, 거기서 신성神性이 시작됩니다.

14. 상상은 환상의 그림자-놀이에 영향을 미치는 실재의 영원한 모방입니다.

15. 하나님은 이해할 수 있는 무엇이 아닙니다. 그분은 실재 — 의식 — 절대적 의식 — 무한한 의식입니다.

16. 하나님을 깨닫는 것은 절대적 의식에서 상상의 의식을 뺀 것입니다. 신성神性이란, 절대적 의식에 상상으로 존재하는 상상의 의식을 더한 것입니다.

17. 하나님과 영원히 함께하기 위해, 결코 하나님 곁을 떠나지 마세요.

18. 하나님과의 합일을 바라지 마세요; 그러나 합일에 대한 갈망을 넘어, 비러벳 하나님의 의지와 기쁨만을 갈망할 때까지 합일을 갈망하세요.

19. "마음은 죽을 것입니다.
마야現象界는 죽을 것입니다.
몸은 죽고 또 죽을 것입니다.
그러나 희망과 갈증은 절대 죽지 않습니다."
하나님의 노예 까비르는 이처럼 말했습니다.

20. Complete forgetfulness of self is to even forget that you have forgotten.

21. Complete remembrance of God, honesty in action, making no one unhappy, being the cause of happiness in others, and no submission to low, selfish, lustful desires, while living a normal worldly life, can lead one to the path of Realization. But complete obedience to the God-Man brings one directly to God.

-The Awakener Magazine, Vol.9, No.1-2 (1963), pp.59-60, Filis Frederick, ed

20. 자아의 완전한 망각은 자신이 잊었다는 것조차 잊는 것입니다.

21. 평범한 세속적인 삶을 사는 동안, 하나님을 완전히 기억하고, 정직하게 행동하며, 누구도 불행하게 하지 않고, 다른 사람들에게 행복의 원인이 되며, 저열하고, 이기적이며, 욕정적인 욕망들에 굴복하지 않음은, 그를 깨달음의 길로 인도할 수 있습니다. 그러나 갓맨神人에 대한 완전한 순종은 하나님께 그를 직접 데려갑니다.

-일깨우는 이 잡지 제9권 1-2장 (1963년) 59-60페이지, 필리스 프레데릭 첨부

If you were to really Love ME

It is not easy to take ME as the Avatar of the Age.
It requires great daring.

Here in the meeting hall are the select few who dared to drink the Wine of love. Here there is no room for those that are short-sighted and weak of heart. Here one must have great daring; one must be prepared to carry one's head in the palm of one's hand.

It is no joke to love.
If you have come to see this as fun,
you will become fun yourself!

The singer is saying:
'I tried to see you a thousand ways, but I could not see you!
I see a beautiful face, eyes, nose, limbs,
but I cannot see your Oceanic Form.

여러분이 진심으로 나를 사랑한다면

나를 시대의 아바타로 받아들이는 것은 쉽지 않습니다.
위대한 대담성이 필요합니다.

여기 집회소에는 감히 사랑의 와인을 마실 용기를 낸 몇몇 선택된 이들이 있습니다. 이곳에 근시안적이고 심장이 약한 자들을 위한 자리는 없습니다. 여기서 위대한 대담성이 있어야 합니다; 자신의 손바닥에 머리를 옮겨 놓을 준비가 되어 있어야 합니다.

사랑한다는 것은 농담이 아닙니다.
만약 여러분이 사랑을 장난으로 보고 여기까지 왔다면,
여러분 자신도 장난이 될 것입니다!

가수는 노래합니다:
'수천 가지 방법으로 그대를 보려고 했지만, 볼 수가 없었어요!
그대의 아름다운 얼굴, 눈, 코, 팔다리는 보이지만,
바다의 형상은 볼 수 없어요.

I have knocked my head on a thousand thresholds,
but I cannot see your Real Form.

But only one in a billion can see ME as I really am,
in MY Real Form.

The meeting in Oneness is quite different from this sort of darshan.
For that, unique love for and unflinching faith in ME are essential.
But do not worry.'

In this hall, all the cups of Wine are empty.
But when the Divine Wine-seller opens his eyes,
simultaneously all cups will be filled with love.
Let us hope it will be soon!

When I break MY silence with that Word of Words,
all your cups will be filled to the brim full of love
— and then you may drink to your hearts' content.

I am that Drop that has swallowed the whole Ocean!
If you were to really Love ME,
maybe one day you will see ME as I really am.

Love ME wholeheartedly
and you might one day get a glimpse of MY Reality.

-Lord Meher, p4873

천 개의 문지방에 머리를 부딪쳤지만,
그대의 실재하는 모습을 볼 수 없어요.

그러나 10억 명 중 단 한 사람만은 있는 그대로의,
실재하는 나의 모습을 볼 수 있네요.

하나됨 속에서의 만남은 이런 종류의 다르샨[친견]과는 사뭇 달라요.
합일을 위해서는 나를 향한 남다른 사랑과 확고한 믿음이 필수적이죠.
하지만 걱정하지 마세요.'

이 회관에는 와인 잔이 모두 비어 있습니다.
그러나 신성한 와인-판매자가 눈을 뜨면,
동시에 모든 잔이 사랑으로 가득 차게 될 것입니다.
곧 그렇게 되기를 기원합니다!

내가 말씀 중의 말씀으로 내 침묵을 깰 때,
여러분의 모든 잔은 사랑으로 가득 차게 될 것입니다.
— 그러면 여러분은 마음껏 마실 수 있습니다.

나는 온 바다를 집어삼킨 그 방울입니다!
여러분이 나를 진정으로 사랑한다면,
언젠가는 있는 그대로의 나를 실제로 보게 될 것입니다.

나를 진심으로 사랑하세요.
그러면 언젠가 나의 실재함을 엿볼 수 있을 것입니다.

–로드 메허 4873페이지

Food for The Lion of Love

Love has no limit, but the mind is in the way. This obstacle cannot be removed without my grace. It is impossible, because mind has to annihilate itself.

For example, if one were asked to jump over oneself, the most one could do would be to take a somersault! Yet it is impossible to jump over oneself; one may jump over others, but not over oneself! Thus one may want to realize "Baba" as he really is, but the obstacle remains.

Books and discourses will not bring about one's spiritual regeneration. Mind cannot be annihilated by mind, for one cannot jump over oneself. Only by loving me a I ought to be loved, can the mind be destroyed. Anyone may have love for me, but not the love I want.

사랑의 사자를 위한 먹이

사랑에는 한계가 없지만 마음은 방해가 됩니다. 이 장애물은 내 은총 없이는 제거될 수 없습니다. 그것은 불가능합니다. 왜냐하면 마음은 스스로를 소멸시켜야 하기 때문입니다.

예를 들어, 자신을 뛰어넘으라는 요청을 받는다면, 가장 많이 할 수 있는 행동은 공중제비를 하는 것일 겁니다! 그러나 자기 자신을 뛰어넘는 것은 불가능합니다. 다른 사람을 뛰어넘을 수는 있지만 자기 자신을 뛰어넘을 수는 없습니다! 따라서 "바바"를 있는 그대로 깨닫고 싶어도, 여전히 장애물은 남아 있습니다.

책과 담화들은 사람의 영적 갱생을 가져오지 못할 것입니다. 마음은 마음에 의해 소멸될 수 없습니다. 왜냐하면 사람은 자기 자신을 뛰어넘을 수 없기 때문입니다. 사랑받아야 마땅한 나를 사랑해야만 마음이 파괴될 수 있습니다. 누구든지 나를 사랑할 수는 있지만 내가 원하는 사랑은 아닐 수 있습니다.

My lovers may be likened to one who is fond of lions and admires them so much that he keeps a lion in his own home.

But being afraid of the lion he puts him in a cage. The lion is always encaged; even while he feeds the lion, he feeds the pet animal from a distance and from outside the cage.

Baba is treated like the lion by the lovers.

There is love; there is admiration; there is an intense desire to see Baba comfortable and happy; and Baba is also frequently fed by love of the lovers. But all this is done, keeping Baba segregated from one's own self.

What is wanted of the lovers is that they should open the "cage" and, through intense love, throw themselves inside the cage to become food for the lion of love. The lover should permit himself to be totally consumed through his own love for the Beloved.

In spite of all explanations and reading of books, words remain mere words. They do no take one any further than intellectual satisfaction. Only love for God works the miracle, because love is beyond mind and reason. Where then is the necessity to read?

I authoritatively say: I am the Ancient One. I have been saying this to all the world. If you love me with all your heart, you shall be made free eternally.

-The God-Man by Meher Baba, pp.301-302, C.B. Purdom, ed

내 러버들은 사자에 애정을 느끼고 너무 좋아해서 자기 집에 사자를 기르는 사람에 비유될 수 있습니다.

그러나 사자를 무서워해서 철창에 가두었습니다. 사자는 항상 갇혀 있습니다; 사자에게 먹이를 주는 동안에도 멀리 철창 밖에서 기르는 사자에게 먹이를 줍니다.

바바는 러버들에게 사자처럼 취급됩니다.

거기에는 사랑이 있습니다; 존경이 있습니다; 바바가 편안하고 행복한 모습을 보고 싶은 강렬한 욕망이 있습니다; 그리고 바바는 또한 종종 러버들의 사랑으로 양육됩니다. 그러나 이 모든 것은 바바를 자기 자신으로부터 분리된 채로 이루어집니다.

러버들에게 바라는 것은 '철창'을 열고 강렬한 사랑을 통해, 철창 안에 몸을 던져 사랑의 사자를 위한 먹이가 되는 것입니다. 비러벳에 대한 자신의 사랑을 통해 러버는 그 자신이 완전히 먹히도록 허용해야 합니다.

책에 대한 온갖 설명을 읽어도 말은 단지 말에 불과합니다. 그것들은 지적 만족 이상으로 더 나아가지 않습니다. 오직 하나님에 대한 사랑만이 기적을 일으킵니다. 사랑은 마음과 이성을 초월하기 때문입니다. 그렇다면 독서의 필요성은 어디에 있을까요?

나는 권위 있게 말합니다: 나는 옛적부터 있었던 존재입니다. 나는 온 세상에 이 말을 해왔습니다. 여러분이 온 가슴을 다해 나를 사랑한다면, 여러분은 영원히 자유롭게 될 것입니다.

-메허 바바의 갓맨 301-302페이지, 찰스 벤자민(Charles Benjamin) 퍼덤 첨부

Become an Ant

Last night I was thinking about the Amartithi celebrations and could not sleep. I have been appointed Chief Organizer, but really speaking, I am a very Cheap Organizer! Though I am the Chairman of the Avatar Meher Baba Perpetual Public Charitable Trust, I am Chairman without a chair. Such thoughts were coming to me, and then I felt something, as if Beloved Baba were telling me the following:

"To think of becoming an elephant is no good, because an elephant eats the branches of trees. Become an ant, and you will get sugar candy!

In the world, everyone wants to become an elephant. Greed for power, selfishness, jealousy, hatred, ambition, pride, different desires, take the shape of an elephant. You want to become big, you want respect, you want people to praise you, go after you, etc.

You feel very happy.
But what do you achieve?
Nothing.

Whatever you achieve is just binding you. But if you crush your desires, and become like an ant, you will get sugar candy. That means you will have Divine Love, which is pure, and you will become pure. You will be free from all desires, like an ant that is free from pride."

-Awakenings, pp.387-388, by Bhau Kalchuri, ed

개미가 되세요

어젯밤 나는 아마르티티[열반절] 축제에 대해 생각하고 있었고 잠을 잘 수가 없었습니다. 나는 조직위원장으로 임명되었지만 실제로는 무보수 명예직입니다! 나는 아바타 메허 바바 공공 자선 신탁(Avatar Meher Baba Perpetual Public Charitable Trust)의 회장이지만, 권위 있는 지위가 없는 회장입니다. 그런 생각들이 내게 다가오고 있었고, 그때 비러벳 바바가 나에게 다음과 같이 말하는 듯한 무엇인가를 느꼈습니다:

"코끼리가 되려고 생각하는 것은 좋지 않습니다. 왜냐하면 코끼리는 나뭇가지를 먹기 때문입니다. 개미가 되어 사탕을 얻으세요!

세상에서는 누구나 코끼리가 되고 싶어 합니다. 권력에 대한 탐욕, 이기심, 질투, 증오, 야망, 자부심, 다양한 욕망이 코끼리의 형상을 취합니다. 당신은 크게 되고 싶고, 존경받고 싶고, 사람들이 당신을 칭찬하기를 원하고, 당신을 따르기를 원합니다.

당신은 매우 행복합니다.
하지만 당신이 성취하는 것은 무엇인가요?
아무것도 없습니다.

당신이 성취하는 것은 무엇이든 단지 당신을 구속할 뿐입니다. 그러나 욕망을 억누르고 개미처럼 된다면 사탕을 얻게 될 것입니다. 그것은 당신이 순수한 신성한 사랑을 가질 것이고 당신이 순수해질 것임을 의미합니다. 교만으로부터 자유로운 개미처럼, 모든 욕망에서 자유로워질 것입니다."

–어웨이크닝 387–388페이지, 바우 칼추리 옮김

Begin the Beguine

-a popular song written by Cole Porter, in october 1935

When they begin the beguine
It brings back the sound of music so tender,
It brings back a night of tropical splendor,
It brings back a memory ever green.

I'm with you once more under the stars,
And down by the shore an orchestra's playing
And even the palms seem to be swaying
When they begin the beguine.

To live it again is past all endeavor,
Except when that tune clutches my heart,
And there we are, swearing to love forever,
And promising never, never to part.

What moments divine, what rapture serene,
Till clouds came along to disperse the joys we had tasted,
And now when I hear people curse the chance that was wasted,
I know but too well what they mean;
So don't let them begin the beguine

Let the love that was once a fire remain an ember;
Let it sleep like the dead desire I only remember
When they begin the beguine.
Oh yes, let them begin the beguine, make them play

Till the stars that were there before return above you,
Till you whisper to me once more, Darling, I love you!
And we suddenly know
What heaven we're in,
When they begin the beguine

비긴 더 베긴[베긴 춤을 시작하세요]

–1935년 10월에 콜 포터에 의해 작사/작곡한 인기 있는 노래

베긴*이 시작되면
그 부드러운 가락이 되살아납니다
그것은 아름다운 남국의 찬란한 밤을 떠올리게 하고
언제나 변함없는 추억을 되살아나게 해요

별 아래에서 나는 다시 한번 당신과 함께 있으며
해변에서는 악단이 연주하고
야자 잎이 흔들리고 있어요
그들이 베긴을 시작할 때예요

다시 그 무렵처럼 되는 일은 없겠지만
그 가락은 내 가슴을 흔들어 놓네요
그때 우리는 언제까지나 서로 사랑할 것을 맹세하며
결코 헤어지지 않겠다고 약속했었지요

구름이 우리가 맛본 기쁨을 흩어지게 할 때까지는
얼마나 많은 유혹의 시간이 있었던가요
지금 나는 사람들이 찬스를 놓쳤다고 책망하는 것을 듣고 있어요
그 말이 무엇을 의미하는지 너무나 잘 알았어요
그러니 베긴을 연주하지 말아 주세요

한때 불이었던 사랑이 불씨로 남게 해주세요
내가 기억할 뿐인 죽은 욕망처럼 잠들게 내버려 두세요
그들이 베긴을 시작할 때예요
오~ 그래요, 그들이 시작하게 하고, 그들이 연주하게 하세요

별이 또다시 당신 위에 빛날 때까지
당신이 사랑한다고 나에게 다시 속삭일 때까지!
그리고 우리는 순간 알게 되죠
우리가 천국에 있다는 것을요
그들이 베긴을 시작할 때예요

---

* 베긴(beguine): 카리브해에 있는 서인도 제도의 프랑스령인 말티니크 섬의 춤. 프랑스어로 베긴(*béguin*)은 사랑의 열병(infatuation), 짝사랑(crush), 압도적인 낭만적 끌림(an overwhelming romantic attraction)을 의미합니다.

Although "Begin the Beguine" was not played for Meher Baba very often, nevertheless it had a unique significance for Him. As early as the '50s, Baba began instructing his mandali that when He dropped His body, "Begin the Beguine" should be played. And, if it was not possible to play the record, it should be sung, and if no one was there to sing it, the words should be read out.

So it was that on January 31, 1969, when Meher Baba laid His body aside in His room at Meherazad, the record "Begin the Beguine" was played on a little record player which His women disciples brought into His room. The song was also played in Mandali Hall when Baba's body was taken there, in Baba's cabin on Meherabad Hill as the crypt in the Samadhi was being prepared and, later, in the Samadhi itself. Altogether it was played seven times. Since then, it has always had special meaning for those who follow Baba.

It's simply amazing the number of times it pops up on the radio these days, but what gets me is the perfect timing of its occurrences. For example, in February 1983 I started working inside the post office and found myself in an area where "rock and roll" was being played over the radio eight hours a day.

After I'd gone through about three days of this ear battering experience, I groaned and said, "I'll never hear any decent songs in this awful place." Not long after that, I was sitting in the lunchroom when someone switched on a soft music station. Sure enough, "Begin the Beguine" came on right in the middle of my cheese sandwich and had anyone been watching, they would have thought I had had a sudden attack of lockjaw.

비록 “비긴 더 베긴”은 메허 바바에게 자주 연주되지는 않았지만, 그럼에도 불구하고 그에게는 독특한 의미가 있었습니다. 일찍이 50년대 초에 바바는 그의 만달리에게 자신의 몸을 떨어뜨렸을 때 “비긴 더 베긴”을 연주해야 한다고 지시하기 시작했습니다. 그리고 그 음반을 연주할 수 없으면 노래를 불러야 하고, 노래를 불러 줄 사람이 없으면 가사를 낭송해야 했습니다.

그래서 1969년 1월 31일, 메허 바바 그의 육신이 메헤라자드에 있는 그의 방 한쪽에 옆으로 눕혀졌을 때 그의 여자 제자들은 그의 방으로 가져온 작은 레코드 플레이어에서 “비긴 더 베긴”이라는 음반을 재생했습니다. 이 노래는 또한 바바의 시신이 만달리 홀에서부터 사마디로 옮겨질 때, 사마디의 지하실이 준비되고 있을 때 메허라바드 언덕에 있는 바바의 오두막에서 그리고 나중에는 사마디 자체에서 연주되었습니다. 총 7번 연주되었습니다. 그 이후로 바바를 따르는 사람들에게는 항상 특별한 의미가 있었습니다.

요즘 라디오에 나오는 횟수가 정말 놀랍습니다. 하지만 내 마음을 사로잡는 것은 노래가 나오는 완벽한 타이밍입니다. 예를 들어, 1983년 2월에 저는 우체국에서 일하기 시작했고 하루에 8시간 동안 라디오를 통해 “로큰롤”이 재생되는 지역에서 있었습니다.

3일 정도 노래가 귓가를 맴도는 경험을 하고 나자 저는 신음하며, “난 이 끔찍한 곳에서 제대로 된 노래는 절대 들을 수 없을 거야.”라고 말했습니다. 그 후 얼마 지나지 않아 저는 누군가가 부드러운 음악 방송국의 스위치를 켰을 때 구내식당에 앉아 있었습니다. 당연히 “비긴 더 베긴”이 제 치즈 샌드위치가 나오는 중간에 나왔고 누군가가 보고 있었다면 제가 갑자기 턱이 굳어졌다고 생각했을 것입니다.

Then there's the story of a Baba lover returning from his pilgrimage to Meherabad/Meherazad. Although he was happy to be carrying in a large black leather case the new sitar he had purchased in India, he was a little depressed to be at the New York airport, 10,000 miles from where his heart lay. As he was making his way to a taxi, he was accosted by a typical New Yorker and the following conversation ensued:

"Hey buddy, what's in dat case?"
"A sitar."
"What's that?"
"It's a musical instrument from India."
"Can it play 'Begin the Beguine?'"

This unexpected question bridged the distance between New York and Meherabad. In a humorous way Baba had thus reassured His lover that He was with him in America just as much as in India.

My favorite story concerning "Begin the Beguine," however, took place in early 1983. It was Sunday, the 30th of January and a group of ten of us had gathered at a local restaurant in Schenectady, New York, to have lunch with Jeanne and Darwin Shaw. As is occasionally wont to happen during these get-togethers, the conversation started drifting far afield. One group at one end of the table was talking about jobs and careers, another at the other end was having a lively discussion about the movie industry and in the middle were Jeanne and Darwin, sitting quietly.

Suddenly we heard a soft, "Shh, shh, listen!" and turned to see Darwin with his right hand cupped to his ear.

그리고 메허라바드/메헤라자드 순례에서 돌아온 바바 러버의 이야기가 있습니다. 그는 인도에서 구입한 새 시타르[기타 비슷한 남아시아 악기]를 커다란 검은색 가죽 케이스에 넣고 다니는 것이 행복했지만, 그는 그의 심장[사랑]이 있는 곳에서 10,000마일이나 떨어진 뉴욕 공항에 있다는 사실에 약간 우울했습니다. 택시를 타러 가는 길에 전형적인 뉴요커 한 명이 그를 만나 다음과 같은 대화를 나눴습니다:

"이봐요 친구, 케이스에 무엇이 들어있나요?"
"시타르요."
"그게 뭔데요?"
"인도에서 사용하는 악기입니다."
"'비긴 더 베긴'을 연주할 수 있나요?"

이 예상치 못한 질문은 뉴욕과 메허라바드 사이의 거리를 연결했습니다. 따라서 바바는 유머러스한 방법으로 자신이 인도에서와 마찬가지로 미국에서도 그와 함께 하고 있음을 그의 러버에게 안심시켰습니다.

그러나 "비긴 더 베긴"에 관해 제가 가장 좋아하는 이야기는 1983년 초에 일어났습니다. 그날은 1월 30일 일요일이었고 우리 열 명이 잔느와 다윈 쇼와 함께 점심을 먹기 위해 뉴욕의 스키넥터디에 있는 현지 레스토랑에 모였습니다. 이런 모임에서는 가끔 일어나는 일이듯이 대화는 멀리 표류하기 시작했습니다. 테이블 한쪽 끝에는 직업과 경력에 대해 이야기하는 그룹이 있고, 다른 쪽 끝에는 영화 산업에 대해 열띤 토론이 벌어지는 그룹이 있으며, 그 가운데에는 잔느와 다윈이 조용히 앉아 있었습니다.

갑자기 "쉿, 쉿, 들어봐!" 하는 부드러운 소리가 들렸습니다. 그리고 오른손을 귀에 대고 있는 다윈을 돌아보았습니다.

Sure enough, "Begin the Beguine" was being played over the restaurant radio. The group quickly fell into a silent reverie.

As it turned out, we were the only people seated in the small dining room and at one point I looked up and noticed two of the staff staring at us and shaking their heads in disbelief. Just two minutes previously, we had been so animated and lively and now we were sitting like statues. What could they possibly have thought?

As the song ended, I glanced at my watch. It was 1:30 in the afternoon in New York but exactly twelve midnight of January 31st in India. At that moment, on Meherabad Hill, Amartithi had begun.

This is an event we like to keep track of in our minds and hearts. And so, despite the fact that the sheep of our mind had wandered off, Baba brought us all back "home" and ushered in the most holy of days in a beautiful, poignant way. Such is His compassion for us!

For me, Baba's Avataric greatness lies not only in His work for the creation but also in these little things, the little personal touches that each of us who tries to love and hold on to Him, experiences.

Any song or incident associated with Baba reminds us of Him and brings with that remembrance, some of His sweet love and enlivening presence. And each time I hear of one of these incidents or experience one myself, it is another answer in an endless chain of His loving answers to a question once posed in a song:

"Are you listening?"

-Showers of Grace, pp.86-88, Bal Natu, ed

물론 레스토랑 라디오에서는 "비긴 더 베긴"이 흘러나오고 있었습니다. 일행은 금세 고요한 몽상에 빠져들었습니다.

알고보니 작은 식당에 앉아 있는 사람은 우리밖에 없었고, 어느 순간 고개를 들어 보니 직원 두 분이 믿기지 않는다는 듯이 고개를 저으며 우리를 쳐다보고 있었습니다. 불과 2분 전만 해도 우리는 매우 활기차고 생동감이 있었는데 지금은 조각상처럼 앉아 있었습니다. 그들이 무슨 생각을 했을까요?

노래가 끝나자 시계를 보았습니다. 뉴욕에서는 오후 1시 30분이었지만 인도에서는 정확히 1월 31일 자정 12시였습니다. 그 순간, 메허라바드 언덕에서 아마르티티가 시작되고 있었습니다.

이것은 우리가 마음과 가슴에 기록하고 싶은 이벤트입니다. 그래서 우리 마음의 양들이 방황했다는 사실에도 불구하고, 바바는 우리 모두를 "집"으로 데려왔고 아름답고 가장 가슴 아픈 방식으로 가장 거룩한 날을 인도했습니다. 이것이 우리를 위한 그분의 연민입니다!

저에게 바바의 아바타적 위대함은 창조를 위한 그분의 일뿐 아니라 그분을 사랑하고 붙들려고 노력하는 우리 각자가 경험하는 이러한 작은 것들, 작은 개인적인 손길들에도 있습니다.

바바와 관련된 모든 노래나 사건은 우리에게 그분을 생각나게 하고 그 기억과 함께 그분의 감미로운 사랑과 생동감 있는 존재감을 가져옵니다. 그리고 제가 이러한 사건 중 하나에 대해 듣거나 직접 경험할 때마다, 그것은 한때 노래에서 제기되었던 질문에 대한 그분의 사랑스러운 대답의 끝없는 사슬에서의 또 다른 대답입니다.

"당신은 듣고 있나요?"

-은총의 소나기 86-88페이지, 발 나투 첨부

Obedience Alone is Enough for You

On the Path, cowards have no place. Hafiz said that when he became a lover of God, he thought he had got a grip over the "Pearl." But he never dreamt of the depth of the Ocean and the dangers to be faced from storms and waves! Guru Nanak once said: "O God, no one can know Your Beginning, nor fathom Your End!"

I am that Infinite God! I am God, and yet I cannot fathom my Self! All these infinitely varied things came out of me. Once, I thought of seeing all that I had created with my physical eyes. I tried to count all the things, but even I failed to fathom my endlessness! The wonder is that everything is within you, and yet you cannot see it. The Infinite is within you, and not in space. God is infinite. You are drops in that Infinite Ocean. When knowledge dawns, you know everything.

The true lover of God [Mard-e-Khuda], in his intense love, is continually experiencing a burning, an intense burning for union with God. Such a lover is in agony. But he must not complain to his Beloved about his agonies. He should remain cheerful. As soon as he complains, he loses all that he had silently treasured within him.

Some masts are greatly advanced; others are not. One mast, Dhondi Bua, always remained naked and used to roll in the dirt. He used to say: "I cannot bear comfort!" He suffered a lot; yet I did not shower my grace on him. How then can I shower it on you who have not yet suffered hardly anything in love? Love such as the masts have is very, very rare. And fortunately, therefore, it is not necessary for you to possess that in order to attain God. Obedience alone is enough for you. All you have to do is to obey me and nothing else will matter. It is as easy as that to attain what is well-nigh impossible to attain!

-Lord Meher, p4901

순종만으로도 충분합니다

도[道]에 이르면 겁쟁이는 설 자리가 없습니다. 하피즈는 하나님의 러버가 되었을 때 "진주"를 손에 넣었다고 생각했다고 말했습니다. 그러나 그는 바다의 깊이와 폭풍과 파도로 인해 직면하게 될 위험은 꿈에도 생각하지 못했습니다! 구루 나낙은 이렇게 말했습니다: "오 신이시여, 아무도 당신의 시작을 알 수 없고 끝을 헤아릴 수 없나이다!"

나는 바로 그 무한한 신입니다! 나는 신이지만 내 참나를 헤아릴 수 없습니다! 이 모든 무한히 다양한 것들이 나에게서 나왔습니다. 한 번은 내가 창조한 모든 것을 육신의 눈으로 보고 싶다는 생각이 들었습니다. 나는 모든 것을 세어 보았지만 나조차도 나의 끝없음을 헤아리지 못했습니다! 경이로운 모든 것이 여러분 안에 있는데도 여러분은 그것을 볼 수 없다는 것입니다. 무한함은 우주에 있는 것이 아니라 여러분 안에 있습니다. 신은 무한합니다. 여러분은 그 무한한 바다의 물방울입니다. 지식이 싹트면, 모든 것을 알게 됩니다.

하나님의 진정한 러버[마드-에-쿠다]는 그의 강렬한 사랑 속에서 하나님과의 합일에 대한 강렬한 열망으로 끊임없이 불타는 경험을 하고 있습니다. 그러한 러버는 고통에 빠져 있습니다. 하지만 그는 그의 비러벳[사랑받는 이]에게 자신의 고통에 대해 불평해서는 안 됩니다. 그는 쾌활함을 유지해야 합니다. 그가 불평하는 순간, 그는 그의 내면에서 묵묵히 간직했던 소중한 모든 것을 잃게 됩니다.

어떤 머스트[신에 도취된 자]는 크게 발전했지만 다른 머스트는 그렇지 않습니다. '돈디 부아'라는 한 머스트는 항상 벌거벗은 채로 흙탕물을 뒤집어 쓰곤 했습니다. 그는 이렇게 말했습니다: "나는 편안함을 견딜 수 없다!" 그는 많은 고통을 겪었지만, 나는 그에게 은총을 내리지 않았습니다. 그렇다면 아직 사랑으로 고통을 거의 겪지 않은 여러분에게 어떻게 은총을 적셔줄 수 있을까요? 머스트와 같은 사랑은 매우 드뭅니다. 그러므로 다행스럽게도 하나님께 다가서기 위해 머스트가 될 필요는 없습니다. 순종하는 것만으로도 충분합니다. 여러분이 해야 할 일은 나에게 순종하는 것뿐이며 다른 것은 중요하지 않습니다. 거의 불가능에 가까운 것을 얻는 것은 그것만큼이나 쉽습니다!

-로드 메허 4901페이지

There are two ways to reach God

One way is to go consciously. We are very inquisitive people and the human mind is very nosy. So we want to become conscious of everything that happens, of every step that we go forward. And in doing that we get bogged down in our own progress. To go consciously is very dangerous.

To go unconsciously, the second way, is when you are guided by your Master, Meher Baba, who takes you blindfolded. Do not think that He does not help you because He asks you to remain in the dark all the time and to sacrifice all your inquisitiveness and nosiness about perceiving the different pictures, lights, sounds, fragrances or music. He gives you a great, great strength within yourself.

How is it that we handful of mandali could have stayed with Meher Baba for fifty years with no spiritual experiences? How is it possible for us to have carried on with Meher Baba, not having had any spiritual experiences, unless He gave us an inner strength? So that is of importance in the process of self-effacement.

-Just to Love Him, pp.66-67, by Adi K Irani.

하나님께 도달하는 두 가지 방법

한 가지 방법은 의식적으로 가는 것입니다. 우리는 매우 탐구적인 사람들이고 인간의 마음은 매우 호기심이 많습니다. 그래서 우리는 우리가 앞으로 나아가는 모든 단계에서 일어나는 모든 일을 자각(conscious)하고 싶어 합니다. 그러다 보면 자신의 진척 상황에 얽매이게 됩니다. 의식적으로 나아가는 것은 매우 위험합니다.

두 번째 방법인 무의식적으로 가는 것은 눈을 가린 채로 여러분의 스승 메허 바바의 인도를 받는 것입니다. 그분이 항상 어둠 속에 머물러 있고 다른 그림, 빛, 소리, 향기 또는 음악을 인식하는 것에 대한 모든 호기심과 참견을 희생하라고 요구하기 때문에 그분이 여러분을 돕지 않는다고 생각하지 마십시오. 그분은 여러분 내면에 크고 큰 힘을 주십니다.

우리 소수의 만달리들이 어떻게 영적인 체험 없이 50년 동안 메허 바바와 함께할 수 있었을까요? 메허 바바가 우리에게 내면의 힘을 주지 않았다면 어떻게 영적 체험이 없는 우리가 메허 바바와 함께 할 수 있었겠습니까? 그래서 그것은 자기-소멸 과정에서 중요합니다.

-아디 K 이라니의 단지 그분을 사랑하기 위해 66-67페이지

The Healing Power of Conviction

Before Meher Baba's visit to Australia, the members of the group had spent a lot of time helping Francis Brabazon get the house that he had specially built for Baba's anticipated visit, ready on time. I was one of this group of people, and naturally, we had neglected doing jobs at home, giving priority to having Francis' place ready for Baba. We had also arranged a working bee at Francis' place on the first Saturday afternoon after Baba's departure for India, and I had said that I would be there.

However, on Saturday morning, my wife was complaining that I had been neglecting doing any jobs at home for months while I was spending a lot of time at Beacon Hill. She kept laboring the point that there was no urgency now for the jobs to be done there, and that it was more important to catch up with the ones that had been neglected at home. There was a lot of logic in what she said, but as I had said I would be there on Saturday afternoon, I wanted to go. She wasn't happy with this, and she wanted me to get started that weekend at home. I knew that I should either go up there and help as I had promised or else go up and tell them that I couldn't come this Saturday afternoon. Finally, I did neither. I was prevailed upon to work at home, and I didn't tell Francis that I couldn't come.

확신의 치유력

메허 바바가 호주를 방문하기 전에, 그룹의 멤버들은 프란시스 브라바존이 바바의 방문을 위해 특별히 지은 집을 제시간에 준비하도록 돕는 데 많은 시간을 보냈습니다. 저는 이 그룹의 일원이었고, 자연스럽게 우리는 집에서 할 일들을 소홀히 했고, 바바를 위해 프란시스의 집을 준비하는 데 우선순위를 두었습니다. 우리는 또한 바바가 인도로 떠난 후 첫 토요일 오후에 프란시스의 집에서 일하는 모임을 준비했고, 저도 그곳에 가겠다고 말했습니다.

하지만 토요일 아침, 아내는 제가 몇 달 동안 집안일을 소홀히 하고 비컨 힐에서 많은 시간을 보냈다며 불평했습니다. 그녀는 지금 당장 그곳에서 해야 할 일들은 급하지 않다며, 집에서 소홀히 했던 일들을 해결하는 것이 더 중요하다고 계속해서 지적했습니다. 그녀의 말에는 많은 논리가 있었지만 토요일 오후에 가겠다고 했기 때문에, 저는 가고 싶었습니다. 그녀는 이것이 마음에 들지 않았고, 그 주말을 집에서 지내길 원했습니다. 저는 약속한 대로 가서 도와주든지 아니면 토요일 오후에 못 간다고 말해야겠다고 생각했습니다. 결국 저는 둘 다 하지 않았습니다. 저는 집에서 일하도록 설득당했고, 프란시스에게 못 간다고도 말하지 않았습니다.

The job that I was doing at home was making a concrete path, which necessitated lifting bags of cement. I had had an operation for a double hernia about three years before this time. It was successful, and after about a year or so, I was able to lift heavy objects quite normally. However, on this day when I lifted the cement bag, I ruptured the muscles in my stomach, and I had a double hernia again. This is not a thing that I could have been mistaken about. Once you have had one, you know, you can feel part of your intestines protruding through the wall of your stomach.

I felt that for the weight I had lifted, this should not have happened. I had previously lifted cement bags after the operation without any problem, and I felt sure that this mishap was associated with Meher Baba and my breaking a promise to help Francis at Beacon Hill. During Meher Baba's visit, I had gradually become more and more convinced of His Divinity. I now had a firm conviction that He was the Avatar or Christ. I felt rather foolish at having done the wrong thing when I knew that it was important for me to do the right thing.

I didn't want to go to the hospital again to have the operation repeated. I thought that under the circumstances, there must be some other way. I thought about Jesus and the two types of miracles associated with Him. Firstly, there were the ones that He initiated, raising the dead, giving sight to the blind, and so on. The other type was caused through other people's faith in His Divinity—they were not initiated by Him but by other people who had implicit faith in Him. However, this usually happened in His physical presence. I reasoned that in the case of the Avatar, distance was not important. I thought it would be important with Saints or Perfect Masters, but not with the Avatar.

제가 집에서 하던 일은 콘크리트 길을 만드는 것이었는데, 시멘트 포대를 들어야 했습니다. 저는 약 3년 전에 이중 탈장[양측성 탈장] 수술을 받은 적이 있었습니다. 수술은 성공적이었고 1년 정도 지나자 무거운 물건도 정상적으로 들 수 있게 되었습니다. 하지만 시멘트 포대를 들어 올리던 날, 배 근육이 파열되어 다시 이중 탈장이 생겼습니다. 이것은 제가 판단이 잘못될 수 있는 일이 아니었습니다. 만약 여러분이 그것을 한 번 겪었다면, 여러분은 장의 일부가 위벽을 통해 튀어나오는 것을 느낄 수 있습니다.

제가 들어 올린 무게 때문에 탈장이 됐다고 느꼈습니다. 이런 일은 일어나지 말았어야 했습니다. 저는 이전에 수술 후 아무 문제 없이 시멘트 포대를 들어 올렸었는데, 이 사고는 메허 바바와 비컨 힐에서 프란시스를 돕겠다는 약속을 어긴 것과 관련이 있다고 확신했습니다. 메허 바바가 방문하는 동안, 저는 그분의 신성에 점점 더 확신을 갖게 되었습니다. 저는 이제 그분이 아바타 또는 그리스도라는 확고한 확신을 갖게 되었습니다. 옳은 일을 하는 것이 중요하다는 것을 알면서도 잘못된 일을 한 것에 대해 정말 바보 같다고 느껴졌습니다.

저는 다시 병원에 가서 수술을 반복하고 싶지 않았습니다. 이런 상황에서는 다른 방법이 있을 거라고 생각했습니다. 저는 예수님과 그분과 관련된 두 가지 유형의 기적에 대해 떠올렸습니다. 첫째로, 죽은 자를 살리고 눈먼 자에게 시력을 주는 등 예수님이 직접 일으킨 기적이 있었습니다. 다른 유형은 그분의 신성을 믿는 사람으로 인해 발생한 것으로, 그분이 일으킨 것이 아니라 그분에 대한 절대적 믿음을 가진 다른 사람들에 의해 촉발되었습니다. 그러나 이 유형은 대개 그분의 육체적 현존하에 일어났습니다. 저는 아바타의 경우 거리는 중요하지 않다고 생각했습니다. 성자나 퍼펙트 마스터[완전한 스승]들에게는 중요하지만, 아바타에게는 중요하지 않다고 생각했습니다.

His authority was boundless. I also reasoned that if the Avatar was an incarnation of God in human form, God being everywhere, He would know what I was thinking.

So I had a talk with Him. He being physically in India, spiritually everywhere, and I being in Australia. I apologized to Him for breaking my word to help Francis.

I said that I had learned my lesson and it wouldn't happen again. I said that I wasn't going to the hospital to have the operation again; I didn't think that it was necessary. I felt that the recurrence of my hernia had happened to teach me a lesson and that it was associated with Him. I had now learned my lesson, and I didn't need to go to the hospital to be healed. I was convinced that He was the Avatar or Christ of this age, and I was convinced that my faith in Him would heal me. I didn't put a time on it but said, "In your time," and left it at that.

Then I dismissed the thought from me and went on with the job. After that, whenever I had heavy work to do, I wore a truss, and at other times, I didn't. I was thoroughly convinced that I would be healed in His time and didn't think any more about it.

After blacking out the rooms, I carried out Baba's instructions on each of the following four Saturday nights. On the last Saturday night, in the last minute of the allotted time, I received what I can only describe as a "shaft of energy." A great amount of energy suddenly entered my body at the back of my neck, and it went down through my body. I felt two little "nips" inside my stomach like someone pinching my intestines inside my stomach.

그의 권능은 끝이 없었습니다. 저는 또한 아바타가 인간의 모습을 한 하나님의 화신이라면, 하나님은 어디에나 계시고, 제가 무슨 생각을 하는지 아실 거라고 생각했습니다.

그래서 저는 그분과 대화를 나눴습니다. 그분은 육체적으로는 인도에 있지만, 영적으로는 어디에나 계시고, 저는 호주에 있습니다.

저는 프란시스를 돕겠다는 약속을 어긴 것에 대해 그분께 용서를 구했습니다. 저는 교훈을 얻었고 다시는 그런 일이 일어나지 않을 것이라고 말했습니다. 다시는 수술을 받기 위해 병원에 가지 않겠다고 말했고, 그럴 필요가 없다고 생각했습니다. 저는 탈장의 재발이 제게 교훈을 주기 위해 일어난 일이며 그분과 관련이 있다고 느꼈습니다. 이제 저는 교훈을 얻었고, 병을 고치기 위해 병원에 갈 필요가 없었습니다. 저는 그분이 이 시대의 아바타 또는 그리스도라고 확신했고, 그분에 대한 믿음이 나를 치유할 것이라고 확신했습니다. 저는 시간을 정하지 않았고 "당신의 시간에"라고 말하며 그대로 내맡겼습니다.

그런 다음 저는 그 생각을 떨쳐버리고 일을 계속했습니다. 그 후로 저는 고된 일을 할 때마다 탈장대를 착용했고, 그 외의 시간에는 착용하지 않았습니다. 저는 그분의 시간에 치유받을 것이라고 철저히 확신했고 더 이상 그것에 대해 생각하지 않았습니다.

방을 어둡게 한 후, 저는 다음 네 번의 토요일 밤마다 바바의 지시[어둠 속 바바 명상법]를 수행했습니다. 마지막 토요일 밤, 정해진 시간의 마지막 순간에 저는 "에너지의 통로"라고밖에 표현할 수 없는 힘을 받았습니다. 엄청난 양의 에너지가 갑자기 목뒤로 들어와 제 몸속으로 들어갔고, 그것은 제 몸을 통해 내려갔습니다. 저는 마치 누군가가 제 뱃속에서 창자를 비트는 것처럼 두 번의 작은 "꼬집힘"을 느꼈습니다.

Then two more "nips" where my hernias were. From that time onwards, my hernias were completely healed, and I could do heavy lifting without any problems.

It took me some years to realize that this had happened literally in His time. It happened during the time that had been reserved for carrying out Baba's instructions.

Meher Baba says that He doesn't perform miracles*, and I believe that He doesn't perform them in the sense that He initiates them. However, because of His spiritual status, I believe that if a person has sufficient faith in Him, a so-called miraculous thing can happen because the divine laws associated with His being would be higher than the normal laws of nature, and in the case of conflict, the higher law would prevail. Be this as it may, it is a fact that the above is a true and accurate account of what happened to me.

-Practical Spirituality with Meher Baba, pp.59-60, John A. Grant

---

* Next Baba led us out to the little wooden hut, on legs, so small that one could not stand up straight inside, where he spent a number of months in seclusion in 1925, writing the account of his spiritual experience, which no one so far has seen. Alongside this hut is Baba's dhuni, or sacred fire. Vishnu, one of Baba's mandali, related how in the drought of 1927, which was so severe that in desperation the villagers came to Baba imploring him to send them rain; whereupon he lit the dhuni, and by the time the villagers had returned to their village, which was close by, it was raining. 'They call it a miracle', said Baba, 'but it was only a coincidence. I shall perform only one miracle - when I speak the Word - the Divine Word. That really will be a miracle.'

-Meher Baba, The God-Man, p227, by C. B. Purdom

그리고 탈장이 있던 곳에서 두 번 더 "꼬집힘"을 느꼈습니다. 그때부터 탈장은 완전히 치유되었고, 저는 아무 문제 없이 무거운 물건을 들 수 있었습니다.

저는 이것이 말 그대로 그분의 시간에 일어난 것임을 깨닫는데 몇 년이 걸렸습니다. 그것은 바바의 지시를 수행하기 위해 배정된 시간 동안에 일어났습니다.

메허 바바는 자신이 기적*을 행하지 않는다고 말합니다. 그리고 저도 그분이 기적을 촉발한다는 의미에서 기적을 행하지 않는다고 믿습니다. 다만 그분의 영적 지위 때문에, 사람이 그분에 대한 충분한 믿음을 가진다면, 그분의 존재와 연관된 신성한 법칙이 자연의 일반적인 법칙보다 높기 때문에 소위 기적적인 일이 일어날 수 있다고 믿습니다. 그리고 두 법칙 간에 충돌이 일어날 경우, 더 높은 법칙이 지배할 것입니다. 어찌 되었든, 위의 내용이 제가 겪은 일에 대한 진실하고 정확한 기록임은 분명합니다.

–실천적 영성 59-60페이지, 존 A. 그랜트 첨부

---

* 다음으로 바바는 우리를 다리가 너무 작아 똑바로 설 수 없는 작은 나무 오두막으로 안내했고, 그곳에서 그는 1925년 몇 달 동안 은둔하며 지금까지 아무도 보지 못한 영적 체험에 대한 이야기를 썼습니다. 이 오두막 옆에는 바바의 두니, 즉 신성한 불이 있습니다. 바바의 만달리 중 한 명인 비슈누는 1927년 가뭄이 너무 심해 절망에 빠진 마을 사람들이 바바에게 찾아와 비를 내려달라고 간청하자 바바가 두니에 불을 붙였고 마을 사람들이 가까운 마을로 돌아갔을 때 비가 내리고 있었다고 말했습니다. 바바는 '사람들은 그것을 기적이라고 부르지만 그것은 단지 우연일 뿐입니다. 나는 오직 한 가지 기적만을 행할 것입니다 – 내가 신성한 말씀인 하나님 말씀을 말할 때, 그것은 정말 기적이 될 것입니다.

–메허 바바의 갓맨 227페이지, 찰스 벤자민(Charles Benjamin) 퍼덤 옮김

Baba Meditation in the Dark

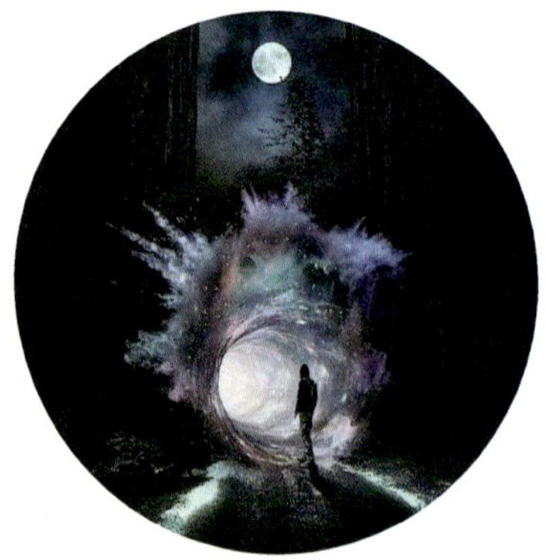

(1956) Meher Baba had given us instructions that were to be carried out after His departure for India. They required us to be in a completely darkened room with our eyes open, while we repeated His name audibly for half an hour. I was very keen to be obedient, and so during the week following His departure, I darkened, as I thought, our bathroom and laundry—a room each for my wife and myself. When I tested them at night, they appeared dark at first, but after five or ten minutes, when my eyes adjusted to the darkness, some light would come through the ventilators or under the door, even when there was no moon shining—just the light of the stars. After about twenty minutes, my eyes got so used to the dark that I could see light coming into the rooms even on a completely overcast night.

We had a ventilated ceiling in the bathroom to give extra ventilation, so besides having to black out the windows, there were the ventilators in the wall and in the ceiling, the space under the door, and even the keyhole. It was a very difficult job to completely black out the two rooms, but I finally managed to do it. It might seem that I went to a lot of unnecessary trouble blacking out these rooms, but Baba had said a 'completely darkened' room, and I wanted them to be completely darkened as He had instructed.

어둠 속 바바 명상법

(1956년) 메허 바바가 인도로 떠난 후, 그는 우리에게 수행해야 할 지시를 내렸습니다. 완전히 어두운 방에 눈을 뜨고 앉아 30분 동안 그의 이름을 소리 내어 반복하라는 것이었습니다. 저는 순종하는 것을 간절히 원했기에, 그가 떠난 후 일주일 동안 아내와 저 자신을 위해 각각 화장실과 세탁실을 어둡게 했습니다. 밤에 그것들을 테스트했을 때, 처음에는 어두워 보였지만 5분이나 10분이 지나고 눈이 어둠에 적응하자 달이 비추지 않아도 환풍기나 문 아래를 통해 약간의 빛이 들어왔고 그것은 단지 별빛들이었습니다. 약 20분 정도 지나자 눈이 어둠에 상당히 익숙해져서 완전히 어두운 밤에도 방으로 들어오는 빛을 볼 수 있었습니다.

그래서 창문을 가리는 것 외에도 벽과 천장에는 환기 장치가 있었고, 문 아래의 공간, 심지어 열쇠구멍까지 막아야 했습니다. 방을 완전히 어둡게 하는 것은 매우 어려운 작업이었지만, 저는 마침내 해냈습니다. 이 방을 완전히 어둡게 하는 데 불필요한 수고를 많이 한 것처럼 보일 수도 있지만, 바바는 '완전히 어두운' 방을 말했고, 저는 그의 지시대로 완전히 어둡게 하기를 원했습니다.

With instructions from the Master, the important thing is not what the instruction is—the important thing is for the person receiving the instruction to carry it out. It is far better not to receive an instruction from the Master than to receive one and then not carry it out. Also, I had read somewhere in one of Baba's books that things in the subtle world on the first plane are initially seen with the gross eyes. In following His instructions, we were blacking out the light that was needed to see the gross objects in the gross world. I didn't know whether we were going to be given an opportunity to see anything in the subtle world or not, but I wanted to give myself the best chance of doing so by being very particular to literally carry out His instructions.

-Practical Spirituality with Meher Baba, pp.59-60, John A[Alister] Grant

"Where is God?"

All replied spontaneously. Jehangir Wankadia said, "Everywhere."
Nilu pointed to his chest and said, "In the heart!"
Vishnu said, "In the soul!"
One expressed his inability to give the proper answer, saying,
"It is the eternal question."
Finally, Baba asked Don, who pointed to Baba sitting on the bed,
"In Baba! Baba is God."

God is where you are not! By you is meant your false I, your illusory life as Kaka, Adi, Eruch, Baidul. Where you are, God is not! To think yourself separate from God is all imagination. Your false ego makes you think you are such-and-such and leads you to believe that God can never reside within you! When your false ego disappears and your I goes, God comes!

-Lord Meher Online, pp.2029-2030

스승의 지시를 받을 때 중요한 것은 그 지시가 무엇인지가 아니라 지시를 받은 사람이 그 지시를 수행해야 하는 것입니다. 스승의 지시를 받고도 수행하지 않는 것보다 지시를 받지 않는 것이 훨씬 낫습니다. 또한 저는 바바의 책 어딘가에서 첫 번째 경지의 기氣적인 세계에 있는 것들이 처음에는 물질적인 눈으로 보인다는 것을 읽은 적이 있습니다. 그의 지시를 따라, 우리는 물질적인 세계에서 물리적 물체를 보는 데 필요한 빛을 어둡게 하고 있었습니다. 기氣적인 세계에서 어떤 것을 볼 기회가 주어질지 여부는 알 수 없었지만, 저는 그의 지시를 매우 철저히 따름으로써 그렇게 할 수 있는 최상의 기회를 제 자신에게 주고 싶었습니다.

-실천적 영성 59-60페이지, 존 A[앨리스터]. 그랜트 첨부

"하나님은 어디에 있나요?"

모두가 자발적으로 대답했습니다. 제한기르 완카디아는 "모든 곳에요."라고 말했습니다. 닐루는 자신의 가슴을 가리키며 "가슴 속에!"라고 말했습니다. 비슈누는 "영혼 안에!"라고 말했습니다. 한 사람은 "그것은 영원한 질문입니다."라고 말하며 적절한 대답을 할 수 없음을 표현했습니다. 마침내, 바바는 침대에 앉아있는 바바를 가리키는 돈에게 물었습니다. "바바 안에 있어요! 바바가 하나님입니다."

하나님은 여러분이 없는 곳에 있습니다! 여러분은 자신의 거짓된 나인 카카, 아디, 에루치, 바이둘과 같은 여러분의 환상적인 삶을 의미합니다. 여러분이 있는 곳에 하나님은 없습니다! 자신을 하나님과 분리되어 있다고 생각하는 것은 모두 상상입니다. 여러분의 거짓된 에고는 여러분 자신이 이러저러하다고 생각하게 만들고 하나님이 결코 자신 안에 거주할 수 없다고 믿게 만듭니다! 여러분의 거짓된 에고가 사라지고 여러분의 나가 사라지면 하나님이 오십니다!

-로드 메허 온라인 2029-2030페이지

A Comparison of the Waking and Dream States

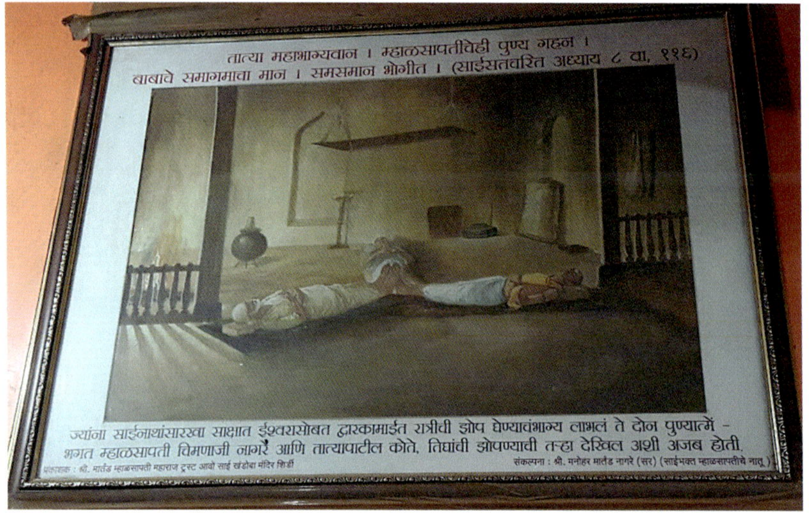

In sleep, when one is not aware of the individual self, one is not aware of existence. The true Self is light, the self-luminous witness of its own non-dual state. This Self alone exists, and it is this Self that the reflective and wise perceive.

—Panchadasi

When Comparing Ordinary consciousness with that of a satpurush, that is, a spiritually advanced soul, it appears outwardly that their sleeping and waking states are similar to our own. Yet before continuing this topic, consider the outline below, which may be an aid in understanding the subject matter. ①

1. First State — ordinary wakefulness
2. Second State — ordinary dreaming
3. Third State — deep, peaceful sleep
4. Fourth State — Divine Dreaming
5. Fifth State — Divine Wakefulness

각성 상태와 꿈 상태의 비교

수면 중에는 개별적인 자아를 인식하지 못하기 때문에 존재를 인식하지 못합니다. 참된 자아는 빛이며, 자신의 비이원적 상태를 스스로 발광하는 증인입니다. 이 자아는 홀로 존재하며, 성찰적이고 현명한 사람이 인지하는 것은 바로 이 자아입니다.

-판차다시

평범한 의식을 삿푸루쉬, 즉 영적으로 진보한 영혼의 의식과 비교할 때, 그들의 잠자고 깨어있는 상태는 겉으로 보기에 우리의 의식과 비슷해 보입니다. 그러나 이 주제를 계속하기 전에 아래 개요를 고려하면 주제를 이해하는 데 도움이 될 수 있습니다.①

1. 첫 번째 상태 - 일반적인 깨어있음
2. 두 번째 상태 - 평범한 꿈
3. 세 번째 상태 - 깊고 평화로운 수면
4. 네 번째 상태 - 신성한 꿈
5. 다섯 번째 상태 - 신성한 각성[깨어남]

As shown above: The First and Second States represent normal consciousness, the ordinary wakefulness and dreaming experienced by all of us in our daily lives. The Third State is deep, peaceful sleep. The Fourth State is the state of the spiritually advanced; it is a conjoined state both ordinary and divine, which Hindus refer to as turiya, meaning "fourth." The State, which is divine, may outwardly resemble sleep, that is, the Third State. For an ordinary man to arrive at the state of deep, peaceful sleep, he must pass from his ordinary waking state through the interim stage of the ordinary dream state, in which one is half-awake and half-asleep.

If he normally spends less time in deep sleep than awake—as is usually the case, then drawn by the attraction of the waking state, he will linger in the transitional dream state rather than plunging quickly into sleep. In this case he often remembers his dreams. However if he normally spends more time asleep than awake, then drawn by sleep, such a man will not linger in the dream state. In that case he is not only unable to recall his dreams but may be completely unaware of having passed through the dream state at all. In either case one thing is certain: before arriving at the state of deep sleep, one invariably passes through the state of dreams.

If the attraction of the First State—that is, ordinary waking consciousness—is stronger than that of sleep and one customarily spends more time awake than asleep, then one will remain longer in the dream state and will awaken slightly before entering deep sleep. In deep, peaceful sleep one sees nothing. Before returning to wakefulness, one must once again pass through the dream state. If at that time the pull of deep sleep is greater than that of wakefulness, one may linger in the state of dreaming; the sleeper will then be able to dream and remember those dreams. Conversely, if while returning to waking consciousness, the pull of wakefulness is stronger than that of deep sleep, one will pass quickly through the dream state; then although one dreams, it is briefly, and the dreams are not remembered.

위와 같이: 첫 번째와 두 번째 상태는 정상적인 의식, 즉 일상에서 우리 모두가 경험하는 평범한 각성과 꿈을 나타냅니다. 세 번째 상태는 깊고 평화로운 수면입니다. 네 번째 상태는 영적으로 진보한 사람들의 상태이며, 평범함과 신성이 결합된 상태로 힌두교에서는 "네 번째"라는 뜻의 투리야라고 부릅니다. 신성한 상태인 제3의 상태는 겉으로 보기에 수면과 비슷할 수 있습니다. 평범한 사람이 깊고 평화로운 수면 상태에 도달하려면 다음을 수행해야 합니다. 평범한 깨어있는 상태에서 반은 깨어있고 반은 잠들어 있는 일반적인 꿈 상태의 중간 단계를 통과해야 합니다.

일반적으로 깨어있는 시간보다 깊은 잠에 머무는 시간이 적으면 깨어있는 상태의 매력에 이끌려 빨리 잠에 빠지지 않고 과도기적 꿈 상태에 머물게 됩니다. 이 경우 그는 종종 자신의 꿈을 기억합니다. 그러나 그가 일반적으로 깨어있는 것보다 잠자는 데 더 많은 시간을 보내고 잠에 이끌린다면 그러한 사람은 꿈 상태에 머물지 않을 것입니다. 이 경우 그는 꿈을 기억할 수 없을 뿐만 아니라 꿈 상태를 통과했다는 사실을 전혀 인식하지 못할 수도 있습니다. 두 경우 모두 한 가지 확실한 것은 깊은 수면 상태에 도달하기 전에 항상 꿈의 상태를 통과한다는 것입니다.

첫 번째 상태, 즉 일반적인 깨어있는 의식의 끌림이 수면보다 강하고 습관적으로 수면보다 깨어있는 시간이 더 길다면, 꿈의 상태에 더 오래 머물고 깊은 수면에 들어가기 전에 약간 깨어날 것입니다. 깊고 평화로운 수면 상태에서는 아무것도 보이지 않습니다. 깨어있기 전에 다시 한 번 꿈의 상태를 통과해야 합니다. 이때 깊은 잠의 끌림이 각성 상태보다 더 크면 꿈을 꾸는 상태에 머물 수 있으며, 잠자는 사람은 꿈을 꾸고 그 꿈을 기억할 수 있습니다. 반대로 깨어있는 의식으로 돌아오는 동안 각성의 힘이 깊은 수면의 힘보다 강하면 꿈의 상태를 빠르게 통과하게 되며, 꿈을 꾸더라도 잠깐이고 그 꿈은 기억되지 않습니다.

The states described up to this point pertain to ordinary people. For the satpurush the circumstances are quite different. Advanced souls who have reached levels of high divine consciousness do not immediately return from deep sleep to ordinary waking consciousness. Rather they ascend to the Divine Wakefulness of God-consciousness. Before attaining this state, these souls must pass through the state of Divine Dreaming, the state between deep sleep and Divine Wakefulness. As the experiences of this state include both dreaming and waking, it is called a conjoined state; it is also known as the Fourth State, or turiya. Those passing through this state see divine dreams, which are experienced solely by the spiritually advanced. It is from turiya that illumined souls reach the state of Divine Wakefulness and also from turiya that they achieve deep sleep. When these souls return to the state of deep sleep from Divine Wakefulness, they must once again pass through the state of Divine Dreaming.

In Divine Wakefulness they experience divine light; in deep sleep they see only darkness; in the state of Divine Dreaming they experience both darkness and divine light.

Again, advanced souls in deep sleep see darkness everywhere. In their state of Divine Wakefulness, they see divine light everywhere. In their state of Divine Dreaming, they witness both light and darkness. In deep sleep the soul merges in God, Parameshwar. Man in his indolence is unable to experience this union; he is only consciously aware of the ordinary waking state.

Thus if one is able while awake to consciously experience the state of deep sleep where the soul unites with God, it is as good as realizing God. This experience however is only for the fortunate few who then "become" sleep and, merging completely in that state, experience only light and splendor.

지금까지 설명한 상태는 일반인에게 해당합니다. 삿푸루쉬의 경우 상황은 상당히 다릅니다. 높은 신성한 의식의 수준에 도달한 고급 영혼은 깊은 수면에서 평범한 깨어있는 의식으로 즉시 돌아오지 않습니다. 오히려 그들은 신적 의식의 신성한 깨어남으로 올라갑니다. 이 상태에 도달하기 전에 이 영혼들은 깊은 수면과 신성한 각성 사이의 상태인 신성한 꿈의 상태를 통과해야 합니다. 이 상태의 경험에는 꿈과 깨어남이 모두 포함되므로 결합 상태라고 하며, 제4의 상태 또는 투리야라고도 합니다. 이 상태를 통과하는 사람들은 영적으로 진보한 사람만이 경험할 수 있는 신성한 꿈을 보게 됩니다. 투리야에서 빛을 받은 영혼은 신성한 깨어남의 상태에 도달하고 투리야에서 깊은 수면을 취하게 됩니다. 이 영혼들이 신성한 깨어남에서 깊은 수면의 상태로 돌아갈 때, 그들은 다시 한번 신성한 꿈의 상태를 통과해야 합니다.

신성한 깨어있음에서는 신성한 빛을 경험하고, 깊은 수면에서는 어둠만 보고, 신성한 꿈의 상태에서는 어둠과 신성한 빛을 모두 경험합니다.

다시 말하지만, 깊은 잠에 빠진 고급 영혼은 모든 곳에서 어둠을 봅니다. 신성한 깨어있음 상태에서는 모든 곳에서 신성한 빛을 봅니다. 신성한 꿈의 상태에서는 빛과 어둠을 모두 목격합니다. 깊은 잠에서 영혼은 파라메슈와르인 신에 합치합니다. 나태한 상태의 인간은 이 합일을 경험할 수 없으며, 의식적으로 깨어있는 상태만 인식할 수 있습니다.

따라서 깨어있는 상태에서 영혼이 신과 합일하는 깊은 잠의 상태를 의식적으로 경험할 수 있다면, 그것은 신을 깨달은 것과 같습니다. 그러나 이 경험은 수면을 "취하게 된" 운이 좋은 소수의 사람들에게만 해당되며, 그 상태에서 완전히 합쳐져 빛과 찬란함만을 경험하게 됩니다.

With careful and quiet consideration, it becomes clear that all Creation, its affairs, and our role as we perceive it in ordinary wakefulness is nothing but a dream. And our dreams in sleep are nothing but dreams within a dream.

We even dream that we are dreaming, which is yet a third dream—a dream within a dream within a dream! To recognize the world of ordinary wakefulness as a dream, we must first understand what a true dream is. In the state of Divine Dreaming, which is beyond Creation and all its affairs, we can sec ourselves as distinct and separate from the falsehoods of this Creation.

Sai Baba frequently gave Upasni Maharaj the experience of this state. In the Khandoba temple while fully awake, Maharaj often found himself in different places, participating in different activities. During these experiences he was neither asleep nor dreaming. One might therefore ask, "Who witnessed all these events?" The witness was none other then Maharaj himself. Here Maharaj found himself distinctly separate from Creation and its affairs yet at the same time a participant in its various activities. He was both in the state of ordinary wakefulness and that of Divine Dreaming, turiya.

Few are aware that we have two bodies, external and internal, and that they are joined. Without an experience of this, one believes that there is nothing to oneself but this outward form, that nothing more subtle exists. Similarly without the recognition that all Creation is but a dream, one takes the true dream to be false and the divine dream to be but a daydream.

Every thought that occupies us is present in a region of our mind. Out of ignorance identify ourselves with these thoughts. Experiencing the varied states of joy and remorse, we find ourselves to be happy or sad.

주의 깊고 조용히 생각해 보면, 우리가 깨어있을 때 인식하는 모든 피조물과 그 일들, 그리고 우리의 역할은 꿈에 불과하다는 것이 분명해집니다. 그리고 수면 중 우리의 꿈은 꿈속의 꿈일 뿐입니다.

우리는 심지어 3번째 꿈인 우리가 꿈을 꾸고 있다는 꿈도 꾸는데, 이것은 꿈속의 꿈입니다! 평범한 깨어있는 세계를 꿈으로 인식하려면 먼저 참된 꿈이 무엇인지 이해해야 합니다. 창조와 그 모든 일을 넘어선 신성한 꿈의 상태에서 우리는 이 창조의 거짓과 구별되고 분리된 것으로 우리 자신을 확보할 수 있습니다.

사이 바바는 우파스니 마하라지에게 이러한 상태를 자주 경험하게 했습니다. 칸도바 사원에서 완전히 깨어있는 동안 마하라지는 종종 다른 장소에서 다른 활동에 참여하는 자신을 발견했습니다. 이러한 체험을 하는 동안 그는 잠든 것도 아니고 꿈을 꾸는 것도 아니었습니다. 따라서 "이 모든 사건을 누가 목격했을까요?"라고 질문할 수 있습니다. 그 목격자는 다름 아닌 마하라지 자신이었습니다. 여기서 마하라지는 창조세계와 창조세계의 일과는 뚜렷하게 분리되어 있으면서도 동시에 창조세계의 다양한 활동에 참여하고 있는 자신을 발견했습니다. 그는 평범한 깨어있는 상태와 신성한 꿈, 투리야의 상태에 모두 있었습니다.

우리에게는 외적인 몸과 내적인 몸인 두 개의 몸을 가지고 있고 그 두 몸이 결합되어 있다는 사실을 아는 사람은 거의 없습니다. 이를 경험하지 못하면 자신에게는 이 외적인 형태 외에는 아무것도 없으며, 이보다 더 미묘한 것은 존재하지 않는다고 믿게 됩니다. 마찬가지로 모든 피조물이 꿈에 불과하다는 인식이 없으면 참된 꿈은 거짓이고 신성한 꿈은 백일몽에 불과하다고 여깁니다.

우리를 사로잡는 모든 생각은 우리 마음의 한 영역에 존재합니다. 무지로 인해 우리는 이러한 생각과 자신을 동일시합니다. 기쁨과 후회의 다양한 상태를 경험하면서 우리는 행복하거나 슬퍼하는 자신을 발견합니다.

As an example, consider the moment we fall asleep: though our body is resting, healthy, and dreaming, we find ourselves engaged in all the activities of everyday life—eating, drinking, enjoying ourselves; that is, we dream that we are awake. Here it should be remembered that our physical body is motionless—there is no conscious exertion. Yet somehow while dreaming we find ourselves engrossed in activity. Thus while the physical body is resting on the bed, the inner body is active in the dream.

Who is this being that is different from us yet participates in our dreams? And who is this third being, the witness to both these states? This witness is no one but ourselves.

In the dream state we become detached from our outer form and are able to witness both bodies, the outer and the inner; the external form is resting on the bed, while the inner form is actively participating in the dream. And the witness, distinct from them both, watches the spectacle, which we call a dream.

If one had this same experience while awake, he would be called a saint, as it is an attribute of the spiritual path that only illumined souls experience these states. As we are asleep however, such states are not referred to as spiritual experiences but simply called dreams. Divine Dreaming—dreaming while awake—is only for advanced souls. It is this high spiritual state, turiya, that Maharaj experienced through Sai Baba's grace. In turiya the soul witnesses himself in Creation, watching himself play a role in its affairs as though in a dream.

The dream the inner self experiences while our physical body lies motionless in sleep is seen to be merely a dream within the dream. Thus in turiya one attains the power to ascend from deep sleep to Divine Wakefulness and thereby become capable of experiencing both God and Creation simultaneously.

예를 들어, 잠이 드는 순간을 생각해 보세요. 우리 몸은 쉬고 있고 건강하며 꿈을 꾸고 있지만, 우리는 먹고 마시고 즐기는 등 일상생활의 모든 활동에 참여하고 있는 자신을 발견하고 깨어있다는 꿈을 꿉니다. 여기서 우리의 육체는 움직이지 않으며 의식적으로 노력하지 않는다는 점을 기억해야 합니다. 그러나 꿈을 꾸는 동안 우리는 어떻게든 활동에 몰두하는 자신을 발견합니다. 따라서 육체는 침대에서 쉬고 있는 동안 내적인 몸은 꿈속에서 활동합니다.

우리와 다르지만 꿈에 참여하는 이 존재는 누구일까요? 그리고 이 두 가지 상태의 증인인 이 세 번째 존재는 누구일까요? 이 증인은 그 누구도 아닌 바로 우리 자신입니다.

꿈의 상태에서 우리는 외적인 형태에서 분리되어 외적인 몸과 내적인 몸을 모두 목격할 수 있습니다. 외적인 형태는 침대에 누워 있고 내적인 형태는 꿈에 적극적으로 참여하고 있습니다. 그리고 그 둘과 구별되는 목격자는 우리가 꿈이라고 부르는 광경을 지켜봅니다.

깨어있는 동안 이와 같은 경험을 한 사람은 빛을 받은 영혼만이 이러한 상태를 경험하는 영적 경로의 속성이기 때문에 성인이라고 불릴 것입니다. 그러나 우리가 잠든 상태에서는 이러한 상태를 영적 경험이라고 부르지 않고 단순히 꿈이라고 부릅니다. 깨어있는 동안 꾸는 꿈인 신성한 꿈은 고도의 영혼에게만 해당됩니다. 마하라지가 사이 바바의 은총을 통해 경험한 것은 바로 이 고도의 영적 상태인 투리야입니다. 투리야에서 영혼은 마치 꿈속에서처럼 창조세계에서 자신의 역할을 수행하는 자신을 목격합니다.

육체가 잠들어 움직이지 않는 동안 내면의 자아가 경험하는 꿈은 단지 꿈속의 꿈으로 간주됩니다. 따라서 투리야에서는 깊은 잠에서 신성한 깨어남으로 올라갈 수 있는 힘을 얻음으로써 신과 피조물을 동시에 체험할 수 있게 됩니다.

In turiya both are seen: on the one side, Creation and dreams—or from another perspective, dreams and the dreams within dreams—and on the other side, God everywhere.

When we are in dreams we become darkness, and when we wake we become one with light, or God. Generally in normal consciousness, one's inner and outer bodies are joined.

We thus identify with both the dream of ordinary wakefulness and—when the gross body is at rest and the inner self is engrossed in dreaming—the dreams within a dream of ordinary dreaming.

However if this inner body is in deep sleep, we have no such experience. As for the advanced soul, his inner and outer bodies are separate and distinct. He may therefore go through the dream of ordinary waking and the dream within the dream. Eventually he reaches turiya, where he experiences the divine dream and, entering true sleep, experiences true wakefulness.

There is a saying:

"At times we become worshipers, and at times we become God, the worshiped; in this way we experience everything fully."

-Upasni Maharaj, A Perfect Master og India, pp.175-178, Written by Baily

투리야에서는 한쪽에서는 창조와 꿈(또는 다른 관점에서는 꿈과 꿈속의 꿈), 그리고 다른 한쪽에서는 모든 곳에 있는 신을 볼 수 있습니다.

우리가 꿈속에 있을 때는 어둠이 되고, 깨어날 때는 빛, 즉 신과 하나가 됩니다. 일반적으로 정상적인 의식에서는 내면과 외면이 하나가 됩니다.

따라서 우리는 보통 깨어있을 때의 꿈과 육체가 쉬고 내면이 꿈에 몰두하고 있을 때의 꿈, 즉 보통 꿈속의 꿈과 동일시합니다.

그러나 이 내면이 깊은 잠에 빠져 있으면 그러한 경험이 없습니다. 진보된 영혼의 경우, 그의 내면과 외면은 분리되어 있고 구별됩니다. 그러므로 그는 평범한 깨어있는 꿈과 꿈속의 꿈을 통과할 수 있습니다. 결국 그는 신성한 꿈을 경험하는 투리야에 도달하고 참된 잠에 들어가 참된 깨어남을 경험합니다.

이런 말이 있습니다:

"때때로 우리는 예배자가 되고, 때때로 우리는 예배받는 자, 즉 신이 된다. 이렇게 우리는 모든 것을 온전히 경험한다."

-인도의 퍼펙트 마스터 우파스니 마하라지 175-178페이지, 베일리 옮김

Everything else exists only in Imagination

Question [Dr. Abdul Ghani]: Will material science, in the near or remote future, be able to probe into subtle and higher planes? At the present rate of scientific progress it ought to be possible, if there be continuity or a point of fusion from the material to the subtle.

Meher Baba: You are going into deeper waters. Now listen carefully. The soul, essentially divine, infinite in existence, knowledge and bliss is, all by itself, the only Reality. Everything else exists only in imagination. The famous and oft-repeated parable of the snake and rope will elucidate the point. The soul somehow imagined the rope to be the snake. This phase engendered fear which, to stretch the simile further, we may call mind. The mind extended itself to grasp it (the snake); this is energy, and actually grappling it means body. Thus we see mind, energy, body, although all three have no existence except in imagination; but in relation to each other they are altogether distinct, separate and independent.

다른 모든 것은 오직 상상 속에서만 존재합니다

질문 [압둘 가니 박사]: 가까운 미래 또는 먼 미래에 물질과학이 기氣적이고 더 높은 차원을 탐사할 수 있을까요? 현재의 과학 발전 속도로 볼 때 물질에서 기氣적인 것까지 연속성이나 융합 지점이 있다면 가능할 것입니다.

메허 바바: 당신은 더 깊은 물속으로 들어가고 있습니다. 이제 잘 들어보세요. 본질적으로 신성하고 무한한 존재이며 지식과 지복을 지닌 영혼은 그 자체로 유일한 실재입니다. 다른 모든 것은 상상 속에서만 존재합니다. 자주 반복되는 뱀과 밧줄의 비유가 이 점을 잘 설명해 줍니다. 영혼은 어떻게든 밧줄을 뱀이라고 상상했습니다. 이 단계는 두려움을 불러일으켰고, 이 비유를 좀 더 확장하여 마음이라고 부를 수 있습니다. 마음은 그것(뱀)을 파악하기 위해 스스로를 확장했습니다; 이것은 에너지이며 실제로 그것을 움켜쥐는 것은 몸을 의미합니다. 따라서 우리는 마음, 에너지, 몸을 보지만 이 세 가지 모두 상상력 외에는 존재하지 않지만, 서로에 대해서는 완전히 구별되고 분리되어 있으며 독립적입니다.

Although mind emanates energy and energy in essence is mind, nevertheless in expression and form both are distinct and apart. Similarly, body is the outcome of energy, and though identical in essence the function and formation is radically different and independent.

To illustrate the point, let us take thread to be mind, and cloth made thereof to represent energy, and clothing to signify body. The cloth here is of thread, but in utility and form is altogether different from thread. The clothing, say a coat, is from thread, but in form and expression is obviously and distinctly apart from cloth and thread.

The making of cloth and coat from thread is easy and possible, but the return of the coat and cloth to the state of the original thread means the destruction and annihilation of the form and expression of both. Similarly, the emanation of energy and matter from mind is automatic and natural; but the return of matter and energy to mind is almost impossible. This return business is the beginning of spirituality.

You must have felt by now your question answered by realizing how impossible it is for science to probe the subtle and higher planes. Science is, as yet, a long way off; it has up to now only touched the fringe of the matter. It may, at the most, touch the extreme limits of matter but that will take ages. And who, till then, can vouch for the integrity of this—the present civilization?

-Treasures, pp.187-188, ed Jane Barry Haynes

마음은 에너지를 발산하고 에너지는 본질적으로 마음이지만, 그럼에도 불구하고 표현과 형태는 둘 다 구별되고 분리되어 있습니다. 마찬가지로 몸은 에너지의 결과물이며, 본질적으로는 동일하지만 기능과 형태는 근본적으로 다르고 독립적입니다.

이 점을 설명하기 위해 실을 마음으로, 실로 만든 천을 에너지로, 옷을 신체를 의미한다고 가정해 보겠습니다. 여기서 천은 실로 만들어졌지만 그 쓰임새와 형태는 실과는 전혀 다릅니다. 외투와 같은 의복은 실로 만든 것이지만, 형태와 표현은 천과 실과는 분명하고 뚜렷하게 구분됩니다.

실로 천과 외투를 만드는 것은 쉽고 가능하지만, 외투와 천을 원래 실의 상태로 되돌리는 것은 둘의 형태와 표현이 파괴되고 소멸되는 것을 의미합니다. 마찬가지로 마음에서 에너지와 물질이 나오는 것은 자동적이고 자연스럽지만, 물질과 에너지가 마음으로 돌아가는 것은 거의 불가능합니다. 이 환원 사업이 바로 영성의 시작입니다.

당신이 과학이 기氣적이고 더 높은 차원을 탐구하는 것이 얼마나 불가능한지 깨달았다면 이제 질문의 답이 나왔을 것입니다. 과학은 아직 갈 길이 멀고, 지금까지는 문제의 변두리만 건드렸을 뿐입니다. 기껏해야 물질의 극한에 닿을 수는 있겠지만 그마저도 오랜 시간이 걸릴 것입니다. 그렇다면 그때까지 현재의 문명이 온전하다고 누가 장담할 수 있을까요?

-보물 187-188페이지, 제인 배리 헤인즈 첨부

What Is Turiya Avastha?

(10th December 1927)

God-realization, once had, undergoes no change. In this connection no distinction can be drawn between a Majzub, a Salik, and a Qutub. The Majzub becomes God-conscious and remains so forever. Similarly, the Salik and the Qutub are always God-realized, God-incarnate, and the Personification of Infinite Bliss(anand rup†), whether completely unconscious of their bodies and the three universes, as is the case with Majzubs, or whether they are fully aware of them—the three universes, the spiritual planes, and the skies—as in the Qutub state or in the process of "coming down." Always and throughout, all these God-realized ones are God-incarnate.

† "Bliss-form" (Gujarati and other Indic languages).

투리야 아바스타란 무엇인가요?

(1927년 12월 10일)

신에 대한 깨달음은 한 번 얻으면 변하지 않습니다. 이와 관련하여 마주브, 살릭, 쿠툽을 구분할 수 없습니다. 마주브는 신에 대한 의식을 갖게 되고 영원히 그렇게 유지됩니다. 마찬가지로 살릭과 쿠툽은 마주브처럼 자신의 몸과 세 우주(그로스/써틀/멘탈 우주, 영적 경지, 천상)를 완전히 의식하지 않더라도, 또는 그것을 완전히 의식하고 있든지 상관없이, 쿠툽 상태나 "내려오는" 과정에서처럼 항상 신을 깨닫고 신으로 육화하며 무한한 지복의 화신(아난드루프†)입니다. 항상 그리고 전체적으로, 이 모든 신을 깨달은 이들은 신이 육화된 존재입니다.

† "지복 형태"(구자라트어 및 기타 인도어).

The difference between a Majziib and a God-realized Person descending to creation-consciousness is that the latter undergoes terrible suffering, despite the fact that he is God-incamate and the Personification of Bliss at the very same time. During the descent, or after regaining Turiya Avastha, which is equivalent to Qutub Avastha or the "Qutub State," God-realized individuals are all the while the very Personifications of Bliss and God-consciousness—but with suffering added. This suffering is beyond comparison and description.

It begins with the growing gross-consciousness in the God-realized Person alongside the God-consciousness which undergoes no change. The more the gross-consciousness, the more the suffering.

There is no term to describe a God-realized personality in the intermediary development of God-consciousness,[†] a state which brings with it suffering along with God-consciousness.

Take the following analogy: God is gold, and the world is filth. From filth, when the filthy one advances towards gold, his filth diminishes; and when ultimately he merges with the gold, he becomes gold himself and no vestige of filth remains. Such is the case with a Majzub.

---

* Baba seems to be referring here to a God-realized person still in the course of returning to creationconsciousness but not yet having completed that process. While himself engaged in this descent after having been given the experience of God-realization by Hazrat Babajan in 1914, Meher Baba used to beat his head against a stone. The difficulties of returning to creation-consciousness led him to seek the Perfect Master Upasni Maharaj, through whose assistance he completed his return to what the Sufis call Baqa Billah and became established as the Avatar. It is possible that Baba may be adverting here to this episode in his own earlier career, which a few among the early mandali would have witnessed.

마주브와 신을 깨달은 사람이 창조 의식으로 내려가는 것의 차이점은 후자는 신이 육화되어 있고 동시에 지복의 화신이라는 사실에도 불구하고 끔찍한 고통을 겪는다는 것입니다. 하강하는 동안 또는 쿠툽 아바스타 또는 "쿠툽 상태"에 해당하는 투리야 아바스타를 되찾은 후, 신을 깨달은 개인은 모두 행복과 신적 의식의 의인화이지만 고통이 더해집니다. 이 고통은 비교할 수도, 설명할 수도 없습니다.

그것은 변화를 겪지 않는 신적 의식과 함께 신을 깨달은 사람의 물질적 의식이 성장하는 것으로 시작됩니다. 물질 의식이 커질수록 고통도 커집니다.

신적 의식†의 중간 발달에서 신성실현된 인격을 설명할 수 있는 용어는 없습니다. 이 상태는 신적 의식과 함께 고통을 동반합니다.

다음과 같은 비유를 생각해 보세요: 신은 황금이고 세상은 오물입니다. 오물에서 황금을 향해 나아갈수록 오물은 줄어들고, 궁극적으로 황금과 합쳐지면 그 자신도 황금이 되어 오물의 흔적이 남지 않습니다. 마주브의 경우도 마찬가지입니다.

---

* 바바는 여기서 아직 창조 의식으로 돌아가는 과정에 있지만 아직 그 과정을 완료하지 않은 신을 깨달은 사람을 언급하고 있는 것 같습니다. 1914년 하즈랏 바바잔으로부터 신성실현의 체험을 한 후 이 하강에 참여했던 메허 바바는 돌에 머리를 부딪치곤 했습니다. 창조 의식으로 돌아가는 데 어려움을 겪은 그는 완전한 스승 우파스니 마하라지를 찾게 되었고, 그의 도움을 받아 수피교에서 바카 빌라라고 부르는 곳으로의 복귀를 완료하고 아바타로 자리잡게 되었습니다. 바바는 초기 만달리 중 몇몇이 목격했을 자신의 초기 경력에서 이 에피소드를 여기에 도입했을 가능성이 있습니다.

Now the Salik, who, like the Majzub, has become one with the gold, when he descends again into the domain of filth, has necessarily to involve himself in filth, which is to say, he has to suffer; but at the same time he remains the gold. In other words, he has to suffer in spite of being the Personification of Bliss. But as soon as his duty in connection with the filth has been fulfilled, the vehicle he used for working in filth, which is to say his body, gets dropped; and the gold, which was gold all along, remains gold still and forever, without in the least having been affected or "rusted" through contact with the filth.

The difference between an ordinary man and a Majzub is that the former has a finite mind and no Bliss while the latter has no mind but all Bliss. The Qutub. however, has a Universal Mind and unlimited Bliss. Because of the Universul Mind, the sufferings which the Qutub endures are likewise universal.

As already noted, "coming down" entails suffering in spite of the fact that the One who "comes down" is the Personification of Bliss.

The more one descends into gross consciousness, the more one suffers, and the climax is reached near the last stage of full gross consciousness.

Once Turiya Avastha* has been achieved, the sufferings of the "coming down" process are at an end.

---

* Literally, "turiya avastha" means "the fourth state." Over the decades, between the dictation of Infinite Intelligence in 1926 and the publication of God Speaks, this phrase underwent considerable change in its meaning in Meher Baba's usage. For a discussion, see Glossary, p. 659.

이제 마주브처럼 금과 하나가 된 살릭은 다시 오물의 영역으로 내려갈 때 반드시 오물에 관여해야 하며, 즉 고통을 겪어야 하지만 동시에 그는 황금으로 남아 있습니다. 다시 말해, 그는 지복의 화신임에도 불구하고 고통을 겪어야 합니다. 그러나 오물과 관련된 그의 의무가 완수되는 순간, 그가 오물 속에서 일할 때 사용한 수단, 즉 그의 몸은 떨어지고, 처음부터 황금이었던 금은 오물과의 접촉을 통해 조금도 영향을 받거나 "녹슬지" 않고 영원히 황금으로 남게 됩니다.

보통 사람과 마주브의 차이점은 전자는 제한된 마음을 가지고 있고 지복이 없는 반면, 후자는 마음은 없지만 모든 지복을 가지고 있다는 것입니다. 그러나 쿠틉은 우주적인 마음과 무한한 지복을 가지고 있습니다. 우주적 마음 때문에 쿠틉이 견디는 고통도 마찬가지로 우주적입니다.

이미 언급했듯이, "내려온다"는 것은 "내려오는 자"가 지복의 화신이라는 사실에도 불구하고 고통을 수반합니다. 물질적인 의식 속으로 더 많이 내려갈수록 더 많은 고통을 겪으며, 충만한 물질 의식의 마지막 단계에서 절정에 도달합니다.

일단 투리야 아바스타*가 성취되면 "내려오는" 과정의 고통은 끝납니다.

---

* 문자 그대로 "투리야 아바스타"는 "제4의 상태"를 의미합니다. 1926년 『무한 지성』이 출간되고 『갓 스픽스』가 출간되기까지 수십 년 동안, 이 문구는 메허 바바가 사용하는 의미에서 상당한 변화를 겪었습니다. 자세한 내용은 용어집, 659페이지를 참조하세요.

But now the Qutub as the Personification of Bliss has once again to endure terrible suffering in connection with his circle work and the duty of imparting to the whole universe a push towards Divinity; and yet he remains throughout Anand-rup (the form of Bliss), and his Godhood undergoes no change. So this Universal Mind is now one with God as Anand even as it suffers universally at the very same time; and this suffering signifies his taking upon himself the sanskaras of others.

After gaining Turiya Avastha or the Qutub state, he has the complete freedom to go everywhere and anywhere in the different planes or skies, or in the mental, subtle, and gross universes up to the resting Point immediately next to the seventh plane. When he is engaged in duty, he never visits the seventh plane, since this would entail his leaving the body. The seventh plane is reached only after the completion of his duties.

In short, some suffer while ascending towards Realization, while others suffer while returning back down again. In the latter case, infinite Anand(Bliss) attends the one who makes this journey—since God-realization, once had, undergoes no change; but suffering accompanies him as well.

-Creation and its Causes, by Meher Baba, pp.353-355

그러나 이제 지복의 의인화로서의 쿠툽은 다시 한번 자신의 서클 작업과 온 우주에 신성을 향한 추진력을 부여하는 의무와 관련하여 끔찍한 고통을 견뎌야 합니다. 그럼에도 불구하고 그는 아난드-루프(지복의 형태) 내내 남아 있으며 그의 신격은 변하지 않습니다.

따라서 이 우주적 마음은 이제 동시에 우주적으로 고통을 받으면서도 아난드로서 신과 하나이며, 이 고통은 그가 다른 사람들의 산스카라를 스스로 취하는 것을 의미합니다.

투리야 아바스타 또는 쿠툽 상태를 얻은 후, 그는 일곱 번째 경지 바로 옆의 휴식처까지 다른 경지나 천상 또는 정신적이고 기운적이며 물질적인 우주 어디에나 그리고 어디로든 갈 수 있는 완전한 자유를 얻습니다. 임무에 종사할 때는 몸을 떠나는 것을 수반하기 때문에 일곱 번째 경지을 결코 방문하지 않습니다. 일곱 번째 경지는 그의 임무가 끝난 후에야 도달합니다.

요컨대, 어떤 이들은 깨달음을 향해 올라가는 동안 고통을 받고, 어떤 이들은 다시 내려오는 동안 고통을 받습니다. 후자의 경우, 이 여정, 즉 신적 깨달음을 이룬 자에게는 한때 가졌던 깨달음은 변하지 않으며 무한한 아난드(지복)는 함께하지만, 고통도 그와 함께 동반합니다.

-메허 바바의 창조와 그 원인 353-355페이지

MAN–O–NASH(Annihilation of the Mind)

God is everywhere and does everything.
God is within us and knows everything.
God is without us and sees everything.
God is beyond us and IS everything.

LIFE for me now means:
(1) Free and obligationless life.
(2) Life of a Master in giving orders;
and of a Servant in all humility.
(3) The feeling of absolute conviction that we are all eternally One, Indivisible and Infinite in essence;
and with it a feeling of separateness from the real Omnipresent Self, through ignorance.
(4) Life of God in essence;
and of a man in actions.
(5) Life of Strength born of inherent Knowledge of Oneness;
and of weakness born of binding desires.

If understood, life is simply a jest;
if misunderstood, life becomes a pest.
Once overcome, life is ever at rest.
For pilgrims of the path, life is a test.
When relinquished through love
Life is at its Best.

-Meher Baba at Pimpalgaon on 6th February, 1952

만-오-나쉬(마음의 소멸)

하나님은 어디에나 계시고 모든 것을 하십니다.
하나님은 우리 안에 계시고 모든 것을 아십니다.
하나님은 우리가 없는 곳에 계시고 모든 것을 보십니다.
하나님은 우리를 초월해 계시고 모든 것에 존재합니다.

나를 위한 참다운 삶은 이런 뜻입니다:
(1) 자유롭고 의무적이지 않은 삶.
(2) 명령을 내리는 주인으로서의 삶;
그리고 모든 겸허함 속에서 복종하는 하인의 삶.
(3) 우리 모두는 본질적으로 영원히 하나이고,
나눌 수 없고, 무한하다는 절대적 확신의 느낌;
그리고 그것과 함께 무지로 인해,
진정한 편재적 참나로부터 분리된 느낌.
(4) 본질 안에서의 하나님의 삶;
그리고 실천 속에서의 인간의 삶.
(5) 일원성[하나됨]의 고유한 앎에서 비롯한 강인함의 삶;
그리고 구속된 욕망에서 비롯한 무력함의 삶.

만약 이해되었다면, 삶은 단순한 농담에 불과합니다;
만약 이해되지 못했다면, 삶은 성가시게 됩니다.
일단 극복하게 되면, 삶은 언제나 안정이 됩니다.
길을 가는 순례자들에게, 삶은 하나의 시험입니다.
사랑을 통해 내어 줄 때
그것은 최상의 삶이 됩니다.

–1952년 2월 6일 핌팔가온에서 메허 바바

『 The Manonash Prayer 』

At one point in November 1951, Baba dictated a "Prayer for the Road during the Manonash Wandering." The prayer, in Gujarati, is translated as follows:

O Parvardigar!
O Ocean of infinite mercy!

Baba, with great humility, implores You to bestow upon him courage and help him so that he will not retrace his steps during the Manonash phase.

Forgive him for his trespasses due to weakness of his mind and give him such courage that he will never tell a lie, never hurt the feelings of anyone, will not do any injustice to anybody, and that he will not harass his companions who are serving him faithfully and wholeheartedly.

And, bestow upon him such grace that, while abiding by all the conditions and fulfilling them, he brings about the end of the endless New Life in four months through the Manonash phase.

-Lord Meher Online, p3014

『 만오나쉬 기도 』

1951년 11월 어느 시점에서 바바는 "만오나쉬[마음의 소멸] 방랑 동안 길道을 위한 기도"를 구술했습니다. 구자라트어로 된 기도는 다음과 같이 번역됩니다:

오~ 파르와르디가르!
오~ 무한한 자비의 바다여!

바바는 매우 겸허하게 당신에게 간청합니다. 그들에게 용기를 주시고 그래서 그들이 만오나쉬 단계에서 자신의 발걸음을 되돌리지 않도록 도와주소서.

마음의 나약함으로 인한 그들이 지은 죄를 용서하시고, 절대 거짓말을 하지 않게 하시며, 결코 누군가의 감정도 상하게 하지 않게 하시고, 어느 누구에게도 부당한 일을 하지 않게 하시며, 충실히 그리고 진심으로 그들을 섬기는 동료들을 괴롭히지 않을 그런 용기를 주소서.

그리고 그들에게 모든 조건을 준수하고 이행하는 동안, 그들이 만오나쉬 단계를 거쳐 4개월 만에 끝없는 참다운 삶의 끝을 이루도록 그들에게 은총을 내려 주소서.

-로드 메허 온라인, 3014페이지

In July 1951 Baba gave a discourse at Hyderabad to a select group of men on the subject of manonash:

"Understand the significance carefully and calmly. Mind is never transformed. Ego is transformed once only. (By "ego" is meant "I.") The transformation should be clearly understood. Today you feel that you are a man, tomorrow you die and then your mental impressions give you the feeling that you are a woman; all this is false. Mind's attitude is changed according to circumstances but mind remains mind whether it is lifted up or goes down. Mind can be happy and it can be miserable. It is the attitude of the mind which thus changes. Mind creates worlds, delusions, illusions, etc., but mind remains as mind. Mind cannot be transformed. Why? Because it is not one itself. Mind survives by desires and thoughts and it is made up of impressions.

Ego is one in itself but this real ego (the real "I") is now bound up by this mind. And this mind which is made up of false impressions makes the real "I" think itself false. Mind makes you think of birth, death, happiness, miseries, etc., as real things but nothing can be more false than this. You are now here alive in the body, in your senses, and why? Because you always were. Have you any impression of how you were born and how your birth took place? No. Because you were not born at all. Mind gives you the impression that you are here, there, and so forth. It is the mind which gives you the impression according to which you say "she is my wife," or "he is my husband," etc. Mind keeps us in a tap dance.

If you knew that your wife, children, etc., are one, if you knew that you never die, never suffer, etc., you are then all in all.

1951년 7월, 바바는 하이데라바드에서 선택된 몇몇 남성들을 대상으로 만오나쉬에 대해 가르침을 주었습니다:

“이 뜻을 신중하고 침착하게 이해하라. 마음은 결코 변형되지 않는다. 에고는 단 한 번만 변형된다. (‘에고’란 ‘나’를 의미한다.) 이 변형은 명확히 이해되어야 한다. 오늘 당신은 자신이 남자라고 느낀다. 내일 죽으면 정신적 인상들이 당신을 여자로 느끼게 만든다. 그러나 이 모든 것은 거짓이다. 마음의 태도는 상황에 따라 바뀌지만, 마음은 위로 올라가든 아래로 내려가든 여전히 마음이다. 마음은 행복할 수도, 불행할 수도 있다. 태도만 바뀔 뿐이다. 마음은 세계, 환상, 착각 등을 만들어내지만, 마음은 여전히 마음으로 존재한다. 마음은 변형될 수 없다. 왜냐하면 마음은 자체로 단일한 것이 아니기 때문이다. 마음은 욕망과 생각에 의존하고 인상들로 이루어져 있다.

에고는 자기 자신 안에서 하나이지만, 이 진짜 에고(진짜 ‘나’)는 지금, 이 마음에 의해 묶여 있다. 이 마음은 거짓된 인상들로 이루어져 있어 진짜 ‘나’로 하여금 자신을 거짓되게 생각하게 만든다. 마음은 출생, 죽음, 행복, 불행 등을 실재하는 것처럼 느끼게 하지만, 이것보다 더 거짓된 것은 없다. 당신은 지금 몸 안에 살아 있고, 감각 속에 존재한다. 왜냐하면 당신은 언제나 존재해 왔기 때문이다. 당신은 자신이 어떻게 태어났는지에 대한 어떤 인상이 있는가? 없다. 왜냐하면 당신은 전혀 태어난 적이 없기 때문이다. 마음이 당신에게 여기, 저기, 그리고 그렇게 존재한다는 인상을 준다. “그녀는 내 아내다”, “그는 내 남편이다”라고 말하게 만드는 인상을 주는 것도 마음이다. 마음은 우리를 끝없는 춤판 속에 가둔다.

당신이 아내와 자녀도 본래 하나라는 것을 알고, 결코 죽지 않고 고통받지 않음을 안다면 당신은 이미 전체 속의 전체가 된다.

But the mind is there to baffle you. Mind says, "Beware: she is your wife, they are your children, etc." Mind creates such types of impressions. So mind which is made up of false impressions makes the real "I" think itself false. To think "I am body, I am young, old, I am a man, a woman, I am this or that" are all impressions created by the mind. It never makes itself feel "I am God." Mind might make one say "I am God," but cannot make him feel "I am God." So as long as mind is there ego cannot be transformed from its false attitude to its real state. Mind thus also makes you say that you are infinite, all-powerful, etc., but you do not feel it. Why? Because mind which is made up of false impressions makes you feel the "I" as small limited "i."

Now what has happened? If the false ego has to have its real original, once the mind must go. As long as the mind is there, although its outlook is changed, the real "I am God" state cannot be experienced. In sound sleep mind has temporarily gone. Ego is there and the impressions again make the mind wake up, and the mind again makes the ego feel false. And so in innumerable lives and forms the ego is there. The mind is there but the mind's impressions change, and so accordingly body changes and also experience changes. Therefore, for the false "I" to become real "I," mind must go.

This talisman of mind has bound us so tight that the more we try to come out the more we find ourselves bound, because mind has to be destroyed from its root, and who has to destroy it? Mind has to destroy itself. That is an impossible task. The very process of destroying itself creates impressions of this trying to destroy it and so one gets more bound.

그러나 마음이 당신을 방해한다. 마음은 "조심해라, 그녀는 네 아내야. 저들은 네 자식이야"라고 말한다. 마음은 이러한 인상들을 만들어낸다. 그래서 마음은 거짓된 인상으로 진짜 '나'로 하여금 자신을 거짓되게 생각하게 만든다. "나는 몸이다, 나는 젊다, 늙었다, 나는 남자다, 여자다, 나는 이것이다, 저것이다"라고 생각하는 모든 것은 마음이 만들어낸 인상들이다. 마음은 결코 자신을 "나는 신이다"라고 느끼게 만들지 않는다. 누군가에게 "나는 신이다"라고 말하게 할 수는 있지만, 그렇게 느끼게 할 수는 없다. 그러므로 마음이 존재하는 한, 에고는 거짓된 태도에서 참된 상태로 변할 수 없다. 마음은 또한 당신으로 하여금 "나는 무한하다, 전능하다"라고 말하게 하지만, 그렇게 느끼게 하지는 못한다. 왜냐하면 거짓 인상들로 이루어진 마음이 '나'를 작고 제한된 '나'로 느끼게 만들기 때문이다.

지금 무슨 일이 일어난 걸까? 거짓된 에고가 그 참된 근원을 되찾으려면, 언젠가는 반드시 마음이 사라져야 한다. 마음이 존재하는 한, 설령 그 관점이 바뀌었다 해도, 참된 '나는 신이다(I am God)'의 상태는 결코 체험될 수 없다. 깊은 잠 속에서는 마음이 일시적으로 사라진다. 에고는 여전히 존재하고, 인상들이 다시 마음을 깨우며, 마음은 다시 에고로 하여금 거짓되게 느끼게 만든다. 이렇게 무수한 생과 형상 속에서 에고는 계속 존재한다. 마음도 계속 존재하지만, 마음의 인상들이 변하면서 몸도 변하고 경험도 변한다. 그러므로 거짓된 '나'가 참된 '나'가 되려면 마음은 사라져야 한다.

이 마음이라는 부적은 우리를 너무나도 단단히 묶어놓아서 벗어나려고 하면 할수록 더 강하게 묶인다. 왜냐하면 마음은 그 뿌리로부터 파괴되어야 하기 때문이다. 그런데 누가 그것을 파괴해야 하는가? 마음 자신이 스스로를 파괴해야 한다. 그것은 불가능한 일이다. 자기 자신을 파괴하려는 바로 그 과정이 그 파괴하려는 시도의 인상들을 만들어내어, 사람은 더욱 묶이게 된다.

Says Hafiz: "You, yourself, are the veil of Hafiz: and so remove yourself." Now how to remove yourself? The very process of removing creates fresh sanskaras...

Thousands have thought of destroying the mind—the main ways being those of action, meditation, knowledge and love. These have been chalked out by the Masters for the purpose of destroying the mind, while retaining the consciousness.

Now the path of action which is meant for this goal of manonash which transforms the false "I" into the real "I" has to be considered. Masters saw that actions which have false ego and impressionful mind as background, instead of destroying the mind, feed it. Masters saw that everyone has to do actions; even the laziest of men has to do actions such as eating, drinking, etc. But actions which have the background of false ego and of mind full of impressions—such actions, instead of destroying the mind, again feed it. Therefore Masters thought of action-less action. That means to perform the actions but to do them in such a way that the effect is as if no action were done. If this be done, past impressions of actions get spent up mentally by experiences of happiness and misery but no new impressions are created. Suppose you do an action of helping someone without any thought of self-interest and while doing so you are beaten. Suppose you try without self-interest to protect a woman and in protecting her, you get beaten and the police, on the other hand, arrest you and put you into the jail. These happenings spend up some of your old sanskaras but as you had no self-interest, no fresh sanskaras are formed. This process is, however, so long and complicated that one can attain manonash through action only after many yugas.

하피즈가 이렇게 말했다: “너 자신이 바로 그 베일이다, 하피즈여. 그러니 너 자신을 없애라.” 그렇다면 어떻게 자신을 없앨 수 있는가? 자신을 없애려는 시도 자체가 또 새로운 산스카라를 만들어낸다.

수천 년 동안 사람들은 마음을 파괴하기 위해 노력해 왔다. 그 주요한 방법들은 ‘행위(karma)’, ‘명상(meditation)’, ‘지식(knowledge)’, ‘사랑(love)’이었다. 이 네 가지는 의식을 유지하면서 마음을 파괴하기 위한 목적으로 스승들에 의해 제시된 것이다.

이제 이 만오나쉬(Manonash)의 목표를 위한 길, 즉 거짓된 ‘나’를 참된 ‘나’로 전환하기 위한 행위의 길이 어떻게 작용하는지 살펴보자. 스승들은 거짓 에고와 인상으로 가득한 마음을 바탕으로 하는 행위는 마음을 파괴하기는커녕 오히려 강화한다는 것을 보았다. 또한 누구나 행위를 해야 한다는 것도 알았다. 가장 게으른 사람조차도 먹고 마시고 숨 쉬는 등의 행위를 해야 한다. 그러나 거짓 에고와 인상으로 가득 찬 마음을 바탕으로 한 행위들은 마음을 파괴하기는커녕 오히려 마음을 다시 키워낼 뿐이다. 그래서 스승들은 ‘무위의 행위(action-less action)’를 생각해 냈다. 이는 행위를 하되, 마치 아무 행위도 하지 않은 것과 같은 효과를 내도록 하는 것이다. 이렇게 하면 과거의 인상은 기쁨과 고통의 경험을 통해 정신적으로 소진되지만 새로운 인상은 생기지 않는다. 예를 들어, 어떤 사람을 아무런 사익 없이 돕다가 구타를 당했다고 가정해 보자. 혹은 사심 없이 여성을 보호하려다 그녀를 지키는 과정에서 구타를 당하고, 경찰은 오히려 당신을 체포해 감옥에 가둔다고 가정해 보자. 이런 사건들은 당신의 오래된 산스카라의 일부를 소진하지만, 사심이 없었기에 새로운 산스카라는 형성되지 않는다. 다만 이 길은 너무 길고 복잡해서, 행위만으로 만오나쉬에 이르는 데에는 수많은 유가(yuga, 시대)가 필요하다.

Why? I may explain. In the New Life, what I understand I explain as follows—The real goal of life is not the death of the ego but of the mind. So when Muhammad or Zoroaster or Jesus talked of being born once or dying once they meant the death of the mind. Mind is born from the very beginning—even before the stone stage. This birth is once and the death of mind also takes place once. When the mind dies, the false ego is transformed into Reality. Real ego is never born and it never dies. Ego is always real but due to the mind the ego feels and acts as the limited and false "I." Now mind goes on taking bodies according to its good or bad impressions. This taking and leaving bodies is not the death of either the mind or the ego. After the physical death the mind remains with its impressions. The impressions make the mind take up bodies so that the impressions might be wiped out. So the mind takes bodies according to the impressions and the ego witnesses this. If you are fast asleep the ego is there. Even in sleep the mind is there and the impressions wake you up so that they might be wiped out. This phenomenon is also in a way the daily birth of the body. When one body is left another comes up, though there is a certain amount of time lag between the giving up of one body and the taking up of another.

There are the mind states of heaven, hell, etc. The mind has to die in this body and the Masters have chalked out different ways for this manonash. (Here Baba discusses various ways of dealing with the mind and sanskaras, continuing:)

Some Masters chalked out ways of destroying the mind through mind itself, through meditation and concentration, so that when mind is concentrated its further function is weakened and the impressions wipe out themselves, because the impressions are like worms and exhaust themselves.

왜 그런가? 내가 설명하겠다. 새로운 삶(New Life)에서 내가 이해한 바를 설명하자면, 삶의 진정한 목표는 에고의 죽음이 아니라 마음의 죽음이다. 무함마드, 조로아스터, 예수 등이 "한 번 태어나고 한 번 죽는다"라고 말했을 때, 그들은 마음의 죽음을 의미했다. 마음은 아주 처음부터, 심지어 돌 단계 이전부터 존재했다. 마음의 탄생은 단 한 번이며, 마음의 죽음 또한 단 한 번만 일어난다. 마음이 죽을 때 거짓된 에고는 참된 실재로 전환된다. 진짜 에고는 결코 태어난 적도 죽은 적도 없다. 에고는 언제나 실재지만, 마음 때문에 에고가 제한되고 거짓된 '나'로 느껴지고 행동할 뿐이다. 이제 마음은 좋은 인상이든 나쁜 인상이든 그것에 따라 몸을 취하고 버리는 과정을 반복한다. 이것은 마음이나 에고의 죽음이 아니다. 육체가 죽은 뒤에도 마음은 인상들과 함께 남는다. 인상들은 마음이 다시 몸을 취하도록 만들며, 인상들이 소멸될 때까지 이 과정을 반복한다. 그래서 마음은 인상들에 따라 몸을 취하고, 에고는 이 과정을 지켜본다. 당신이 깊이 잠든 상태에서도 에고는 존재한다. 이때도 마음은 존재하며 인상들이 당신을 깨워 인상을 소모하게 한다. 이것은 일종의 '일상적인 몸의 탄생'이다. 하나의 몸을 버리면 다른 몸이 생기는데, 그 사이에는 일정한 시간의 간격이 있다.

천국, 지옥 등은 모두 마음의 상태일 뿐이다. 마음은 이 육체 안에서 죽어야 하며, 스승들은 이를 위해 다양한 만오나쉬의 길을 마련해 왔다. (여기서 바바는 마음과 산스카라를 다루는 여러 방식을 계속 설명하며 다음과 같이 말한다.)

몇몇 스승들은 마음 자체를 통해 마음을 파괴하는 길을 제시했다. 즉, 명상과 집중을 통해 마음이 집중될 때, 마음의 기능이 약화되고, 인상들이 스스로 소멸하게 하는 것이다. 인상들은 벌레와 같아서 스스로를 소모시킨다.

But in this process of meditation and concentration manonash is almost impossible, because mind has its habit of getting impressions executed, and when the mind feels frustrated, it gets more desperate.

The moment you sit for meditation sometimes thoughts which you never had before come to you, and eventually one of the following three things happens—

(1) you get fed up because you cannot concentrate; or

(2) get sleepy or drowsy; or

(3) more bad thoughts enter your mind and you have to give up your attempts.

But if you have a brave heart and you patiently persist, then in a very few cases the mind is temporarily stilled.

Now this results in one of two things: one goes into a trance or one gets samadhi. This trance (hal) and samadhi are not mano-nosh. Samadhi becomes a profession in some cases, and trance becomes like a dope and one gets addicted to it. One enjoys that trance, but it is temporary. There have been cases of those going into samadhi who, while coming down, get as their first thought the same thought which they had while going up into the samadhi. Thus, if they had thought of money before entering into samadhi, they get the same thought while coming out of it."

In summing up his Manonash work Baba declared, among other results, that it would "bring freedom to us all in proportion to our merits of love, faith and service" and that "this freedom will be the Knowledge that we always were, are, and will be, One with God.

-How a Master Works, pp.75-78, 80

그러나 명상과 집중의 이 과정에서는 만오나쉬를 이루기가 거의 불가능하다. 왜냐하면 마음은 인상들을 실행하려는 습성을 가지고 있어서, 마음이 좌절감을 느끼면 더욱 절망적으로 되기 때문이다.

당신이 명상을 하려고 앉는 순간, 이전에는 전혀 없던 생각들이 떠오르기도 한다. 그리고 결국 다음 세 가지 중 하나가 일어난다 —

(1) 집중할 수 없어 지쳐버리거나,

(2) 졸리거나 나른해지거나,

(3) 더 많은 잡생각이 밀려들어 시도를 포기하게 된다.

하지만 강한 마음으로 인내한다면 극히 드문 경우에만 마음이 잠시 고요해질 수 있다.

이때 두 가지 결과가 나타난다. 하나는 황홀경(trance)에 빠지거나, 다른 하나는 삼매(samadhi)에 드는 것이다. 하지만, 이 황홀경(할hal)과 삼매는 만오나쉬가 아니다. 삼매는 어떤 이들에게는 직업처럼 되기도 하고, 황홀경은 마치 마약처럼 중독이 되기도 한다. 사람들은 그것을 즐기지만, 그것은 일시적인 것이다. 삼매에 들어갔던 이들 중 일부는 삼매에서 내려올 때, 삼매에 들어가기 직전에 가졌던 바로 그 생각을 다시 가지게 된다. 즉, 만약 그가 삼매에 들어가기 전에 돈에 대해 생각을 했다면, 나올 때도 똑같이 돈 생각을 하게 되는 것이다."

바바는 자신의 만오나쉬 작업의 결과 중 하나로, 그것이 "우리 모두에게 사랑, 믿음, 그리고 봉사에 따른 공덕에 비례하여 자유를 가져다 줄 것"이며, "그 자유는 우리가 항상 신과 하나였고, 지금도 하나이며, 앞으로도 하나임을 아는 지식이 될 것"이라고 선언했습니다.

–스승의 작업 방식 75–78, 80페이지

The Path of Truth is not a bed of roses

Baba called Charmian to Myrtle Beach on July 8, 1952, and she relates the following incidents:

I arrived at Elizabeth Patterson's home in the evening and was ensconced in a room below Baba's, which I shared with one of Baba's old disciples, Ruano Bogislav, whom he often referred to as "Baba's Eagle."

Ruano, I believe, was a baroness and looked quite patrician. She had bright, piercing eyes, an arched nose, grey hair worn back in a soft bun, sensible shoes and a tweed suit, and an infectious and delightful sense of humor. I couldn't help developing both a profound respect for her and a deep sense of affection as I got to know her.

We all sat down to luncheon the next day, and as we neared the end of the meal, Ruano excused herself. As my back was toward the living room, I did not observe where she went from the table and was somewhat startled to hear someone say, "Really, I don't see how she can do that—with Baba right upstairs."

A few more comments followed, and I turned around to see Ruano in a comfortable chair smoking a large black cigar.

Suddenly, from the back of the house far away, I heard Mani's footsteps racing along the upstairs hall and down the stairs.

진리의 길은 장미 침상이 아니다

바바는 1952년 7월 8일 차미언을 머틀비치로 부르셨고, 그녀는 다음과 같은 일화를 전합니다:

저는 저녁에 엘리자베스 패터슨의 집에 도착했고, 바바의 방 아래층에 있는 방에 머물게 되었는데, 그 방은 바바가 자주 "바바의 독수리"라 부르던 그의 오랜 제자 중 하나인 루아노 보글리슬라프와 함께 쓰는 방이었습니다.

루아노는 제가 알기로는 남작 부인이었으며, 매우 귀족적인 인상을 풍겼습니다. 그녀는 밝고 날카로운 눈매에 오뚝한 콧날, 뒤로 단정히 묶은 회색 머리, 실용적인 신발과 트위드 정장 차림이었습니다. 그리고 전염성 있는 즐거운 유머 감각을 지니고 있었습니다. 그녀를 알면 알수록, 저는 그녀에 대한 깊은 존경과 애정을 느끼지 않을 수 없었습니다.

다음 날 우리는 모두 점심 식탁에 앉았고, 식사가 거의 끝날 무렵 루아노가 양해를 구하고 자리를 떴습니다. 저는 등을 거실 쪽으로 하고 앉아 있어 그녀가 식탁에서 어디로 갔는지 보지 못했는데, 누군가가 "정말, 바바가 바로 위층에 계신데 어떻게 저럴 수가 있지?"라고 말하는 소리를 듣고 약간 놀랐습니다.

몇몇 말들이 더 오간 후 돌아보니 루아노는 안락의자에 앉아 커다란 검은 시가를 피우고 있었습니다.

갑자기 집 뒤쪽에서 마니의 발걸음 소리가 울리며 복도를 달려 내려왔습니다.

She sailed into view bearing a rectangular box, went across to Ruano and said, handing her the box: “Baba sent these to you, Ruano. But he wants you to remember your promise not to smoke more than six a day.” Ruano opened the box, which turned out to be full of big black cigars. The conversation ceased right there, and we all learned a lesson in criticism. Where Baba got the cigars, we never found out. Baba had used Ruano as an example in this way before.

One night at Baba's ashram in India during the earliest visit of the European devotees, one of Baba's disciples got up and gave a long oration on the evils of smoking tobacco. Upon his conclusion Baba thanked him for making such a good speech and then asked him to go on an errand. He was required to go downtown and buy a big box of cigars for Ruano.

Even in those early years Baba said: “Don't criticize. The habit of criticizing our fellow beings is a bad one. At the back of it often lies self-righteousness, conceit, a false sense of superiority. Sometimes it indicates envy, or a desire for retaliation.” He also mentioned the consequences by the following admonition: “Do not get angry, but be pleased with him who backbites you, for he thereby renders service to you by diminishing the load of your sanskaras, and also pity him, for thereby he makes his load of sanskaras more burdensome.”*

I feel that if, every time we find ourselves criticizing someone, we could remember to search out our motivation as to whether the criticism indicates envy or a desire for retaliation, it would be most helpful in getting rid of this habit.

-Kitty Davy, “Twenty Years with Meher Baba,” The Awakener, vol. 3, no. 1, Summer 1955, p.18

그녀는 네모난 상자를 들고 나타나, 루아노에게 다가가 그것을 건네며 말했습니다: "바바께서 이걸 보내셨어요, 루아노. 하지만 하루에 여섯 개비 이상 피우지 않겠다는 약속을 잊지 말라고 하셨어요." 루아노가 상자를 열어보니, 그 안에는 굵은 검은 시가가 가득 들어 있었습니다. 순간 대화는 완전히 멈췄고, 우리 모두는 '비난'에 대한 교훈을 얻었습니다. 바바가 그 시가를 어디서 구했는지는 아무도 몰랐습니다. 바바는 이전에도 이런 식으로 루아노를 본보기로 사용하신 적이 있었습니다.

유럽 신도들이 인도를 처음 방문했을 때, 바바 아쉬람에서 바바의 제자 중 한 명이 일어나서 담배 흡연의 해악에 대해 장황한 연설을 했습니다. 그의 연설이 끝나자 바바는 좋은 연설을 해줘서 고맙다고 하시고, 그에게 심부름을 하나 부탁했습니다. 바로 도심으로 가서 루아노를 위해 시가 한 상자를 사오라는 것이었습니다.

그 초기 시절에도 바바는 이렇게 말했습니다: "비난하지 말라. 동료를 비난하는 습관은 나쁜 것이다. 그 이면에는 종종 자기의 의로움, 자만, 잘못된 우월감이 숨어 있다. 때로 그것은 질투나 하나의 복수심일 수도 있다." 그분은 다음과 같은 경고로 그 결과에 대해서도 언급했습니다: "화를 내지 말고 당신을 헐뜯는 사람을 기쁘게 여기라. 그는 그렇게 함으로써 당신의 산스카라의 짐을 덜어주며 당신에게 봉사하고 있는 것이다. 그리고 그를 불쌍히 여기라. 왜냐하면 그는 자기 산스카라의 짐을 더 무겁게 만들고 있기 때문이다."

만약 우리가 누군가를 비난하려 할 때마다 그 동기가 질투인지 혹은 복수심 때문인지를 스스로 살핀다면, 이 습관을 버리는 데 큰 도움이 될 것이라고 저는 생각합니다.

–키티 데이비의 「메허 바바와 함께한 20년」, 1955년 여름 『어웨이크너』, 3권 1호, 18페이지

What will we do, living, when You have gone away?

당신이 떠났을 때, 우리는 어떻게 살아야 합니까?